经济学研究生主干课程系列教材

经济学经典著作导读

徐秋慧　主编

经济科学出版社

图书在版编目（CIP）数据

经济学经典著作导读 / 徐秋慧主编. —北京：经济科学出版社，2011.3
经济学研究生主干课程系列教材
ISBN 978 - 7 - 5141 - 0488 - 2

Ⅰ. ①经… Ⅱ. ①徐… Ⅲ. ①经济学 - 著作 - 介绍 - 世界 - 教材 Ⅳ. ①F0

中国版本图书馆 CIP 数据核字（2011）第 039457 号

责任编辑：王东岗
责任校对：王苗苗
版式设计：齐　杰
技术编辑：王世伟

经济学经典著作导读
徐秋慧　主编
经济科学出版社出版、发行　新华书店经销
社址：北京市海淀区阜成路甲 28 号　邮编：100142
总编部电话：88191217　发行部电话：88191540
网址：www.esp.com.cn
电子邮件：esp@esp.com.cn
北京汉德鼎印刷有限公司印刷
三河市华玉装订厂装订
787×1092　16 开　15.75 印张　290000 字
2011 年 6 月第 1 版　2011 年 6 月第 1 次印刷
ISBN 978 - 7 - 5141 - 0488 - 2　定价：28.00 元
（图书出现印装问题，本社负责调换）
（版权所有　翻印必究）

总　序

现代大学承担着精神建构、学术研究、科学发现、技术发明、人才培养以及文化传承与创新等多重功能。大学的学术精神与灵魂始终与整个经济社会发展息息相关，自大学诞生以来，便聚集了大量科学、技术和文化精英，在科学、民主、创新的文化引领下，通过不断探索和争鸣，推进知识传播、知识创造，在促进社会变革的同时，也带来了思想和文化的创新。

作为我国大学体系中的一员，北京工商大学自建校以来，始终以国家经济社会发展为己任，通过不断改革大力提高和积极发挥人才培养、科学研究以及社会服务等功能，为我国科技进步、经济建设和社会发展做出了应有的贡献。作为北京工商大学办学历史最久的学院，经济学院秉承北京工商大学的学术精神和教学服务功能，着力创造民主开放的学术氛围，鼓励教师对学术的执著追求，加强专业、课程、教材和教学团队的建设，促进学术成果与经济实践的结合，向社会输送了大量有知识有能力的大学毕业生。

进入21世纪之后，本着将优秀教学成果推向社会，将优秀教材向社会广泛传播，并以此来提高教学质量，培养优秀人才的目的，经济学院根据专业培养方案和课程体系的要求，有计划地组织教师编写高水平的教材，这些教材在教学实践中取得了较好的效果，在社会上也产生了一定影响。其中，《投资银行学》、《保险学》（第三版）、《流通产业经济学》、《金融学》、《商业银行经营管理学》、《证券投资学》、《投资银行实务运作》等被评为北京市高等教育精品教材，对北京市经济学教学做出了卓越的贡献。

在我国，研究生教材历来是教材建设中比较薄弱的领域。随着北京工商大学研究生教育的蓬勃发展，研究生教材使用不规范、不系统等问题显得愈加突出。为了配合我国改革开放和现代化建设的新形势、新任务，经过反复研究、科学论证、精心设计和认真撰写，北京工商大学经济学院2011年正式出版"经济学研究生主干课程系列教材"。这套教材分为理论经济学和应用经济学两个系列。先期出版的理论经济学系列包括《经济学经典著作导读》、《中国经济专题》等教材，应用经济学系列包括《高级计量经济学》、《金融研究》、《流通理论与实践》、《风险管理与保险研究》、《政府预算管理与改革研究》、《国际贸易理论》等教材。

从总体上看，本套教材坚持了马克思主义经济学的基本理论，同时也吸收和反映了经济学理论的最新研究成果，实现了教材的基础性、通用性、创新性和前瞻性等基本要求。具体地看，本套教材有三个突出特点：一是在内容上，较多地吸收了"论文层次"观点，相对新颖。根据理论积累的规律，经济学家在专业期刊上发表的最新思想，属于"论文层次"观点。这类观点，经过一段时间的检验、整理、归纳和总结，并系统地表达出来，就成为学术专著。专著再经过一段时间的检验后，其中那些被社会广泛接受的观点，开始进入研究生教材，并最终进入本科生教材。期间大约相隔10年到20年的时间。所以，同本科教材相比，本套教材较多地反映了"论文层次"观点，内容较新。二是在分析方法和分析工具上，较多地使用数学模型和最新的分析方法。同本科教材主要使用几何语言（图形）、图表、文字和初等数学方法等不同，本套教材较多地使用专业术语和数学模型，难度较大，抽象程度也较高。三是在政策分析上，较多地联系我国实际，展示了理论的解释力和预言力。理论的生命力在于解释现实和预测未来。本套教材在注重介绍基本理论的同时，也注意分析了我国际经济实际运行过程，突出了理论和实践的有机联系。这有助于培养学生逻辑思维方式和抽象推理能力。

本套教材由北京工商大学经济学院长期从事研究生主干课程教学的教师集体编写，这些教师同时也是各自领域的科研骨干，他们将经济学领域中最新最经典的理论以及长期研究生教学的体会、经验、智慧融会到教材编写中，力图在风格体例上有所创新。我们希望通过本套教材的推出，使北京工商大学经济学的研究生教育更加科学化、规范化、系统化，学科方向品牌化、市场化、国际化，师资队伍实现学习型、科研型、创新型的转变，同时进一步探索经济学教学、科研的新路子，开创新局面，积累新经验，做出新贡献。

北京工商大学
经济学院
2011年5月

前　言

教学实践表明，经济学本科专业高年级学生和研究生，在系统地学习了经济学教材，全面地掌握了经济学基本原理之后，还需要再阅读一些经济学经典著作。阅读原著，可以感知原汁原味的经济学，领略经济学大师的迷人风采，体会经济学的深邃思想、严密逻辑和博大精深，是奠定经济学基础，攀登经济学巅峰的必由之路。

目前，国内财经类高校普遍开设了《经济学经典著作选读》课程。本书就是配合该课程教学而编写的配套教材。本书从浩如烟海的理论经济学著作中精选了12部。这些著作体现了现代经济学的最高学术水平。为了帮助读者阅读和理解原著，本书导读部分大体上安排了以下内容：（1）扼要介绍作者的生平、著述和学术思想；（2）全面分析著作的写作背景、框架结构和内容梗概；（3）简单评论著作的理论贡献和学术地位。

本书由北京工商大学经济学院经济系部分教师集体编写。其中，徐秋慧撰写凯恩斯与《就业、利息和货币通论》、弗里德曼与《资本主义与自由》、奥尔森与《集体行动的逻辑》三章；潘忠撰写斯密与《国富论》、马歇尔与《经济学原理》两章；王云霞撰写熊彼特与《资本主义、社会主义与民主》、哈耶克与《通往奴役之路》、斯蒂格勒与《产业组织与政府管制》三章；高建业撰写马克思与《资本论》一章；郭毅撰写科斯与《企业的性质》和《社会成本问题》、韦伯与《新教伦理与资本主义精神》两章。全书由徐秋慧修改定稿。

为了帮助读者更好地研读英文原著，本书还设计了网上学习环节，提供本书的英文教学课件。相关内容可以从经济科学出版社网站上下载。

在编写本书的过程中，我们参阅了大量的国内外文献，数量之巨不能一一提及。在此，谨向有关的作者表示诚挚的感谢。

本书可以作为高等院校经济类和管理类专业研究生的双语教材，也可供对经济学有兴趣，且具有一定经济学基础的读者阅读。

由于我们的学术水平和时间有限，加之经验不足，书中难免有这样或那样的缺点，恳请读者批评指正。

编者

2010年10月

目　　录

1　斯密与《国富论》　………………………………………　1
2　马克思与《资本论》　………………………………………　16
3　凯恩斯与《就业、利息和货币通论》　……………………　40
4　马歇尔与《经济学原理》　…………………………………　69
5　韦伯与《新教伦理与资本主义精神》　……………………　86
6　哈耶克与《通往奴役之路》　………………………………　104
7　熊彼特与《资本主义、社会主义与民主》　………………　133
8　弗里德曼与《资本主义与自由》　…………………………　165
9　科斯与《企业的性质》和《社会成本问题》　……………　187
10　斯蒂格勒与《产业组织与政府管制》　……………………　203
11　奥尔森与《集体行动的逻辑》　……………………………　222

1

斯密与《国富论》

亚当·斯密（Adam Smith，1723~1790年）

一、作者简介

（一）生平

亚当·斯密（Adam Smith，1723~1790年），英国人，出生于苏格兰法夫郡的科卡尔迪市。他的父亲也叫亚当·斯密，是个律师，也是苏格兰的军法官和科卡尔迪地区的海关监督。他的母亲玛格丽特是该郡斯特拉森德利地方大地主约翰·道格拉斯的女儿。斯密的基础教育是在家乡科卡尔迪市市立学校完成的。科卡尔迪市虽然是一个只有1500多人的小镇，但当地工场手工业和外贸相当发达。那段生活经历使斯密掌握了最初的对人性和社会问题的素材。1737~1746年，斯密先后在格拉斯哥大学、牛津大学学习。1749~1763年，斯密先后在爱丁堡大学、格拉斯哥大学担任教授，承担经济学、逻辑学、道德哲学等课程教学。1759年斯密发表了令其声望大增的《道德情操论》。1764年及其后的三年，斯密进行了为期近三年的欧洲游学之旅。从1767年直到1776年，斯密潜心撰写并修改出版了《国富论》这部具有划时代意义的经济学著作。1778年亚当·斯密被任命为苏格兰海关专员及苏格兰盐税专员。由于斯密著作对社会所产生的深远影响给母校带来了荣耀，1787年和1788年格拉斯哥大学推选其担任该校的名誉校长。1790年7月17日斯密在爱丁堡与世长辞。

（二）著作

亚当·斯密一生只有两部著作：《道德情操论》（1759年）；《国民财富的性质和原因的研究》（简称《国富论》）（1776年）。亚当·斯密对自己的两部著作非常重视，在其随后的岁月中不断地对其加以修订和完善：《道德情操论》共修订出版了6次；《国富论》共出了5版。

（三）学术思想

亚当·斯密的两部学术著作在相关的领域均具有划时代的意义，其在道德伦理学和经济学方面的学术思想均可成为该领域的基石。亚当·斯密的学术思想主要表现在以下几个方面：

① 斯密的市场理论。斯密对人性的分析分为两个方面：一方面他认为每个人都具有同情心，同情心会使人找到人际关系中的和谐或冲突感，并会逐渐演变成为一个社会共同的同情，而发展成为具有社会仲裁性质的奖励和惩罚——公正的旁观者。公正的旁观者这"一只看不见的手"保证了社会（人类总和）的价值观对何种行为感到愉悦，对何种行为感到排斥，于是公正的旁观者反向制约个人的行为。但从经济行为上来说，他又认为人人具有"利己心"，每个人都在追求个人利益，只有在自由的市场经济条件下，这种"利己心"会转化为生产力，在市场那只"看不见的手"的调节下发展生产，增进资产阶级的收入和财富积累。

② 认为劳动创造财富，财富来源于生产领域。在亚当·斯密的经济理论发表之前，社会上提倡的是重商主义和重农主义财富观。但斯密认为一国财富的实质是人们每年消费的一切生活必需品和便利品，而不是重商主义认为的金银、货币；财富的来源是一年投入生产的劳动，不是来自于贸易和流通，也不是来自于

重农主义的土地自然生产力。他还认为一国财富有总量和人均之分,作为衡量一国财富的标准应该是一国的人均财富而不是一国的总财富。斯密认为分工水平的提高可以提高劳动生产力增加社会财富。

③ 关于资本积累与财富增长的理论。首先他认为,要提高一国生产能力,就有必要积累足够多的资财,资财的积累可以促进社会交换的增加;社会交换的增加可以促进产业的细分,分工越细,一国的产出就越来越多。其次,斯密认为,一个国家的总资财是全体居民的资财,根据用途可以分为三类:留供消费使用的部分;固定资本和流动资本。一国财富的多少取决于该国生产性劳动所占的比重——富国的生产性劳动比较充裕,而穷国恰好是因为缺少生产性劳动而变得越来越穷。再其次,他提出资本有四种用途——分别是用于农、矿、渔业;工业制造业;批发商业和零售商业,并对四种投资对经济产生的影响进行了深入分析。最后,他指出,商品的价格由三部分组成:劳动工资、资本利润和地租。财富的分配也在三大阶级中产生:靠地租过活的地主阶级;靠工资过活的工人阶级和靠利润为生的资本家和雇主。

④ 倡导各国利用绝对优势开展自由贸易。鉴于当时英国的经济状况,斯密认为,如果对某些部门人为地加以保护或限制,就会妨碍产业资本在各个部门间的自由流动,束缚产业资本家的自由经营。他主张各国利用自身的绝对优势,实施自由竞争、自由贸易,依靠市场这只"看不见的手"对供求关系进行自发调节,维持均衡,控制社会利益,从而使社会获得进步和稳定。

⑤ 斯密认为,政府的基本功能是为市场的正常运转提供制度性保障和为市场提供公共物品。同时,在政府税收政策方面,斯密提出税收的四项原则:平等原则;确定原则、便利原则和经济原则。

二、原著导读

(一)历史背景

英国是世界上最早开展工业革命的国家。工业革命使英国工场手工业高度发达,经济和社会发生了巨大变化。这个时期,即大约15~17世纪,与欧洲的大多数国家相同,英国采取了重商主义经济政策。重商主义的核心思想是把货币看做是财富的唯一形态,把货币多寡作为衡量国家富裕程度的标准。英国在重商主义思想指导下,长期实施限制进口、支持出口的保护贸易政策。斯密认为,重商主义的干预政策限制了市场的进一步扩大，因而不可避免地阻碍交换的发展，从而制约分工进一步深化，这些有利于地主阶级利益的法令严重损害了工业资产阶级的利益。斯密从当时手工工场高度繁荣中看到了大工业生产对提高劳动生产率从而增加国民财富的巨大作用，抓住了英国工场手工业资本主义发展的趋势，指出国民财富就是工农业生产的商品的总和，要增加国民财富就必须实行自由竞争。

同时他提出，从人的本性出发形成的社会制度必然是以功利主义为基础，资本主义制度是符合人的利己本性的制度，是合理的制度。在这种制度下，每个人只最关心自己的利益，那么个人的经济活动自由也就十分必要了。而且这种制度下的经济会在一只"看不见的手"的引导下生产出正确的产品数量和种类，实现自我平衡。

（二）框架结构

目前国内公开发行的《国富论》英文原版图书是由陕西人民出版社于2005年公开发行的。

这部书由两部分组成：第一部分序论及全书设计，简单介绍了该书的构思和整体布局；第二部分是著作的正文（含5篇，32章）。第一篇（含11章）作者分析了劳动生产力增进的原因，提出了劳动分工在增加国民收入中的重要作用及阻碍分工发展的主要原因及危害；分析了国民财富分配的原则及顺序；第二篇（含5章）分析了资本的性质，强调了资本积累对一国财富增长的主要作用，同时分析了资本量及资本用途对劳动力数量的影响；第三篇（含4章）分析了一国财富发展的规律，随后通过对近世欧洲各国经济发展的不同历史时期的不同经济政策进行了考察和总结，分析了促进或阻碍国民财富发展的原因；第四篇（含9章）列举和分析了当时各国执行的主要经济政策的利弊，说明它们是如何妨碍国民财富增长的，进而提出了自由贸易思想；第五篇（含3章）在"富国裕民"指导思想下分析了一国政府收入的来源和开支的种类，并分析了国债对一国真实财富的影响。

以下按照该书的章节分布对全书进行介绍。

序论及全书设计

在序言中，作者以严谨的语言介绍了该著作各部分之间的逻辑关系，使读者了解各层次之间的递进关系：

作者指出，该著作的前四篇在于说明广大人民的收入是怎样构成的，并说明供应各时代各国民每年消费的资源，各有什么性质。

作者首先对社会劳动创造社会财富的本质进行了分析："一国国民每年的劳动，本来就是供给他们每年消费的一切生活必需品和便利品的源泉。"各国所需必需品和便利品供给情况受该国国民运用劳动的能力和从事劳动人数占总人数的比例。但作者发现，各国劳动生产力水平和分配机制各不相同，所以，在第一篇作者将解释其中的原因；随后第二篇作者提出一国从事有用劳动的人数无论在什么场合总是与推动劳动的资本量及资本用途成比例；第三篇作者分析了一国采取不同产业政策可能产生的影响；第四篇阐述不同经济理论在各时代对各国所产生的重要影响。

作者将第五篇单独列出，讨论了君主或国家的收入。首先详细讨论了维持一国君主或国家正常运转所需要的基本费用；接着讨论了一国君主或国家一般收入或公共收入的来源；最后讨论了公债对于一国真实财富的影响。

（三）著作内容简介

1. 第一篇，论劳动生产力增进的原因，并论劳动生产物自然而然地分配给各阶级人民的顺序

第一篇共 11 章，首先分析了劳动分工是形成及改善劳动生产力的原因，货币理论，随后涉及到了社会各阶级商品交换的制度和法则。

（1）前 3 章关于分工的理论

分工理论是斯密全部经济学说叙述的起点。作者开篇即指出分工对于一国财富增长的重要意义："劳动生产力上最大的增进，以及劳动时所表现出的更大熟练程度、技巧和判断力，似乎都是分工的结果。"指出通过分工可以促进劳动者熟练程度和技术水平的提高，进而增加一国的财富产出。随后作者结合工农业生产的特点得出结论：农业生产的周期性、产品的不可移动和更多的个性化特点决定了农业内部分工无法持续发展；而工业生产方式是从部分到整体，有标准化的流程和产品，使分工变得可行而且有效，更有利于生产率的提高，所以作者认为，一国要想尽快致富，就应该首先发展制造业。接着作者解释了分工能够提高生产力的原因，他归纳了三个理由：劳动者的技巧因业专而增进；分工节约了在不同工作环节之间转换劳动的时间；参与分工的人把全部注意力只集中在某个具体环节更易于出现简化劳动和缩减劳动量的机械的发明。但同时他也承认，分工唯一不利的结果是造成了不平等现象。因为分工可能使工人终生从事一项简单操作，没有机会发挥他们的智力和才能。

在分析了分工之后，斯密通过对比人类与其他物种的区别，认为：分工是人类共有且特有的行为。这种行为起源于人类的利己本性而形成的"交换倾向"，他说人具有喜爱相互交换东西的习性。生活在文明社会中的人类随时有取得多数人的协作和援助的必要，而多数情况下，人类把自己的需要表现为为了满足别人的需要，"请给我以我所要的东西吧，同时，你也可以获得你所要的东西：这句话是交易的通义。"斯密认为，交换是产生分工的原因，分工是交换的结果，交换和交易促进了分工的形成。这一点与马克思的理论不同，马克思认为是分工引起了人类的交换行为，而商品交换的增加反过来促使分工的形成。

分工起因于交换，分工的程度受交换能力大小的限制，即受市场的限制。"分工的程度，因此总要受到交换能力大小的限制，换言之，要受市场广狭的限制。市场要是过小，那就不能鼓励人们终生专务一业。"市场过小，专业生产者的剩余产品不能全部卖掉，导致其不能完全换到自己需要的产品，专业生产者便不会实际存在。通过对各类市场进行分析，作者的结论是由于水运能够迅速扩大市场，所以，各种产业的分工改良，自然而然地都开始于沿海沿河一带，然后逐步向内地普及。最后，斯密还论证了分工极大地促进了交换的发展，甚至使整个社会都成为商业社会："分工一经完全确立，一个人自己劳动的生产物，便只能满足自己的欲望的极小部分。他的大部分欲望，须用自己消费不了的剩余劳动生产物来满足。于是，一切人都要依靠交换而生活，或者说，在一定程度上，一切人都成为商人，而社会本身，严格地说，也成为商业社会。"

（2）第4章关于货币的理论

在商业社会，人们的交换是不能离开货币的。斯密认为，货币是在分工产生之后，在物物交换过程中形成的。从本质上来说，货币虽然是从商品中分离出来的一种使交易更加便捷的技术工具，但它仍然具有商品的性质。所以，金属货币同其他商品一样，也是劳动的生产物，也具有自身的价值。"以货币或货物购买物品，就是用劳动购买，正如我们用自己的劳动取得一样。此等货币或货物，使我们能够免除相当的劳动。它们含有一定劳动量的价值，我们用以交换其他当时被认为有同量劳动价值的物品。"货币具有两种职能：交换的媒介和价值尺度。

（3）第5~7章关于商品的价值和价格理论

这一部分，斯密讨论了"人们在以货币交换货物或以货物交换货物时所遵循的法则。这些法则决定所谓商品相对价值或交换价值"。

"任何一个物品的真实价格，即要取得这物品实际上所付出的代价，乃是获得它的辛苦和麻烦。"所以，作者揭示了商品价格的本质是劳动，劳动是第一性价格，是最初用以购买一切货物的代价。世间一切财富，原来都是用劳动购买而不是用金银购买的，货币标注的只是商品的名义价格。商品价格受供求关系影响。斯密认为"价值"有两个不同的意义：它有时表示特定物品的效用，有时又表示由于占有某物而取得的对他种货物的购买力。前者可叫做使用价值，后者可叫做交换价值。使用价值很大的东西，有时具有极小的交换价值，甚或没有；反之，交换价值很大的东西，往往具有极小的使用价值，甚或没有。"劳动是衡量一切商品交换价值的尺度。"——商品的交换也就是劳动的交换。

斯密还讨论了影响商品价值量变动的因素，认为，商品价值量同耗费劳动量成正比，同生产商品的劳动生产率成反比，而劳动生产率的提高又是由分工水平决定的。劳动决定了商品的自然价格，但有时会出现自然价格与市场价格不相符的情况。斯密认为这主要是受供求关系的影响："自然价格可以说是中心价格，一切商品价格都不断受其吸引。各种意外事件，固然有时会把商品价格抬高到这中心价格之上，有时会把商品价格强抑到这个中心价格以下，可是，尽管有各种障碍使得商品价格不能固定在这恒固的中心，但商品价格时时都向着这个中心。"

(4) 第 8~11 章关于分配理论

斯密认为，一国的财富取决于投入的生产性劳动的多少，无论在什么社会，商品价格归根到底都分解成为三个部分：劳动、利润和地租，国民财富在这三者之间进行有机分配，其他收入分配都是由此派生出来的。价格和这三者之间的联系是：工资和利润的高低，决定了价格的高低；价格的高低，决定了地租的高低。在利润分配的过程中形成了三大阶级：一是靠地租过活的地主阶级，他们和社会利益密切相关；二是靠工资过活的工人阶级，他们同社会利益密切相关；三是靠利润为生的资本家和雇主，他们同社会利益没有关系。

关于劳动者工资，斯密认为，工资是劳动所得，是劳动的收入或报酬，是由劳动生产物或其价值构成的，是劳动者维持生活、延续后代所必需的生活资料的价值或价格。工人的工资必然随着资本的积累和国民财富的增长而不断提高。斯密还分析了人口的增减与国民财富增减的关系。

关于利润，斯密认为，"劳动者对原材料增加的价值，在这种情况下，就分为两个部分，其中一部分支付劳动者的工资，另一部分支付雇主的利润，来报酬他垫付原材料和工资的那全部资本。"这句话包含了两重含义：第一，利润是工人劳动生产价值中的一部分，是雇主分享的由工人劳动所创造的价值扣除工资以后的余额。第二，利润是资本的自然报酬，是资本家的正当所得。关于利息，斯密说："有资本不自用，而转借他人，借以取得收入，这种收入，成为货币的利息。出借人既给借用人以获取利润的机会，借用人就付给利息作为报酬。"所以，"利息总是一种派生的收入。"

关于地租，斯密认为，"土地一旦成为私有财产，地主就要求劳动者从土地生产出来或采集的几乎所有物品中分给他一定份额。因此，地主的地租，便成为要从用在土地上的劳动的生产物中扣除的第一项目。"所以，地租是指：第一，是工人劳动所产生的价值的一部分，是先于利润扣除的部分；第二，是使用地主土地的代价或自然报酬，是商品价值的基本构成之一。

2. 第二篇，论资财的性质及其蓄积和用途

本篇共有5章，分析了一国资本的性质、积累和财富增长问题，强调了不断积累资本与合理利用资本的极端重要性。

斯密认为，资本是使国民财富增加的重要因素。斯密指出，在不存在分工的原始时代，人们不需要积累资财。但随着分工的发展，分工形成社会成员的相互依赖性，一个人自己的产品只能满足自己很小的一部分需要，其大部分需要必须通过以自己的产出与别人交换才能得到满足，于是他必须要先将其剩余的产出物卖掉，才能用其所得交换到自己所需，而在交换完成之前，他必须有一定的资产积累以维持其生活需要。这就是生产者积累资财的原因。进而，作者指出，要提高一国生产能力，就必须要积累足够多的资财，积累的资财越多，可以促进社会交换的增加，产业的细分，分工越来越细，一国的产出也就越来越多。

对于一国资财的用途划分，作者认为，"一个国家或一个社会的总资财，即是其全体居民的资财，所以亦自然分作这三个部分，各有各的特殊作用。"

第一部分是留供目前消费，其特性是不提供收入或利润。

第二部分是固定资本，其特性是不必经过流通，不必更换主人，即可提供收入或利润。它主要包括四项：一切便利劳动和节省劳动的有用及其与工具；一切有利润可取的建筑物；用开垦、排水、围墙、施肥等有利可图的方法投下的使土地变得更适于耕作的土地改良费；社会成员学到的有用才能。

第三部分是流动资本，其特性是要靠流通、依靠更换主人而提供收入。流动资本由四项组成：货币；屠户、牧畜家、农业家、谷商等人所有的待售食品；还在耕作者、制造者、布商等手中待加工的材料；已经制成，但仍在制造者或商人手中，未曾卖给或分配给真正消费者的物品。

固定资本和流动资本具有同样的目的，那就是，使留供目前消费的资财不至于匮乏，而且能增加。

为了更清楚地分析一国资本积累的源泉，斯密将劳动划分为生产性劳动和非生产性劳动两种。"有一种劳动，加在物上能增加物的价值；另一种劳动却不能够。前者因可生产价值，可称为生产性劳动，后者可称为非生产性劳动。"他得出的结论是：一国的财富多少取决于该国生产性劳动的多少，应当提高生产性劳动所占的比重。一般来说富国的生产性劳动比较充裕，而贫困国家恰好是因为缺少生产性劳动而变得越来越穷，因为非生产性劳动不创造社会财富。同时，斯密颂扬"勤劳"和"节俭"，认为资本是提高国民财富的重要手段之一，而资本的增加则是由于节俭。"增加财产的最适当的方法，就是在常年的收入或特殊的收入中，节省一部分，贮蓄起来。"政府也要节俭。

关于资本的用途，斯密认为"一切资本，虽都用以维持生产性劳动，但等量资本所能推动的生产性劳动量，随用途的不同而极不相同，从而对一国土地和劳动的年产物所能增加的价值亦极不相同。"等量的价值增加可能使用的资本是不等量的，资本因用途不同就可能会产生不同的推动生产性劳动的作用，等量资本的投入可能不会产生等量的价值增加。斯密认为，资本有四种不同用途，分别是：第一，用以获取社会上每年所需消费的原生产物，指农业、矿业、渔业投资；第二，用以制造原生产物，使之适于眼前消费，指工业制造业投资；第三，用以运输原生产物或制造品，从有余的地方运往缺乏的地方，指批发商业投资；第四，用以分散一定部分的原生产物或制造品，使成为较小的部分，适于需要者的临时需要，指零售商业投资。这四种投资方法，相互关系密切，对于社会福利及发展缺一不可。最后作者得出的社会资本利用的结论是：在各种资本用途中，农业投资最有利于社会；比较重要的是，制造者的资本应留在国内；投在出口贸易上的资本，在三者中，效果最小；私人利润的打算，是决定资本用途的唯一动机。

3. 第三篇，论不同国家中财富的不同发展

本篇共4章，结合一国财富发展的规律，对近世欧洲各国经济发展的历史经验和教训进行了考察和总结，从历史的角度分析了促进或阻碍国民财富发展的原因。

斯密认为，财富的发展过程实际上是在都市居民与农村居民的商业活动发展中展开的。"文明社会的重要商业，都是都市居民与农村居民通商。"而按照事物的本性，生活资料必先于便利品和奢侈品，所以，生产前者的产业（农业），亦必先于生产后者的产业。提供生活资料的农村的耕种和改良，必先于只提供奢侈品和便利品的都市的增加。乡村居民须先维持自己，才以剩余产物维持都市的居民。

通过对都市经济和农村经济关系的分析，斯密得出：进步社会的资本，首先

是大部分投在农业上，其次投在工业上，最后投在国外贸易上。他认为，一国总得先开垦了一些土地然后才能成立很多城市；总得在城市里先有了些粗糙的制造业，然后才会有人愿意投身于国外贸易。但随后作者通过对罗马帝国崩溃后欧洲各国农业受到阻抑的情况和都市勃兴的主要情况进行分析后发现，以上理论受到了挑战，"就今日欧洲各国的情况说，这个顺序却就许多方面说，似乎完全相反。"而这种状况阻碍了欧洲发展的速度。

最后，作者对都市商业对农村改良的贡献进行了阐述，认为工商业都市的增加与富裕，对所属农村的改良与开发的贡献途径有三条：一是为农村的原生产物提供一个巨大而便易的市场，从而鼓励了农村的开发与进一步的改进；二是都市居民所获的财富，常以购买待售的土地，其中很大一部分往往是尚未开垦的土地，利于农村的土地开发；三是工商业的发达可以改变农村居民的社会状态，使农民摆脱与其邻人的战争和对其上司的依附状态中，使其获得更大的个人安全和自由。

4. 第四篇，论政治经济学体系

本篇共分9章，通过对重商主义、重农主义等错误思想及其指导下的经济政策进行分析，说明它们是如何妨碍了国民财富的增长，从而树立了作者倡导的自由贸易思想。

斯密在这一章首先提出了一个"富国裕民"的政治经济学概念，认为政治经济学的目标有两个：一是给人民提供充足的收入或生计，或者更确切地说，使人民能给自己提供这样的收入或生计；二是给国家或社会提供充分的收入，使公务得以进行。

（1）对重商主义的批驳

本篇的前8章作者重点驳斥了重商主义理论及其经济管制政策。重商主义开始于15世纪。在著作中，斯密首先对重商主义的产生进行了描述："财富由货币或金银构成这一通常流行的见解，是自然而然地因货币有两重作用而产生的。……我们用货币，比用任何其他商品都更容易取得我们所需的物品。我们总是觉得，获取货币是一件要事。只要有货币，以后随便购买什么，都没有困难。……发财等于是有了货币。总之，按照通俗的说法，财富与货币，无论从哪一点来看，都是同义语。"据此，斯密归纳了重商主义理论的核心内容：认为"财富由货币或金银构成"；认为世界上财富的数量是有限的、固定不变的；一国要想保存并增加其财富，就必须保护自己的财产并从别国夺取财富；必须通过奖励输出和阻抑输入实现富国的目的。

在对重商主义的批驳中，斯密指出，金银等贵金属（货币）只是一种具备媒介作用的货物，"货币总是国民资本的一部分……并总是最无利可图的一部分。"从货币与货物的关系上来说，货物可以有许多用处，但除了购买货物，货币就一无所用。所以，货币必然追求货物，而货物却并不总是或无需追求货币。对于国家来说，无论对于战争还是贸易，实际货物的作用都大于货币，金银并非必要。"归根到底，仍是商品，仍是一国土地和劳动的年产物，才是使我们能够进行战争的基本资源。""金银的输入，不是一国得自国外贸易的主要利益，更不是唯一的利益。"在对重商主义的批判中，斯密对当时社会尚存在的重商主义的各种思想和经济管制措施进行了逐一批判。

斯密重点以重商主义对对外贸易的管制措施进行了分析。斯密认为，对外贸易使一国得以出口剩余产品，进口有竞争性的产品，从而可以降低消费价格。而且自由贸易使制造商可以进口在国内无法得到的原材料，从而增加可用于出口的产品总量。相反，对贸易的限制措施导致了高价，限制了制造商的扩张和多样化，限制了工作岗位，并且允许某些垄断商发展那些不允许进口的商品。"使国内产业中任何特定的工艺或制造业的生产物独占国内市场，就是在某种程度上指导私人应如何运用他们的资本，而这种管制几乎毫无例外地必定是无用的或有害的。"

接下来，作者对贸易管制和优惠政策逐一进行了评述，认为不论是退税政策、奖励金、通商条约还是扩大殖民地贸易都是对外贸易活动中不公正的歧视政策。"一国君主，对其所属的各阶级人民，应给予公正平等的待遇；仅仅为了促进一个阶级的利益，而损害另一个阶级的利益，显然是违反这个原则的。"

（2）对重农主义的批驳

斯密在本篇第9章对重农主义进行了分析。与对重商主义的态度相比，斯密对重农主义要温和得多。

他对重农主义的定义是：那是一种"把土地生产物看作各国收入及财富的唯一来源或主要来源的学说。"他还解释说，由于该理论从来未被任何国家所采用，是一种未曾、也许永远不会危害世界上任何地方的荒谬学说，所以不值得用长篇大论去讨论。

重农主义形成于18世纪50~70年代。重农主义者认为，财富是物质产品，财富的来源不是流通而是生产。所以财富的生产意味着物质的创造和其量的增加。在各经济部门中，他们认为只有农业是生产性的，因为只有农业既生产物质产品又能在投入和产出的使用价值中表现为物质财富的量的增加。农民通过劳动，除了给自己提供生活资料以外，还能每年提供一种纯产物；这种纯产物的增加必然会增加社会的收入与财富。工业不创造物质而只变更或组合已存在的物质财富的形态，商业也不创造任何财富，而只变更其市场的时间和空间，二者都不是生产性的。

斯密指出，重农主义所说的不生产阶级——商人、工匠和制造业工人实际上作用是很大的：有了不生产阶级，地主与耕作者才能以少得多的自己劳动的产物，购得他们所需的外国货物及本国制造品；不生产阶级的劳动能使生产阶级更专心于耕作土地，因而有利于增进生产阶级的生产力；当一国农业所创造的纯产物超过市场容量时，不生产阶级会通过国际贸易把它们运到国外去。所以，斯密提出，农业国要培育本国的工匠、制造业工人与商人，最有利的方法，就是对一切其他国家的工匠、制造业工人与商人给予最完全的贸易自由。

在对重农主义进行深入剖析之后，斯密提出了一个对各类经济学说都适用的结论：任何一种学说，如果特别鼓励特定产业，违反自然趋势，把社会上过大一部分资本拉入这种产业，或要特别限制某种产业，违反自然趋势，强迫一部分原来要投在这种产业上的资本离开这种产业，那实际上都和它所要促进的大目的背道而驰。那只能阻碍，而不能促进社会走向富强的发展；只能减少，而不能增加其土地和劳动的年产物的价值。这个结论自然地体现出了斯密自由主义的经济思想。

5. 第五篇，论君主和国家的收入

本篇共3章，阐述了作者在"富国裕民"思想指导下的政府观和税收思想。

斯密通过第四篇对重商主义和重农主义思想指导下的管制经济政策进行深入批判，得出了其经济思想的核心内容，即任何鼓励或限制特定产业发展的政策及制度都是违反自然趋势的。进而指出："一切特惠或限制的制度，已经完全废除，最明白最单纯的自由之都就会树立起来。"

以上结论既是对上述错误经济思想进行的纠正，同时也导引出以下问题：在完全自由的社会中，君主们（政府）的作用是什么？斯密把政府的职能定义为三项：第一，保护社会，使不受其他独立社会的侵犯；第二，尽可能保护社会上各个人，使不受社会上任何其他人的侵害或压迫，也就是说，要设立严正的司法机关；第三，建设并维持某些公共事业及某些公共设施。

（1）斯密的政府观

实际上在上述关于政府在市场经济中的作用总结之前，斯密对该问题的论述就散见在前四个篇章中。

斯密在整个著作的各个章节无处不体现了其对自由经济政策的倡导，他提倡自由竞争、自由贸易，认为市场这只"看不见的手"会自发地对供求关系进行调节，从而保持市场平衡。整个社会在每个人追求个人私利的推动下，通过分工实现的专业化生产极大地创造社会财富，使国家和人民走向富裕。"每一个人，在他不违反正义的法律时，都应听其完全自由，让他采取自己的方法，追求自己的利益，以其劳动及资本和任何其他人或其他阶级相竞争。"

但这并不表明斯密否认政府在市场经济中的作用，相反，他在很多问题的论述时都强调了政府作用的重要性。

第一，政府的作用是维持国家安全，这是任何一国政府的基本职责。

第二，政府的作用是建立并维护市场运转的基本法律和秩序。人生来就是自由、平等的。政府的作用首先是建立平等的市场秩序，他认为政府的作用在于对其所属各阶级人民，应给予公正平等的待遇；仅仅为了促进一个阶级的利益，而伤害另一阶级的利益，显然是违反这个原则的。"任何国家，如果没有具备正规的司法行政制度，以致人民关于自己的财产所有权，不能感到安全，以致人民对于人们遵守契约的责任心，没有法律予以支持，以致人民设想政府未必经常地行使其权利，强制一切有支付能力者偿还债务，那么，那里的商业制造业，很少能够长久发展。"其次政府应通过法律维护市场和社会秩序。在"论资本利润"一章中，斯密强调了政府强制人们履行契约的重要性，以此降低交易风险和交易成本。

第三，政府的作用是提供公共物品。斯密所讨论的公共物品包括基础设施和教育。他对公共用品的解释是：这些用品的建设与维持绝不是为着任何个人或任何少数人的利益；这些用品的建设如果是大社会经营可能会略有结余，而如果由个人或少数人经营就可能亏损。

关于基础设施，斯密认为，基础设施（如公路、桥梁、运河等土木工程）无疑是有利于社会全体，所以，其费用由全社会的一般收入开支，并无不当。

关于教育，斯密指出，社会平均受教育水平越高，生产率越高，社会自我管理的能力也越强。在一个文明的商业社会里，对国民的教育一方面是使其掌握一般的社会准则，使他们自然养成为当时环境所需要、所容许的几乎一切能力和德行；另一方面，越来越细的分工使每个人从事简单的单纯操作，这会使人变得愚钝，教育可以激发劳动者的智慧和斗志；教育还可以使无知的人们摆脱狂热和迷信的迷惑。在论述这个问题时，斯密强调了在一个文明的商业社会，国家需要格外关注普通人民受教育的情况，因为与有身份、有财产的人相比，这些人受教育的机会更难得。

(2) 斯密的税收思想

关于税收的原因及用途。针对斯密对政府职能的总结，他把国家的经费划分为国防费、司法费、公共事业费和公共设施费以及维持君主尊严的费用。在对以上费用性质、内容进行详细论述后，斯密提出，那些为社会一般利益的支出，应该由全社会共同承担；凡有些服务下存在具体受益人的项目，如道路交通、教育设施等，可以由受益人承担部分费用；而那些为了社会局部利益产生的支出，如果由全社会承担，就是不大正当的了。他认为，以上政府的开支来自于民间，属于非生产性劳动开销，也就相应地减少了国内本可以用于生产性投入的资本的数量。

关于税收的来源。亚当·斯密认为，"个人的私收入，最终总是出于三个不同的源泉，即地租、利润和工资。每种赋税，归根结底，必定是由这三个收入源泉的这一种或那一种或无区别的由这三种收入源泉共同支付的。"在他的理论中，斯密将地租、利润、利息看作是剩余价值的表现形式，对个人来说代表着收入。既然人们的收入总是由这三部分组成，而税收是来自收入，因而税收不是对这部分收入的扣除，就是对那部分收入的分割。

关于征税原则。为了便于对各种赋税进行分析，作者提出了著名的税收四原则：公平、确定、便利和最少费用。"平等原则"是指"一国国民，都须在可能范围内，按照各自能力的比例，即各自在国家保护下享有收入的比例，缴纳国赋，维持政府"，反对任何特权；"确定原则"是指政府向公民明示缴税的数额、时间、方法等，不得随意变更；"便利原则"是指政府在收税时间、地点、方式等方面为纳税人提供便利；"最少费用原则"是指政府应当减少因税收制度不合理导致的收费成本过高的问题，降低税收征收成本。

另外，斯密还讨论了地租税、利润税、工资税、人头税、消费税等具体税种的征收问题。在国民承担税费方面，斯密规定了基本准则："每一个国家的人民应该尽量按照自己能力的大小分担政府的开支，换言之，要按照他们在政府保护之下所享有的收入的比例来分担。"相比较起来，斯密比较反对征收利润税、工资税等税种，因为那必然会影响资本积累，但他比较赞成征收地租税，因为那不会影响财富的生产和大多数人的收入。

(3) 政府的公债

斯密认为，政府举借公债的行为与个人相同，开始借款时，通常全凭个人信用，没有指定特别资源或抵押特别资源来保证债务的偿还。在这种信用失效以后，他们（政府）继续借款，就以特别资源作抵押。他在论述中提到了国家因举债而会出现破产的可能性。

在论述公债的性质时，斯密提出，政府为了支付其各项费用而征收的税收以及为此而借来的债务实际上都属于非生产性开支，占用了民间部分本可以用于生产性劳动的资本，某种程度上影响了财富的增长。

三、简要评述

《国富论》是亚当·斯密在继承和发展前古典学派众多学者研究成果的基础上撰写完成的。通过这部著作，作者创立了比较完备的古典政治经济学理论体系。斯密本人也因为这部作品而被誉为古典学派的创始人和代表。

根据 *AN INQUIRY INTO THE NATURE AND CAUSES OF THE WEALTH OF NATIONS*（Adam Smith，陕西人民出版社，2005年英文版）撰写。

2

马克思与《资本论》

卡尔·马克思（Karl Marx, 1818~1883年）

一、作者简介

（一）**生平**

卡尔·马克思（Karl Marx, 1818~1883年），马克思主义的创始人，全世界无产阶级和劳动人民的伟大导师和领袖，科学共产主义的奠基人。

马克思，1818年5月5日生于普鲁士莱茵省特里尔城一个犹太人的律师家

2 马克思与《资本论》

庭。中学毕业后，马克思子承父业，1835年进波恩大学，次年10月转入柏林大学学习法学，但主要精力放在学习哲学和历史上。在大学阶段，他参加了倾向进步的"青年黑格尔派"的活动，吸取了黑格尔的辩证法思想。在政治上是一个革命民主主义者，坚决反对普鲁士封建专制制度。1841年4月，马克思以题为《德谟克利特的自然哲学和伊壁鸠鲁的自然哲学的区别》的论文，获得了哲学博士学位。1842年4月，马克思为《莱茵报》撰稿，同年10月任该报主编，在此期间，马克思通过写报纸评论，抨击普鲁士专制政府，开始接触社会经济问题。1843年秋，马克思迁居巴黎，并同燕妮·冯·威斯特华伦结婚。在巴黎期间，马克思开始研究政治经济学。1844年8月底，马克思与恩格斯在巴黎会见，从此他们开始了终身的合作。列宁认为"马克思同恩格斯交往，显然推动了马克思着手去研究政治经济学。"1845年2月，他们的第一部合著《神圣家族》一书出版。1846年初，马克思和恩格斯在布鲁塞尔建立共产主义通讯委员会，为创建无产阶级政党做准备。1847年1月，他们加入正义者同盟，以科学共产主义理论指导同盟的改组工作。11月底，马克思和恩格斯出席在伦敦举行的共产主义者同盟第二次代表大会，受委托起草同盟纲领。1848年2月中旬，马克思和恩格斯发表了举世闻名的《共产党宣言》，它是国际共产主义运动的第一个纲领性文件。《共产党宣言》总结了以往无产阶级斗争的经验，论述了无产阶级革命和无产阶级专政的极其重要的思想，完整、系统而严密地阐述了他们的伟大学说，成为世界各国无产阶级运动的指南。

欧洲1848~1849年革命期间，马克思受共产主义者同盟中央委员会委托在巴黎建立新的中央委员会，当选为主席。德国三月革命爆发后，马克思和恩格斯返回德国，直接参加革命。6月1日共同筹办的《新莱茵报》问世，马克思担任总编辑。随着革命运动在各地相继失败，反动势力日益猖獗，《新莱茵报》在1849年5月19日被迫停刊。马克思于6月初离开德国去巴黎。8月24日又被驱逐出巴黎，流亡到伦敦，在那里长期定居直到逝世。

在伦敦，马克思重建共产主义者同盟的地方组织和中央委员会。1850~1852年，马克思和恩格斯把主要精力用于总结1848年革命的经验，为此创办《新莱茵报·政治经济评论》杂志。马克思发表的著作《1848年至1850年的法兰西阶级斗争》、《路易·波拿巴的雾月十八日》等，进一步丰富了科学共产主义理论：提出无产阶级革命必须打碎旧的国家机器，革命是历史的火车头等论点，并第一次使用"无产阶级专政"这一术语，论述专政在政治、经济、思想等方面的任务及不断革命和工农联盟等思想。

从1850年秋天起，马克思经常到大不列颠博物院图书馆搜集资料，为创立无产阶级政治经济学做准备。从1850年8月~1853年6月，马克思先后写下了政治经济学笔记24册。在1854年底~1855年初，马克思对这些笔记作了简单的提要和索引，为写作做准备。1857年经济危机爆发，促使马克思加速自己的经济研究。从1857年7月~1858年5月，马克思写了篇幅巨大、内容丰富的《政治经济学批判大纲》（1857~1858年草稿），这份手稿共有7个笔记本，308页，手稿中几乎涉及后来《资本论》的全部主要问题，他第一次提出了剩余价值理论，它实际上是马克思《资本论》的第一份手稿。在这个手稿的基础上，马克思打算以《政治经济学批判》为书名分册出版一部批判资本主义制度和资产阶级政治经济学的巨著，这就是现在所说的"六册计划"，包括《资本》、《地产》、《雇佣劳动》、《国家》、《对外贸易》和《世界市场》。第一分册的书稿于1859年出版，但这个第一分册只包括两章，即《商品》和《货币或简单流通》。这是"六册计划"中第一册《资本》第一篇《资本一般》中的绪论性的两章。1859年6月《政治经济学批判》《第一分册》出版，他为该书写的序言对唯物史观作了经典的表述。在1861~1863年期间，马克思接着写《政治经济学批判》的第二分册，结果写成了一个篇幅庞大的书稿，共包括23个笔记本。它开头的总题目仍是《政治经济学批判》，而副标题是《第三章资本一般》，通常称之为《1861~1863年经济学手稿》，实际上是《资本论》的第二稿。在写作这个手稿的过程中，马克思决定以《资本论》为标题，以《政治经济学批判》作为副标题，分四册出版他的经济学著作。从1863年8月开始，马克思撰写了《1863~1865年经济学手稿》，这是《资本论》的第三稿，其内容分为三部分，即第一册《资本的生产过程》，第二册《资本的流通过程》，第三册《资本主义的生产总过程》。从1866年初开始，到1867年3月，经过一年多的努力，终于完成了《资本论》第一卷的修订和誊写工作，同年9月在德国汉堡出版。所以，马克思在《资本论》第一卷第一版《序言》中指出："这部著作是我1859年发表的〈政治经济学批判〉的续篇。"按原计划，《资本论》第一卷"资本的生产过程"并不包括1859年出版的《政治经济学批判》第一分册的内容。但是为了"连贯和完整"，马克思把《政治经济学批判》第一分册中的内容，也扼要地收入《资本论》中，其中关于价值形式、商品拜物教以及交换过程等问题，还作了进一步的发挥。但是《政治经济学批判》第一分册并不因此而失去独立的科学价值。例如，关于贵金属等问题，在《政治经济学批判》中已经作了详细论述，而在《资本论》中就只是简单地提到。所以，在学习《资本论》第一卷第一篇时，不妨把《政治经济学批判》第一分册对照着来阅读。

进入60年代以后，随着国际工人运动的重新高涨，马克思加快了自己政治经济学的写作进程，从 1861 年 8 月~1863 年 7 月，马克思写了一部新的政治经济学手稿，它是《资本论》的第二稿，共有笔记本 23 册，1472 页。这部手稿表明《资本论》的写作已经接近完成。1862 年马克思把自己的著作叫做《资本论》，分为资本的生产过程，资本的流通过程和资本的总过程三个部分进行阐述。从 1863 年 7 月~1865 年底，马克思对上述手稿进行加工，写了《资本论》的第三稿。马克思发现《资本论》的内容不是一卷书所能容纳的，于是把全书分为四册，前三册是理论部分，第四册是历史部分，即"学说史评述"，这四册就是现在的《资本论》四卷的体系。1965 年 12 月，马克思终于写完了《资本论》（理论部分）的全部初稿。从 1866 年元旦开始，马克思对《资本论》初稿进行了誊清和润色，并于 1867 年 3 月底，完成了《资本论》第一卷的定稿工作，并于当年 9 月出版了《资本论》第一卷德文版。

在《资本论》各卷中，只有第一卷是马克思亲自整理出版的。它的出版，标志着政治经济学的创立过程已经完成，从而实现了政治经济学的革命。《资本论》第一卷的出版，是科学社会主义史上划时代的伟大事件，它成为无产阶级反对资本主义制度的强大的物质力量。《资本论》第一卷出版以后，马克思立即着手对第二卷的初稿进行修订和加工。由于革命活动占去了马克思很多时间，加上贫困和疾病的干扰，直到 1870 年 3 月，马克思才写完第二卷的修订稿（它还不是最后定稿）。《资本论》第二、三卷在他逝世后由恩格斯整理出版；恩格斯于 1885 年出版了《资本论》第二卷，1894 年出版了《资本论》第三卷。两位伟大的思想家前后用了近 50 年的时间，终于使这部划时代科学巨著——《资本论》（1~3 卷）面世。根据马克思的手稿，考茨基于 1910 年整理出版了《剩余价值史》，苏联在 1956 年至 1962 年间整理出版了《剩余价值理论》，这就是《资本论》第四卷。马克思在晚年除了致力于《资本论》第二卷和第三卷的定稿和研究工作外，还写了《法兰西内战》和《哥达纲领批判》等著作，1883 年 3 月 14 日，马克思在久病之后与世长辞了，葬于伦敦海格特公墓。

马克思的一生是光辉伟大的一生。他和恩格斯共同创立的马克思主义学说，是指引全世界劳动人民为实现社会主义和共产主义伟大理想而进行斗争的理论武器和行动指南。马克思的名字永垂史册，他的学说将永放光芒。

（二）著作

《黑格尔法哲学批判》（1843 年），《论犹太民族问题》（1843 年），《1844 年经济和哲学手稿》（1844 年），《论费尔巴哈》（1845 年），《德意志意识形态》

（1845～1846年与恩格斯合著）《哲学的贫困》（1845年），《雇佣劳动与资本》（1847年），《路易·波拿巴的雾月十八日》（1852年），《政治经济学批判大纲》（1857年），《政治经济学批判序言》（1859年），《剩余价值理论》共三卷（1862年），《工资、价格和利润》（1865年），《资本论》第一卷（1867年），《法兰西内战》（1871年），《哥达纲领批判》（1875年）。

（三）学术思想

马克思主义是指马克思、恩格斯的观点、理论和学说的体系。正如列宁所指出，"马克思是十九世纪人类三个最先进国家中三种主要思潮的继承人和天才的完成者。"马克思主义"是哲学、政治经济学和社会主义的最伟大代表的学说的直接继续。"

马克思主义哲学：马克思主义哲学是辩证唯物主义和历史唯物主义的统称。德国古典哲学是马克思主义思想来源之一。黑格尔和费尔巴哈是19世纪德国古典哲学最优秀的代表，马克思和恩格斯批判继承了黑格尔的辩证法和费尔巴哈的唯物主义的合理内核，创立了崭新的哲学，即无产阶级的世界观——辩证唯物主义和历史唯物主义，它是马克思主义政治经济学的理论基础。辩证唯物主义认为：世界的统一性在于它的物质性，物质是世界所发生的一切变化的基础。运动是物质的存在形式，物质的运动是绝对的，静止是相对的。物质不是精神的产物，精神只是运动着的物质的最高形式。社会存在决定人们的意识，人们能够认识并正确运用客观规律。辩证法的规律是从自然界和人类社会的历史中抽引出来的，实质上可以归结为以下3个规律：对立统一规律；质变量变规律；否定之否定规律。历史唯物主义认为，物质生活资料的生产活动是人类社会存在和发展的基础。劳动者和生产资料始终是生产的因素，两者的结合构成生产力。人们在发展生产力时也发展着一定的相互关系，即生产关系，生产关系总和构成为社会关系。生产关系和社会关系的性质随着生产力的改变而改变。人们首先必须吃、喝、住、穿，然后才能从事政治、科学、艺术等等。所以每一个历史时代物质生活资料的生产以及由此产生的社会结构，是该时代政治和思想的基础。

马克思主义政治经济学：马克思、恩格斯运用辩证唯物主义和历史唯物主义，研究作为人类社会发展基础的各个时代的生产关系，尤其是着重研究资本主义社会的生产关系，创立无产阶级政治经济学。英国古典政治经济学是马克思主义的另一个思想来源，这是马克思主义理论最深刻、最详细的证明和运用。在18世纪末和19世纪初，英国资产阶级古典政治经济学在亚当·斯密和大卫·李嘉图的著作中得到了最高发展。他们奠定了劳动价值论的基础，分析了资本主义生产的内在联系，考察了剩余价值的具体形态。但是，由于他们把资本主义制度及其经济范畴看成是永恒的，使古典政治经济学中包含着庸俗的和错误的观点。马克思批判地继承了古典政治经济学的科学成果，完善并创立了科学的劳动价值论、资本主义积累理论、剩余价值理论、社会资本再生产理论、生产价格理论、剩余价值分配论等理论。全面阐述了资本主义生产关系的本质和经济运行的具体过程，揭示了无产阶级与资产阶级之间矛盾对抗的根源，以及社会主义取代资本主义的历史必然性。

科学社会主义：18 世纪末和 19 世纪初，在法国的圣西门和傅立叶以及英国的欧文的著作中，空想社会主义学说得到高度的发展。他们批判了资本主义制度，深信资本主义制度必然被社会主义制度所代替，并对社会主义制度作了有科学价值的天才猜测。但是他们不了解资本主义制度的发展规律，不知道无产阶级是实现社会主义的唯一力量，幻想通过宣传并说服统治阶级来建立新社会。马克思和恩格斯批判地继承了空想社会主义学说中的科学成分，揭示和阐明了资本主义的发展规律和无产阶级的历史使命，得出反对资产阶级的阶级斗争和无产阶级革命是通往社会主义的必由之路的革命结论。工人革命的第一步就是使无产阶级上升为统治阶级，阶级斗争必然要导致无产阶级专政，这个专政是完成消灭一切阶级和进入无阶级社会的过渡手段，共产主义社会按其成熟程度不同分为低级阶段和高级阶段：在低级阶段，各方面还存在旧社会的痕迹，实行的是等量劳动的交换；在高级阶段，随着个人的全面发展，生产力也增长起来，那时将实行各尽所能，按需分配，共产主义社会将是这样一个联合体，在那里每个人的自由发展是一切人自由发展的条件。马克思主义除了以上三个主要组成部分之外，还包括政治学、军事学、历史学、教育学等方面的内容。

二、原著导读

（一）历史背景

《资本论》是无产阶级革命导师马克思呕心沥血，牺牲健康、幸福和家庭创作的一部伟大科学巨著。马克思的伟大革命经典《资本论》的写作和问世并不是偶然的事情。它是特定历史条件的必然产物。19 世纪三四十年代，在工业革命的推动下，英、法、德等西欧国家的资本主义大工业有了很大的发展，资本主义生产方式已经逐渐占据了统治地位。随着资本主义的发展，资产阶级和无产阶级的矛盾也日益尖锐并上升为主要矛盾。19世纪中叶，在西欧接连爆发了震撼资本主义制度的工人运动，其中著名的有1831~1834年的法国里昂工人起义，1836~1848年的英国宪章运动，还有1844年的德国西里西亚纺织工人起义。这三大工人运动，表明无产阶级已经作为一支独立的政治力量登上了政治舞台，他们把斗争的矛头直接指向资产阶级，并且开始提出了政权问题，甚至产生了要推翻资本主义私有制的斗争要求。

在这种条件下，资产阶级经济学为了维护资本对劳动的统治，维护资产阶级的利益，背弃了真理，走向了庸俗化。正如马克思所说："现在的问题不再是这个或那个原理是否正确，而是它对资本有利还是有害，方便还是不方便……公正无私的科学探讨让位于辩护士的坏心恶意。"在这种严峻的形势下，恩格斯在给马克思的一封信中写道：目前首先需要我们做的，就是写出几本较大的著作，以便给许许多多非常愿意干但自己又干不好的一知半解的人以一个必要的支点。你的政治经济学著作，还是尽快把它写完吧，即使你自己还感到有许多不满意的地方，这也没有什么关系，人们的情绪已经成熟了，就要趁热打铁。为了斗争的需要，为了给无产阶级提供强大的理论武器，马克思加快了自己的政治经济学研究的进程。他广泛阅读和收集有关的文献资料，深入研读了1500本以上的著作，做了大量的摘录和笔记，并在此研究的基础上不断发展和完善他的理论。马克思从无产阶级的革命利益出发，为了完成政治经济学的研究，他横眉冷对阶级敌人施加的疯狂政治迫害和一些流亡者败类散布的卑鄙的人身攻击，不顾个人和家庭的贫病交迫，夜以继日地从事紧张的理论研究工作。他在1857年致恩格斯的信中说："我现在发狂似的通宵总结我的经济学研究。为的是在洪水之前至少把一些基本问题搞清楚。""这项工作非常必要，它可以使公众认清事物的实质。"正因为这样，所以《资本论》问世之后，在全世界无产阶级中引起了强烈的反响。

《资本论》是以英国作为研究的主要对象，英国是资本主义的母国，号称日不落帝国。马克思说："到现在为止，这种生产方式的典型地点是英国。因此，我在理论阐述上主要用英国作为例证。"这是因为当时的英国是资本主义最发达的国家。在当时的英国，生产力水平最高，阶级矛盾最尖锐，各种理论思潮在伦敦都可以找到代表人物，大英博物院图书馆的资料也十分丰富，这些都为马克思的革命理论的研究提供了有利的条件。马克思数十年如一日进行艰苦的研究，终于创立了无产阶级政治经济学。《资本论》所揭示出的资本主义生产关系产生、发展和灭亡的规律，并不只限于英国，对于其他资本主义国家都是适用的。

2 马克思与《资本论》

马克思在《资本论》第一版序言中说："本书的最终目的就是揭示现代社会的经济运动规律。"而揭示这一运动规律，正是在理论上武装无产阶级的头脑，使他们自觉地担当起推翻资本主义制度和建设社会主义、共产主义制度的伟大历史使命。恩格斯说过："《资本论》在大陆上常常被称为'工人阶级的圣经'。任何一个熟悉工人运动的人都不会否认：本书所作的结论日益成为伟大的工人阶级运动的基本原则。"马克思自己也说过："我认为，对于工人阶级说来，我这部著作所能提供的东西比我个人参加任何代表大会所能做的工作都更重要。"正因为这样，所以他认为："《资本论》在德国迅速得到理解，是对我的劳动的最好的报酬。"

恩格斯曾说："自地球上有资本家和工人以来，没有一本像我们面前这本书那样，对于工人具有如此重要的意义。资本和劳动的关系，是我们现代全部社会体系所赖以旋转的轴心，这种关系在这里第一次作了科学的说明，而这种说明之透彻和精辟，只有一个德国人才能做到，这个人就是马克思，他攀登到最高点，把现代社会关系的全部领域看得一览无余"。

（二）框架结构

《资本论》全书共分四卷。它的前三卷是理论部分，研究资本的运动及资本的生产过程、资本的流通过程和资本的总过程、总形态；实质上也就是探讨剩余价值的生产、流通和分配的过程。这三卷构成了一个以资本和剩余价值为核心的理论体系。第四卷是历史的批判部分，即《剩余价值理论》。前三卷虽然是说明马克思在经济理论方面的研究成果的，但是其中也相应地对资产阶级政治经济学说进行了批判。而最后一卷，在历史地批判资产阶级政治经济学的同时，也相应地发展了马克思经济理论的许多要点。所以，理论部分和学说史部分是紧密联系和互相补充的。四卷《资本论》是具有内在联系的科学和艺术的整体。

①《资本论》第一卷研究资本的生产过程，中心问题就是剩余价值的生产过程。资本的运动开始于生产过程，并且以生产过程作为整个运动的核心和基础。第一卷共包括七篇二十五章。第一篇　商品和货币；第二篇　货币转化为资本；第三篇　绝对剩余价值的生产；第四篇　相对剩余价值的生产；第五篇　绝对剩余价值生产和相对剩余价值生产；第六篇　工资；第七篇　资本的积累过程。本卷的德文版和法文版都是马克思亲自整理编辑出版的，也是马克思生前出版的唯一的一卷《资本论》，它包括了马克思的劳动价值论、剩余价值论和资本积累理论，阐述了为什么要剥夺剥夺者，历来受到研究者的重视。在高校学习的《政

治经济学》课程中，本卷收入的内容最多。第一卷收录在《马克思恩格斯全集》第23卷。

②《资本论》第二卷研究资本的流通过程，中心问题就是剩余价值的流通和实现的过程。第二卷是第一卷在逻辑上的继续。资本的生产过程在现实世界里必须有流通过程来补充。第一卷虽然在生产过程的范围内考察了流通过程，但是并未探讨资本在不同阶段上的形态变化，第二卷则以资本形态变化过程为直接的研究对象。第二卷所研究的既然是资本主义的流通，因此它包含劳动力商品的流通和剩余价值的流通。在流通中商品已经是资本主义生产过程的结果，并且是作为一定形式的资本而流通的。资本不是物，而是资本主义生产关系的表现，因此资本的流通实质上是阶级关系的物的表现的更替运动。第二卷共分为三篇二十一章。第一篇　资本的形态变化及其循环；第二篇　资本周转；第三篇　社会资本的再生产和流通。本卷收录在《马克思恩格斯全集》第24卷。

③《资本论》第三卷是以研究资本主义生产的总过程为研究对象的，本卷共分为七篇五十二章，全书可分为三大部分。第一部分包括第一篇　剩余价值转化为利润和剩余价值率转化为利润率；第二篇　利润转化为平均利润；第三篇　利润率趋于下降的规律；在这三篇中马克思探讨了剩余价值转化为利润，利润转化为平均利润，价值转化为市场价格的问题。通过上述分析，把马克思自己独创的概念和资本主义现实生活中人们固有的概念联系起来，从而对资本主义现实的经济运行过程进行了科学的分析。它们研究的中心问题是利润，利润是剩余价值的各种具体形式中的最一般的形式，它是第三卷所研究的起点。第二部分是第四篇到第六篇探讨剩余价值怎样分割为商业利润、利息和地租。包括第四篇　商品资本和货币资本转化为商品经营资本和货币经营资本（商人资本）；第五篇　利润分为利息和企业主收入。生息资本（上、下）；第六篇　超额利润转化为地租。第三部分是最后一篇即第七篇　各种收入及其源泉。通过探讨各种收入和它们的源泉，总结性地进一步分析了资本主义生产关系。本卷收录在《马克思恩格斯全集》第25卷。

④《资本论》第四卷即《剩余价值理论》。它历史地批判地考察马克思以前有关剩余价值的学说。本卷实际上是把前三卷对资本主义制度所做的理论研究的成果，用学说史的形式来加以说明，所以应当把它看作是前三卷在逻辑上的延续。它不仅反映了马克思怎样在批判以往经济学说的基础上创立无产阶级政治经济学，而且表明了他怎样在历史唯物论的基础上创立科学的经济学说史。第四卷以批判英国古典政治经济学的完成者李嘉图的理论为重点，分为三册。第一册考察李嘉图以前的古典政治经济学，主要批判重农学派和亚当·斯密的学说。第二

册以批判李嘉图尤其是他的地租理论为内容。第三册主要考察李嘉图学派的瓦解，由此说明资产阶级政治经济学为什么必然破产，必然由古典变为庸俗。这部分内容收录在《马克思恩格斯全集》第26卷（1、2、3分册）。

《资本论》结构严密，重点突出，是一个完整的科学体系。用马克思自己的话说，《资本论》是"一个艺术的整体"。"在第一卷中，我们研究的是资本主义生产过程本身作为直接生产过程考察时呈现的各种现象，而撇开了这个过程以外的各种情况引起的一切次要影响。但是，这个直接的生产过程并没有结束资本的生活过程。在现实世界里，它还要由流通过程来补充，而流通过程则是第二卷研究的对象。在第二卷中，特别是把流通过程作为社会再生产过程的媒介来考察的。第三篇指出，资本主义生产过程，就整体来看，是生产过程和流通过程的统一。至于这个第三卷的内容，它不能是对于这个统一的一般的考察，相反地，第三卷要揭示和说明资本运动过程作为整体考察的所产生的各种具体形式。"简单地说：《资本论》第一卷研究资本的生产过程，这是不以流通为媒介的资本的直接生产过程，重点研究剩余价值的生产。第二卷研究资本的流通过程，这是在资本直接生产过程基础上的流通过程，是资本生产过程和流通过程的统一，重点研究剩余价值的实现。第三卷研究资本主义生产总过程，研究资本的各种具体形式（如商业资本、生息资本等等）和剩余价值的各种具体形式（如商业利润、利息、地租等等）这是资本的生产过程、流通过程和分配过程的统一，重点研究剩余价值如何在剥削阶级内部进行分配；至于第四卷则是系统地分析批判资产阶级的政治经济学说，重点研究剩余价值学说史，即"理论史"。

整部《资本论》，以劳动价值论为基础，以剩余价值论为核心，以资本主义制度向共产主义制度过渡的历史必然性，作为科学和革命的结论。这部划时代的巨著，是马克思主义革命和科学相结合的伟大典范。《资本论》的出版，是无产阶级掌握了彻底批判资本主义制度的最锐利的思想武器，能够更科学地认识自己的经济地位和历史使命，为共产主义事业而奋斗。

（三）著作内容简介

关于《资本论》的研究对象是什么？马克思指出："我要在本书研究的，是资本主义生产方式以及和它相适应的生产关系和交换关系。"《资本论》就是论资本，而资本是带来剩余价值的价值，它体现着资本主义生产关系，它在运动中增殖增大。所以，我们说资本范畴是《资本论》的中心内容，也可以说，它的中心内容是剩余价值。纵观《资本论》四卷，其中第一卷的中心是分析剩余价值的生产问题，第二卷的中心是分析剩余价值的实现问题，第三卷的中心是分析剩余价值的分配问题，第四卷是剩余价值理论的发展史。可见，《资本论》是研究资本家如何榨取工人所创造的剩余价值，以及剩余价值的实现和分配问题。所以，在《序言》中提到的"资本主义方式"，是指以资本主义所有制为基础的生产资料与劳动力相结合的方式，这属于广义的生产关系，它包括生产、分配、交换和消费等各方面的关系。而"和它相适应的生产关系"，则是指直接生产过程中人与人之间的关系，即狭义的生产关系，它从属于广义的生产关系。资产阶级古典经济学家把政治经济学看成是研究财富的科学，马克思第一次确定政治经济学的研究对象是生产关系，这是和资产阶级经济学根本对立的。

在《资本论》中，马克思不仅从生产力与生产关系的相互作用中来研究资本主义的生产关系，而且还从生产关系的总和（即经济基础）与上层建筑的相互作用中来研究生产关系。列宁在谈到《资本论》时，曾把资本主义生产关系比做"骨骼"，而把适合于这种生产关系的上层建筑比做"血"和"肉"。要使骨骼有血有肉，就必须联系上层建筑来研究生产关系，但其实质，仍然是以资本主义生产关系作为研究对象。《资本论》以生产关系作为研究对象，其最终目的是揭示出资本主义生产关系产生、发展和灭亡的规律。以下仅就《资本论》前三卷的理论部分内容做扼要介绍。

1. 第一卷的主要内容

《资本论》第一卷研究的是资本的生产过程，即资本的直接生产过程，它是指在统一的生产过程和流通过程中抽象出来的生产过程，而撇开了这个过程以外的各种情况引起的一切次要影响。资本的生产过程实质是资本家剥削雇佣工人的剩余价值，所以资本的生产过程的核心是剩余价值生产。《资本论》第一卷共七篇二十五章，阐述了政治经济学的研究对象、科学的劳动价值论、剩余价值理论、资本积累理论。从而得出资本主义制度灭亡的必然性。本卷内容可为三部分：第一部分是第一篇；第二部分是第二篇到第六篇；第三部分是第七篇。

在"序言"和"跋"中，我们除了能够了解马克思关于《资本论》的分卷结构外，还可以学习他关于政治经济学的研究对象、阶级性和方法论的思想，特别是关于马克思的辩证法同黑格尔的辩证法有着根本区别的思想。

（1）第一篇《商品和货币》

这一篇包括第一章"商品"；第二章"交换过程"；第三章"货币或商品流通"三章内容。在本篇马克思创立的科学的劳动价值论和货币理论，为在以后揭示资本主义剩余价值规律以及其他规律奠定了牢固的理论基础。第一章"商品",整章内容概述了商品理论和劳动价值理论。本章共四节,重点研究商品价值的质和量;研究创造商品的劳动二重性;分析价值形式的发展,重点研究货币的起源和本质;分析商品拜物教,指出商品是被物的外壳掩盖下的社会关系。第三章"货币或商品流通",本章着重分析货币的各种职能。所谓货币的职能,就是货币在交换中所起的作用。货币的本质是固定地充当一般等价物的特殊商品,它是商品交换发展的必然结果,是商品经济内在矛盾发展的必然产物,它体现的是一定社会生产关系。货币的职能有:价值尺度、流通手段、贮藏手段、支付手段和世界货币,其中价值尺度与流通手段是货币的两种基本职能,贮藏手段、支付手段与世界货币则是伴随着商品流通的不断发展而逐渐产生的派生职能。

(2) 第二篇《货币转化为资本》

在本卷第二篇到第六篇中,马克思揭示了资本主义经济关系的本质,研究了剩余价值的生产,阐述了剩余价值生产理论,揭示了资本家和雇佣工人之间的剥削和被剥削关系。第四章到第七章,研究了剩余价值生产的一般原理,揭露了资本主义生产的实质。从第八章"工作日"起,开始研究剩余价值生产的具体形式和方法。资本家加强剩余价值剥削的方法主要有两种,一是绝对剩余价值生产,一是相对剩余价值生产。绝对剩余价值是在劳动生产率不变,必要劳动时间已定的情况下,由延长劳动时间而产生的剩余价值。第四章"货币转化为资本"是承前启后的一章,着重研究货币如何转化为资本,劳动力如何转化为商品,即研究资本主义生产过程的前提条件。本章共分三节:第一节"资本的总公式",研究简单商品流通和资本流通的区别,指出资本是在运动中带来剩余价值的价值,分析了作为货币的货币和作为资本的货币在本质上的不同。第二节"总公式的矛盾"。第三节"劳动力的买和卖",对劳动力这一特殊商品进行分析,解决了货币转化为资本必须具备的特殊条件。由于劳动力成为商品,货币转化为资本,这就既解决了剩余价值的来源,也揭露了资本的实质。

(3) 第三篇《绝对剩余价值生产》

从第三篇开始,展开对资本主义生产过程的研究。第三篇和第四篇研究绝对剩余价值的生产和相对剩余价值的生产,研究资本主义生产的实质,揭露剩余价值产生的秘密。"绝对剩余价值的生产构成资本主义体系的一般基础,并且是相对剩余价值生产的起点。"所以在分析相对剩余价值之前,必须研究绝对剩余价值。第五章研究"劳动过程和价值增殖过程"。这里所讲的劳动过程和价值增殖过程,并不是两个不同的过程,而是同一过程的两个方面:劳动过程是劳动者推动生产资料生产使用价值的过程,是任何社会生产过程所共有的。价值增殖过程是劳动者创造价值和剩余价值的过程,这是资本主义生产方式所特有的。同一生产过程具有劳动过程和价值增殖过程两个方面,也是同生产商品的劳动具有具体劳动和抽象劳动两个方面相适应的。不理解体现在商品中的劳动的二重性,就无法理解资本主义生产的二重性。在资本主义的生产过程中,劳动过程不过表现为手段;价值增殖过程,或剩余价值的生产则表现为目的,我们要通过对劳动过程的分析,着重研究价值增殖过程,揭露剩余价值产生的秘密。第六章"不变资本和可变资本"进一步分析生产资料和劳动力在剩余价值生产过程中所起的不同作用。不变资本和可变资本的理论,是马克思根据生产商品的劳动二重性学说,分析资本的不同构成部分在价值形成过程和价值增殖过程中的不同作用而提出的科学理论。因此,不掌握劳动二重性学说,就不可能理解不变资本和可变资本的区分,就不可能真正理解马克思的剩余价值学说。第七章"剩余价值率"的任务是:通过对剩余价值率的研究,一方面进一步揭露资本关系的剥削实质;另一方面通过剩余价值率的计算,进一步了解资本家对工人的剥削程度。

(4)第四篇《相对剩余价值的生产》

第四篇和第三篇一样,都是揭露资本家怎样在生产过程中剥削工人所创造的剩余价值,以及采用什么方法来加强对工人的剥削。但是,第三章是在假定必要劳动时间不变的前提下,把技术进步和劳动生产力的提高暂时撇开不论,来说明资本家如何用绝对地延长劳动时间的方法,加强对工人的剥削。而第四篇则是以工作日长度不变为前提,说明资本家如何通过改进技术,改进生产方法,提高劳动生产力,以缩短必要劳动时间,从而相对地延长剩余劳动时间,来加强对剩余价值的榨取。本篇共四章,第十章"相对剩余价值的概念",指出相对剩余价值是通过提高劳动生产力、缩短必要劳动时间、相应地延长剩余劳动时间而生产的剩余价值;第十一、十二、十三章,从资本主义发展的三个基本历史阶段,研究劳动生产力如何逐步提高,资本如何逐步加强对劳动者的剥削,从而取得更多的相对剩余价值。

第十一章"协作"所考察的资本主义的简单协作,协作既是资本主义生产的起点,又是资本主义生产方式的基本形式。因此,通过对协作的研究,既可了解资本主义的生产力和生产关系是在怎样的起点上发展起来的,又可了解资本家是怎样不断加强相对剩余价值的生产、确立资本对劳动的统治地位的;第十二章"分工和工场手工业"研究以分工为特征的工场手工业,在资本主义发展的一定阶段上,如何提高劳动生产率,生产出更多的相对剩余价值,说明工场手工业一方面通过分工大大提高了社会的劳动生产力,成为劳动过程的特殊组织形式,另一方面又加强对工人的剥削,是相对剩余价值生产的特殊形式。本章共分五节。第一节,"工场手工业的二重起源";第二节,"局部工人及其工具";第三节,

"工场手工业的两种基本形式——混成的工场手工业和有机的工场手工业";第四节,"工场手工业内部的分工和社会内部的分工";第五节,"工场手工业的资本主义性质"。前三节从劳动过程方面来研究工场手工业的起源、简单要素和总机构,后两节则从社会经济特点方面研究工场手工业所具有的资本主义特殊性;第十三章"机器和大工业"。本章共十节,大致可分为三个方面:第一节至第四节,研究机器的产生和发展,以及资本主义使用机器如何加强剥削,使劳动对资本形式上隶属发展为实质上隶属,对工人产生的严重影响。第五、六、七节,主要分析资本主义的基本矛盾如何表现为工人阶级和资产阶级之间的阶级斗争。马克思指出这种斗争为什么首先表现为工人和机器之间的斗争,指出工人阶级的敌人不是机器而是资本主义制度,并批判了资产阶级政治经济学为掩盖资本主义使用机器所产生的矛盾而炮制的荒谬理论。第八、九、十节,研究大工业对社会的影响:它不仅促进工场手工业、手工业、家庭劳动产生了新的变革,而且发展了资本主义生产方式的矛盾,为新社会准备了物质条件和革命力量,以及工业革命促进了农业的资本主义化,从而使资本主义生产关系得到全面的发展。

(5) 第五篇《绝对剩余价值和相对剩余价值的生产》

是在前两篇研究的基础上,把绝对剩余价值生产和相对剩余价值生产作为统一的资本主义生产来考察,对这两种形式综合地加以研究。本篇包括第十四章"绝对剩余价值和相对剩余价值"、第十五章"劳动力价格和剩余价值量的变化"和第十六章"剩余价值率的各种公式"。第十四章"绝对剩余价值和相对剩余价值"的中心内容是说明绝对剩余价值和相对剩余价值的辩证统一关系。此外,还研究了资本主义的生产劳动、剩余价值和自然条件的关系,这些都是比较重要的理论问题,是对前几章的重要补充。

(6) 第六篇《工资》

这一篇是剩余价值理论的重要组成部分。本篇共有四章。第十七章"劳动力的价值或价格转化为工资",分析了工资的本质,揭示出它是怎样被歪曲地表现为劳动的价值或价格的。第十八章"计时工资"和第十九章"计件工资",分别考察了工资的两种基本形式,指出计时工资是劳动力价值的转化形式,计件工资又是计时工资的转化形式。第二十章"工资的国民差异",考察了各国工资的国民差异,分析了名义工资和实际工资的关系,进一步揭示了资本主义工资的本质。全部剩余价值学说是建立在劳动力和劳动的区别即资本家购买的是劳动力而不是劳动这一观点的基础上。劳动新创造的价值超过劳动力本身价值的多余部分,形成剩余价值。

(7) 第七篇《资本积累过程》

马克思在分析资本家和雇佣工人之间剥削关系的基础上，在本篇又阐述了资本的积累理论，该篇研究的是资本的积累过程，也就是剩余价值转化为资本的过程，阐明资本积累的实质及其发展规律。分析了资本家和雇佣工人之间剥削关系的发展及其变化趋势，揭示资本主义必然被社会主义代替的客观规律。本篇第二十一章"简单再生产"，论述资本主义的再生产过程也就是资本主义生产关系的再生产过程。第二十二章"剩余价值转化为资本"，论述资本主义的占有方式和占有规律，批判资产阶级经济学家在扩大再生产问题上的种种错误观点。第二十三章"资本主义积累的一般规律"，论述资本积累和资本有机构成的提高对工人阶级的影响，阐明了资本主义积累的一般规律。第二十四章"所谓原始积累"，论述资本主义生产方式形成的历史过程，揭示了资本主义积累的历史趋势。综观全篇内容，深刻地体现了从抽象到具体的分析方法。首先在最简单最抽象的形态上分析资本主义的再生产，然后把资本积累的因素加进去，分析规模扩大的资本主义再生产过程，揭露了资本主义积累的实质。在此基础上，再把资本有机构成的因素加进去，研究资本积累对工人阶级命运的影响，揭示了资本主义积累的一般规律。

2. 《资本论》第二卷的内容

《资本论》第二卷研究资本的流通过程，中心是分析剩余价值的实现问题。第二卷所研究的流通过程，并不是资本的单纯的流通过程，而是资本的生产过程和流通过程统一中的流通过程，即流通的总过程。通过对流通过程的考察，着重说明资本不仅是一个社会关系，而且是一个运动过程。这个运动过程也就是不断的再生产过程。《资本论》第二卷共三篇二十一章。第一、二篇研究单个资本的再生产和流通，考察资本在循环中所采取的各种形式以及这些形式本身的循环，考察资本循环的周期性，以及资本周转对剩余价值生产的影响，从而创立了科学的资本循环理论和资本周转理论。第三篇，研究社会总资本的再生产和流通，揭示社会总资本的再生产和流通的规律，从而创立了科学的社会资本再生产理论。这三篇的安排体现了从个别到总体、从微观到宏观的逻辑发展过程。

(1) 第一篇《资本形态变化及其循环》

本篇研究单个资本在一次循环运动中所经历的三个阶段，所采取的三种资本职能形式，以及产业资本循环连续进行的条件。阐述产业资本循环是货币资本循环、生产资本循环、商品资本循环的统一。阐述了产业资本在一次循环过程中所经历的生产时间和流通时间，以及流通费用等问题。全篇包括六章内容：第一章

"货币资本的循环";第二章"生产资本的循环";第三章"商品资本的循环";第四章"循环过程的三个公式";第五章"流通时间";第六章"流通费用"。

第一章"货币资本的循环"。本章共四节,前三节依次分析货币资本循环的三个阶段,说明资本首先以货币形式出现在市场上,购买生产资料和劳动力,然后通过生产要素的消费,生产出一个包含剩余价值的产品,最后通过商品销售重新转化为货币形式,实现剩余价值;第四节综合考察货币资本的总循环,说明货币资本的循环是产业资本循环最片面、最明显、从而是最一般的表现形式;第四章"循环过程的三个公式"。这一章是在前三章分别考察产业资本循环的三种特殊形式的基础上,从整体上考察产业资本的循环,揭示产业资本循环是三种循环形式的统一,并论述了产业资本循环连续运动的条件,从而把产业资本的运动作为一个复杂的具体的整体再现出来;第五章"流通时间"。本章研究的流通时间,也就是资本流通一次所要的全部时间,即生产时间和流通时间之和。它着重阐明了资本循环时间的不同构成部分,在剩余价值生产和实现中的不同作用;第六章"流通费用"。本章的中心是研究资本的流通费用。流通费用是资本循环在流通领域所消耗的费用。它是由纯粹流通费用、保管费用和运输费用等三部分构成。本章共有三节,分别对这三种费用进行具体分析,着重研究这些费用的性质、作用以及补偿的来源。

(2) 第二篇《资本的周转》

这一篇是研究资本的周转。"资本的循环,不是当作孤立的行为,而是当作周期性的过程时,叫做资本的周转。"中心是分析单个资本运动的速度及其对剩余价值的生产和实现的影响。本篇共有十一章,可以分为四个部分。第七章是全篇的总论,着重说明周转时间构成部分和周转次数的计算方法;第八章至第十一章,着重分析生产资本的构成及其对周转的影响;第十二章至第十四章,着重分析周转时间对资本周转速度的影响;第十五章至第十七章,着重分析资本周转速度对预付资本量、对剩余价值的生产和实现的影响。

第七章"周转时间和周转次数"。本章是第二篇的总论,中心是对资本周转定义作一般性的说明,同时阐述判断周转速度快慢的两种表示方法:资本周转时间和资本周转次数;第八章"固定资本和流动资本"。只有生产资本划分为固定资本和流动资本。本章研究了生产资本的不同组成部分由于价值周转方式的不同而区分为固定资本和流动资本,目的是为了分析它们对资本周转速度快慢和价值增殖的影响。全章共有两节,第一节阐述生产资本区分为固定资本和流动资本的科学依据;第二节对固定资本的组成部分、补偿和修理等问题作具体的分析;第九章"预付资本的总周转。周转的周期"。本章是用提纲的形式写成的。主要问题是讨论预付资本的总周转及其计算方法，周转周期及其对经济危机周期性的意义；第十章"关于固定资本和流动资本的理论。重农学派和亚当·斯密"和第十一章"关于固定资本和流动资本的理论。李嘉图"，评述了古典学派关于固定资本和流动资本的观点，对魁奈的"原预付"和"年预付"思想予以称赞，对斯密和李嘉图的有关论述进行了批驳；在第十二章"劳动时间"、第十三章"生产时间"和第十四章"流通时间"的内容中，马克思对周转时间的构成做了分析；在第十五章"周转时间对预付资本量的影响"、第十六章"可变资本的周转"和第十七章"剩余价值的流通"三章内容中，主要考察了资本周转速度快慢对预付资本量的影响、可变资本周转的速度对年剩余价值率的影响以及剩余价值流通的问题。

（3）第三篇《社会总资本的再生产和流通》

《资本论》第二卷研究资本的流通过程，第一、二篇着重研究单个资本的再生产和流通，在对单个资本运动过程进行分析的基础上，第三篇则是研究社会总资本的再生产和流通。第三篇所研究的中心问题是：社会总资本究竟按照什么形式进行再生产？社会总资本的再生产究竟要具备哪些条件？第三篇共四章。第十八章分析本篇的研究对象；第十九章批判地评论了资产阶级古典学派再生产理论的错误；第二十、二十一章，科学地阐述了马克思关于社会资本再生产的基本原理。

第十八章"导言"。在本章中，马克思首先研究了社会总资本的运动与单个资本运动的区别。分析了本篇的研究对象和本卷的第一、二篇以及第一卷研究对象的区别，进而论证了货币资本在社会总资本运动中和在单个资本运动中所起的不同作用，从而明确了本篇研究的主题；第二十章"简单再生产"。本章共十三节，第一节提出所要研究的问题；第二至八节，通过对简单再生产的分析，论述在简单再生产条件下，在两大部类之间和它们的内部，社会产品如何从价值上实现和从物质上补偿的规律性；第十一、十二节，研究固定资本如何补偿，以及货币材料的再生产问题；第九、十、十三节，继续批判资产阶级学者的再生产理论；第二十一章"积累和扩大再生产"。本章研究资本主义的扩大再生产，主要是研究扩大再生产的实现条件，中心还是完成补偿和价值补偿问题。本章共四节，第一节研究第Ⅰ部类的积累，第二节研究第Ⅱ部类的积累，第三节研究社会总产品实现的基本条件，第四节补充说明，积累中的货币的来源问题。

3.《资本论》第三卷的内容

第三卷是以资本主义生产的总过程为研究对象，是在前两卷对资本主义的直接生产过程与资本的流通过程考察的基础上，进一步把整个资本运动总过程作全面的综合考察，以揭示和说明资本运动作为整体考察时所产生的各种具体形式，如产业资本、商业资本、生息资本等等。在对资本的各种具体形式研究的同时，进一步研究剩余价值的各种具体形式（如产业利润、商业利润、利息、地租等），以及它们如何在各个剥削集团之间的分配，从而对资本运动的总过程做出正确的结论。第三卷共七篇五十二章。从内容看，大体上可分为三个部分，第一篇至第三篇为第一部分，着重研究剩余价值转化为利润，利润转化为平均利润，以及平均利润率在资本主义制度下的发展趋势。第四篇到第六篇为第二部分，着重研究资本的各种具体形式以及剩余价值如何以不同的具体形式在剥削集团之间的分配问题。第七篇为第三部分，针对资产阶级经济学家的三位一体公式，以批判的方式，对资本主义生产的总过程进行系统的总结，进一步证明了劳动价值理论、剩余价值理论的科学性和正确性。

（1）第一篇《剩余价值转化为利润和剩余价值率转化为利润率》

本篇是围绕着资本主义生产的总过程这一主题而展开的，其中心是为了说明剩余价值如何转化为利润，剩余价值率如何转化为利润率。全篇共有七章，第一章、第二章着重于从质的方面分析剩余价值如何转化为利润，这种转化又是怎样掩盖了资本的剥削实质；第三章到第六章则从量的方面分析影响利润率变动的因素；第七章则是对本篇所研究的有关问题作补充说明。

第一章"生产价格和利润"是围绕着剩余价值转化为利润这一中心而展开分析，其内容包括所费不变资本和可变资本转化为成本价格；剩余价值转化为利润；第二章"利润率"。中心是研究剩余价值率如何转化为利润率，从而说明利润率这个范畴如何掩盖了资本主义剥削关系的实质。本章的重点则是：从资本运动过程研究剩余价值转化为利润，从而揭示剩余价值为何表现为预付总资本的产物，剩余价值率如何转化为利润率，资本的剥削程度如何转化为资本的增长程度；第四章"周转对利润率的影响"着重研究总资本的周转速度对利润率的影响，这是从资本流通的角度出发来研究影响利润率的具体因素。本章是恩格斯根据马克思的标题而撰写的。恩格斯认为，这一章研究的问题是"极为重要的"。

（2）第二篇《利润转化为平均利润》

在研究了剩余价值转化为利润，剩余价值率转化为利润率的基础上，第二篇就接着研究利润如何转化为平均利润、价值如何转化为生产价格的问题。第一篇的研究是以个别资本作为前提的，它研究了在个别资本主义企业里，各种不同因素的变化对利润率所产生的影响；第二篇以社会资本作为前提，研究在不同的生产部门中，为什么等量资本会带来相同的利润率。本篇共五章。第八章研究利润转化为平均利润的出发点和基本因素；第九章研究由利润到平均利润、价值到生产价格的转化过程;第十章进一步详细地分析了部门内部的竞争、个别价值如何转化为社会价值、部门之间的竞争、价值如何转化为生产价格的具体过程,从而完成了本篇所分析的全部问题。第十一、十二章是对本篇研究的问题所进行的补充说明。第九章"一般利润率(平均利润率)的形成和商品价值转化为生产价格"。本章的中心,就是着重研究平均利润率和生产价格的问题,首先说明各个生产部门的特殊利润率怎样平均化为一般利润率,然后说明商品的价值怎样转化为生产价格,阐明生产价格与价值的关系;第十章"一般利润率通过竞争而平均化。市场价格与市场价值"。在这一章中,马克思根据逻辑与历史的发展,辩证地研究了个别价值、社会价值、市场价格以及竞争、供求关系和价值规律等一系列问题,进一步发展了他的劳动价值理论。《资本论》第一卷第一篇研究劳动价值论,但那里的分析是抽象的,特别是把竞争和供求关系暂时抽象掉,以便于揭示资本主义生产的实质。而在本章中,马克思对劳动价值理论的分析则具体化了,更接近资本主义经济生活的现实。因此,本章可以说是马克思劳动价值理论的继续和完成。

(3) 第三篇《利润率趋于下降的规律》

本篇着重分析利润率下降趋向的必然性及其内在矛盾问题。需要说明的是,这里所指的"利润率",并非指个别资本所取得的利润率,而是指平均利润率,即一般利润率。这样,"利润率趋向下降"当然也就是指平均利润率"趋向下降"。随着资本主义的发展,资本积累规律发生作用的结果,平均利润率必然趋向于不断下降。但是,由于与此同时又有其他一些原因在起着相反的作用,阻碍着平均利润率的下降,或延缓时间、或缩小幅度,或降低速度等等,使得这种下降呈现为一种"趋向",而表现为并不那么直接的状态。因此,马克思把一般利润率下降叫做"趋向下降",并且指出:"它的作用,只有在一定的情况下,并且经过一个长的时期,才会清楚地显示出来。"本篇由三章组成,即:第十三章研究平均利润率下降的必然性,以及它的内在矛盾和表现形式;第十四章研究阻碍平均利润率下降的一些因素;第十五章研究的是这一规律对资本主义生产的意义和作用,以及它在资本积累和危机等方面的表现,从而进一步揭露了资本主义生产方式的内在矛盾及其历史局限性。

(4) 第四篇《商品资本和货币资本转化为商品经营资本和货币经营资本(商人资本)》

本篇的研究对象是商人资本,即商业资本。"商人资本或商业资本分为两个形式或亚种,即商品经营资本和货币经营资本。"它们是由产业资本运动的职能转化而来的,即商品经营资本是由商品资本转化而来的,货币经营资本是由货币资本转化而来的。本篇就要着重研究商品资本、货币资本如何转化为商品经营资本和货币经营资本，研究商业资本的特征和作用，研究商业资本如何参与利润的平均化，研究商业资本参加利润平均化而引起的商品生产价格的变化和商业价格，研究商业资本对商业工人、职员剥削的性质和特点。本篇共有五章内容，第十六、十七、十八章研究商品经营资本，第十九章研究货币经营资本，第二十章考察商业资本历史，分析资本主义商业资本和资本主义以前商人资本的联系和区别。

(5) 第五篇《利润分为利息和企业主收入。生息资本》

本篇主要研究的是资本主义社会中的借贷资本，着重考察货币资本如何独立化为生息资本，以及利润怎样分割为利息和企业主收入。第五篇由十六章组成，分为正篇和续篇。正篇主要是从和产业资本相联系角度来考察生息资本的实质、信用制度的发展及其二重性质的作用。续篇主要是就生息资本来考察信用及其对生息资本的影响。第二十一章到第二十四章是第五篇的核心部分，从理论上说明生息资本和利息的实质，利息率是如何决定的，平均利润如何分割为利息和企业主收入，以及资本关系在生息资本形式上的表现。第二十五章到二十九章分析信用及其对资本主义生产所起的作用，银行资本的组成部分以及虚拟资本。第三十章到三十二章分析货币资本和现实资本之间的关系。第三十三章到三十五章进一步阐述了信用制度下的货币流通及货币资本的理论。第三十六章对生息资本作了历史的考察，并对全篇作了总结。

第二十一章"生息资本"。本章具有全篇总论的性质，是全篇的理论基础。这一章是研究生息资本的特征和利息的本质；第二十二章"利润的分割。利息率。'自然'利息率"，上一章对生息资本和利息，从质的方面作了考察，揭示了利息的本质；本章着重从量的方面对利息进行分析，从而阐明利息率的决定等问题。本章所研究的，并不是影响利息率的一切因素，而是以借贷资本家和职能资本家之间的关系为前提，把利息作为平均利润的一部分，着重研究利润率和利息率之间的关系和区别；第二十三章"利息和企业主收入"。利息是剩余价值的一部分，是剥削工人的剩余劳动的产物，这就说明了利息和企业利润在本质上的同一性。这一章要研究的是：平均利润分割为利息和企业主收入，如何从纯粹量的分割转变为质的区别。本章突出地运用了质和量的辩证法，阐明了利息和企业主收入在本质上的同一性和形式上的差别性，进一步揭露了资本关系的本质。第二十五章"信用和虚拟资本"。这一章是研究资本主义信用制度，重点是研究银行信用。信用是生息资本运动的形式。随着信用制度的发展，产生了虚拟资本。为了全面地阐明生息资本的特点、作用和运动规律，必须考察信用制度和虚拟资本。前者主要在本章进行研究，后者将在第二十九章进行研究。第二十七章"信用在资本主义生产中的作用"。本章从资本主义信用和产业资本的联系角度，研究信用在资本主义经济中的地位和作用，中心是分析资本主义信用制度的两重性。第二十九章"银行资本的组成部分"。这一章研究银行资本的构成，主要分析银行资本的大部分是虚拟资本。通过分析，说明信用制度大大发展了资本的表面形式，从而使资本关系更加神秘化了。同时，阐述了虚拟资本的运动和职能资本的运动之间的关系，进一步揭示了复杂的资本关系的内在规律性。第三十五章"贵金属和汇兑率"。这一章是分析国际信用制度下世界货币流通的问题。由于只有贵金属才能执行世界货币的职能，因而国家之间的信用和货币流通的问题，也就是国家之间的贵金属流通的问题。而贵金属在各国间的流动，必然会出现与此相联系的汇兑率问题，因此，需要对汇兑率进行专门考察。

（6）第六篇《超额利润转化为地租》

本篇的研究对象是资本主义地租。资本主义地租是超额利润的转化形式。在前几篇，马克思研究了剩余价值在产业资本、商业资本、生息资本之间的分割，本篇则要研究土地所有者如何参与剩余价值的瓜分，即如何从租地农场主那里取得超过平均利润的超额利润。马克思的地租理论是建立在平均利润和生产价格的理论基础上的。本篇共十一章，由四个部分构成。第一部分，即第三十七章导论，说明第六篇的研究对象和注意的问题；第二部分是第三十八章到第四十四章，研究资本主义地租的一种形式——级差地租；第三部分是第四十五章和第四十六章，研究资本主义地租的另一种形式——绝对地租；第四部分是第四十七章，对资本主义地租的发展作历史的分析。

第三十七章"导论"。这一章主要说明研究资本主义地租产生的前提条件，指出在研究地租时要注意划清的几个界限和应避免的错误。本章的中心内容，是分析资本主义土地所有权同资本主义地租的内在联系，从而阐明资本主义地租的实质。第三十八章"级差地租：概论"。本章是对级差地租进行总的论述，着重阐明级差地租的形成过程和一般特点。第三十九章"级差地租的第一形式（级差地租Ⅰ）"。级差地租依据它形成的具体条件的区别，分为级差地租第一形式（级差地租Ⅰ）和级差地租第二形式（级差地租Ⅱ）。这一章是研究级差地租的第一形式，即由于等量资本投资在肥力和位置不同的等量面积的土地上，形成不同的生产率而产生的地租。本章的中心内容，是分析级差地租Ⅰ形成的特殊条件。第四十章"级差地租的第二形式（级差地租Ⅱ）"。这一章是研究级差地租的第二种形式。级差地租Ⅱ是连续投在同一块土地上的各个资本具有不同生产率的结果。本章运用比较的方法，说明级差地租Ⅱ形成的特点，以及级差地租的两种形式的相互关系。第四十五章"绝对地租"。由于土地所有权的存在,无论租种优等地或劣等地都必须交纳的地租,马克思称其为绝对地租。本章着重研究绝对地租产生的原因,它的形成、来源和实质及其发展趋势等等,是马克思地租理论中的重要组成部分。第四十六章"建筑地段的地租。矿山地租。土地价格"。这一章是研究非农业用地的地租,如建筑地段的地租、矿山地租等。在资本主义社会,对于土地的经营垄断和所有权垄断,不仅存在于农业部门,而且存在于建筑业、采掘业等部门,因而就有非农业用地的地租。本章主要是分析非农业用地地租的一些特点,同时也论述了垄断地租以及土地价格问题。

(7) 第七篇《各种收入和源泉》

在本篇中马克思通过对各种收入及其源泉的分析,研究了资本主义分配关系的实质,同时也批判了资产阶级庸俗经济学歪曲资本主义生产关系和分配关系的所谓"三位一体公式",批判了"三位一体公式"的理论来源"斯密教条"。通过经济关系的分析,指出了与三种收入形态相适应的资本主义社会的三大阶级即工人阶级、资本家、土地所有者之间的阶级矛盾和对立。因此,第七篇不仅是对《资本论》第三卷所作的总结,是对《资本论》第一至第三卷所作的全面总结,也是对资本主义生产关系进行系统分析后所作的历史性总结。第七篇共五章。第四十八章"三位一体公式",批判资产阶级庸俗经济学的三位一体公式,说明各种收入的源泉都是雇佣工人所创造的新价值,第四十九章"关于生产过程的分析",通过对资本主义生产总过程的分析,批判了三位一体公式的理论来源"斯密教条";第五十章"竞争的假象",运用价值和剩余价值理论进一步批判"斯密教条"的错误,并指出它的产生与竞争的假象有关;第五十一章"分配关系和生产关系",分析了分配关系与生产关系之间的辩证关系,为资本主义的发展做出理论的和政治的结论;第五十二章"阶级",把对经济关系的分析引申到阶级关系上来,研究资本主义三大阶级的对立和阶级斗争。

三、简要评述

《资本论》的问世,是政治经济学史上的一次巨大飞跃,首次创立了科学的劳动价值论和剩余价值论。它通过对资本的生产过程、流通过程和总过程的层层分析,揭示了资本主义社会的生产社会化与生产资料占有私人性的基本矛盾,指出了资本主义剥削的实质和经济危机的根源,阐述了资本主义社会必然灭亡,共产主义社会必然胜利的历史规律。100多年来,《资本论》这部著作被译成了几十种文字，出版了数以百计的版本，在人类历史上发生了深远的影响。中文《资本论》的第一个全译本是由读书生活出版社于1938年出齐的（其中，该年8月31日出版第一卷，9月15日出版第二卷，9月30日出版第三卷），译者是郭大力、王亚南。新中国成立以后，由中央编译局译的《资本论》第一、二、三卷由人民出版社于1975年6月出版。由中央编译局译的《剩余价值理论》一书三册，由人民出版社于1975年11月出版。

《资本论》是以唯物史观的基本思想为指导，通过深刻分析资本主义生产方式，揭示了资本主义社会发展的规律，同时也使唯物史观得到了科学的验证和进一步的丰富和发展。《资本论》运用唯物史观的观点和方法，将社会关系归结为生产关系，将生产关系归结于生产力的高度，从而证明了社会形态的发展是一个不以人的意志为转移的自然历史过程。同时《资本论》也没有简单地把精神生活、政治生活和社会生活的一般过程归结为它们的共同基础——物质生产过程，而是从物质资料的生产和再生产中推导出全部社会关系的本质。

《资本论》不仅是马克思主义政治经济学的最重要的著作，而且也是马克思主义哲学的最主要的著作。《资本论》的方法的最大特色，就是把逻辑、辩证法和认识论有机地结合起来，融为一体。正如列宁指出的那样："虽说马克思没有遗留下'逻辑'（大写字母的），但他遗留下《资本论》的逻辑，应当充分地利用这种逻辑来解决这一问题。在《资本论》中，唯物主义的逻辑、辩证法和认识论（不必要三个词：它们是同一个东西）都应用于一门科学，这种唯物主义从黑格尔那里吸取了全部有价值的东西并发展了这些有价值的东西。"马克思运用从抽象上升到具体的方法、逻辑与历史相一致的方法，对资本主义社会矛盾运动的辩证分析，丰富和发展了马克思主义的辩证法。马克思在《资本论》中，系统全面地阐述了资本主义基本矛盾的产生、发展和克服的过程，从而详尽透彻地阐明了唯物辩证法关于对立面的统一和斗争的学说，阐明了唯物辩证法的实质。在《资本论》中是对唯物辩证法的丰富和发展，使我国许多研究辩证法的学者都在研读《资本论》，正如恩格斯指出的，《资本论》的方法不亚于历史唯物主义基本观点的发现。

《资本论》也是科学社会主义的主要著作。正是在《资本论》第一卷中，马克思通过对资本主义生产过程的分析，创立了科学的剩余价值学说。恩格斯认为：剩余价值学说的发现，是"马克思著作的划时代的功绩。它使明亮的阳光照进了经济学领域，而在这个领域中，从前社会主义者像资产阶级经济学家一样曾在深沉的黑暗中摸索。科学社会主义就是以此为起点，以此为中心发展起来的"。

2 马克思与《资本论》

《资本论》出版 100 多年以来，虽然当今世界的形势已发生巨大的变化，但它的基本理论仍然是今天的人们宝贵的精神财富。不仅发展中国家的人们、全世界的工人阶级和劳动人民学习它的理论，而且世界上发达国家的许多著名大学，也都开设有《资本论》的必修课。马克思主义作为人类宝贵的思想遗产，在以后人类历史长河中，必将被继承和发扬光大。

根据中共中央马克思恩格斯列宁斯大林著作编译局翻译的马克思《资本论》第一卷、第二卷、第三卷编写，人民出版社出版，1975 年 6 月第一版。

3 凯恩斯与《就业、利息和货币通论》

约翰·梅纳德·凯恩斯（John Maynard Keynes，1883~1946年）

一、作者简介

（一）生平

约翰·梅纳德·凯恩斯（1883~1946年），英国人，20世纪最有影响的经济学家，现代宏观经济学的奠基者和创始人。

凯恩斯1883年6月5日出生于英国剑桥。父亲约翰·内维尔·凯恩斯是著名的逻辑学家和经济学家，曾任剑桥大学的教务长；母亲弗洛朗斯阿达·布朗是剑桥大学的神学博士，曾任剑桥市的议员和市长。1895年，凯恩斯考取英国著名的贵族学校伊顿公学，并以数学、历史和英语三项第一的成绩毕业。1902年，考取剑桥国王学院（剑桥大学）的奖学金，主攻数学和文学，1905年以全校数学学位考试第12名的优异成绩毕业。毕业后，为了准备文官考试，凯恩斯继续留校，师从经济学大师马歇尔和庇古修读经济学。

1906年，凯恩斯以总分第二名的成绩通过英国文官考试，进入管理印度的印度事务部，负责政府与国会之间的联络工作。1913～1914年间，任印度通货和财政皇家委员会的成员，并兼任皇家经济学会秘书。1919年，他以英国财政部首席代表身份参加巴黎和会。会议期间，他因自己的意见未被协约国接受而愤然辞职，并撰写《凡尔赛合约的经济后果》小册子，抨击英国等战胜国提出的要求德奥等战败国赔款的相关条款，赢得了国际声誉。1929年，他担任英国财政经济顾问委员会主席。第二次世界大战爆发后，凯恩斯再次被任命为财政大臣的顾问，直至去世。1940年，他再次成为财政部的高级官员，致力于克服英国战时财政困难。1944年，他率领英国代表团出席在布雷顿森林举行的联合国货币金融国际会议，并出任国际货币基金组织和国际复兴开发银行的总裁，对战后经济的复兴做出了重大贡献。1942年，被晋封为勋爵。

凯恩斯除了从事政治活动外，还研究经济理论，先后出版了被誉为其经济思想三部曲的《货币改革论》（1923）、《货币论》（1930）和《就业、利息和货币通论》（1936）。尤其是《就业、利息和货币通论》被誉为与达尔文的《物种起源》和马克思的《资本论》等量齐观的著作。同时，他还长期（1911～1944年）担任《经济学杂志》的主编。他也是英国科学院研究员，英国皇家经济学会会长。

凯恩斯也经营私人企业，并长于金融投资。他担任过国民互助人寿保险公司的董事长，以及其他几家公司的董事，也担任过英格兰银行管理机构的成员。凯恩斯过世时的遗产有41万英镑之多，是仅次于李嘉图的第二位经济学家富豪。此外，凯恩斯还对艺术情有独钟。他作为由艺术家、作家、演说家和知识分子组成的"布卢姆斯伯里社团"的成员，不仅大量资助相关的文艺活动，还亲自创建了剑桥艺术剧院。其妻子莉迪娅·洛波科娃就是原俄国圣·彼得堡芭蕾舞团的著名舞蹈演员。

1946年，凯恩斯被剑桥大学授予科学博士学位，但终其一生没有经济学学位。

1946年猝死于心脏病，时年63岁。

（二）著作

凯恩斯的著述很多，其中主要的著作有：《印度的通货和财政》（1913）、《凡尔赛合约的经济后果》（1919）；《概率论》（1921）、《货币改革论》（1923）、《放任主义的终结》（1926）、《货币论》（1930）、《劝说集》（1932）、《就业、利息和货币通论》（1936），此外，还发表了大量的文章和小册子。《就业、利息和货币通论》（以下简称《通论》）是他的代表作，被认为是20世纪最重要的西方经济学著作。

（三）学术思想

凯恩斯经济思想的最大特点是主张政府干预经济，其集中体现就是1936年出版的《通论》。在《通论》中，凯恩斯指出，古典经济学中所说的均衡，是建立在供给能够自动创造需求这一错误理论基础上的充分就业均衡。这种均衡只适合于特殊情况，而通常情况下则是小于充分就业的均衡。只有他提出的就业理论，才是既可解释充分就业均衡，也可解释小于充分就业均衡的一般理论，即就业"通论"。

凯恩斯认为，导致小于充分就业均衡的根源是有效需求不足。有效需求是指商品总供给价格与总需求价格达到均衡时的总需求。在短期内，总供给不会有大的变动，因而就业水平实际上取决于总需求或有效需求。

凯恩斯认为，之所以出现有效需求不足，是因为"消费倾向"、"对资本未来收益的预期"以及对货币的"灵活偏好"这三个基本心理因素的作用。他指出，总需求是消费需求与投资需求之和，总需求或有效需求不足是消费需求与投资需求不足的结果。心理上的消费倾向使得消费的增长赶不上收入的增长，因而引起消费需求不足。心理上的灵活偏好以及对资本未来收益的预期，使预期的利润率有偏低的趋势，从而与利息率不相适应，这就导致了投资需求的不足。凯恩斯还认为，心理上对资本未来收益的预期，即资本边际效率的作用在三个基本心理因素中尤为重要，危机的主要原因就在于资本的边际效率突然崩溃。

凯恩斯认为，资本主义不存在自动达到充分就业均衡的机制，因而主张政府干预经济，通过政府的政策，特别是财政政策来刺激消费和增加投资，以实现充分就业。消费倾向在短期内是相对稳定的，因而要实现充分就业就必须从增加投资需求着手。凯恩斯指出，投资的变动会使收入和产出的变动产生一种乘数效应，因而他更主张政府投资，以促使国民收入成倍地增长。

二、原著导读

(一) 历史背景

20世纪30年代以前，以马歇尔经济学为代表的新古典经济学，居于西方经济学界的主流地位，其基本思想是自由放任的市场经济具有自我调节机制，能够自动地达到充分就业的均衡状态。凯恩斯最初接受的是马歇尔和庇古等经济学家的思想，接受了古典经济学派的自由放任学说，并一直致力于货币理论的研究。

第一次世界大战结束后，英国遭遇了长期的经济失调和严重的失业。凯恩斯感觉到这是经济紧缩造成的，因而他极力反对恢复金本位制，并主张对通货进行管理，借助于价格控制（通货膨胀而非通货紧缩）来调整经济。同时，严重的失业还使凯恩斯意识到，自由放任的经济并没有自动地进行自我调节，也没有带来经济的复兴，因而开始怀疑传统理论的正确性，转而主张用扩张性财政政策对付失业。

20世纪30年代，资本主义世界爆发了空前的经济危机。大量的银行倒闭，工厂关门，产出下降，进出口减少，工人失业，贫困增加，社会陷于动荡。面对这场历史上最严重、最持久、最广泛的危机，传统的经济理论既给不出科学的解释，也提不出化解危机的有效对策。例如，哈佛大学的熊彼特、伦敦经济学院的罗宾斯和美国经济学的领军人物欧文·费雪等，都主张顺其自然，听任大萧条按照自身的轨迹发展，认为只有时间可以医治制度的失衡。与上述大家不同，志在挽救资本主义制度的凯恩斯通过潜心研究，发现危机的根源是资本主义制度本身有缺陷。他认识到，在危机到来时，政府不能像传统理论所主张的那样，只承担保卫国家安全，提供司法公正，维护社会治安的功能，而应当主动地干预经济运行。政府通过制定并实施扩张性的财政政策和货币政策，就有可能使资本主义走出危机，重现繁荣。《通论》就是整合上述经济干预思想形成的分析框架，并引发了一场经济理论的革命，史称"凯恩斯革命"。

(二) 框架结构

《通论》除了序外，共有六编24章。各编主要内容如下：

第一编　引论，主要介绍《通论》的写作背景和目的，指出《通论》的任务是用有效需求理论来解释失业问题，为促进就业提供理论基础。

第二编 定义与观念，主要分析产出、收入、储蓄、投资等概念，为后续分析准备工具。

第三编 消费倾向，主要分析边际消费倾向递减规律，考察影响边际消费倾向的因素，同时还讨论了投资乘数和挤出效应。

第四编 投资诱导，主要分析投资对产出与就业的影响，影响投资需求的因素，以及货币利率理论，并总结本书的理论框架。

第五编 货币工资与价格，主要分析工资、就业和价格水平之间的关系。

第六编 通论引起的几点思考的概述，简要介绍凯恩斯对经济周期、重商主义、禁止高利贷、加印货币、消费不足论及社会哲学等问题的主要看法。

（三）著作内容简介

1. 序

在序中，凯恩斯说明了三个问题。一是指出本书是写给经济学同行的，旨在说服同行们接受他的观点。这是本书比较难读的一个原因。二是指出本书侧重于分析决定总产出或就业量的决定因素，建立一个能兼容古典理论的"通论"。三是指出本书在写作过程中得到了卡恩、罗宾逊夫人、霍特里和哈罗德等人的建设性意见和批评。

2. 第一编，引论

本编包括一至三章，各章内容如下：

（1）第一章，何谓通论

在这一章中，凯恩斯指出，他之所以将自己的书命名为《通论》，是想强调古典经济学的假设和结论只适用于特殊情况，是各种均衡状态中的一种特例，而他的理论则适用于所有的情况，是一般理论。这说明凯恩斯非常自信。

（2）第二章，古典经济学的假设前提

本章有七节内容，侧重批评古典经济学的学术观点。在导语中，凯恩斯指出，古典经济学主要研究资源配置和收入分配，很少考察资源有效利用问题。

① 古典就业理论的假设前提。凯恩斯指出，古典学派的就业理论，是建立在以下两个假设前提之上的：一是工资等于劳动的边际产品（劳动力需求曲线）；二是当就业数量为既定时，工资的效用等于该就业数量时的边际负效用（劳动力供给曲线）。按照这两个假设，劳动市场达到均衡时，就可以实现充分

就业。因为，这时凡是想工作的人都工作了。如果还有失业者的话，只能是自愿失业或摩擦性失业。前者是指人们认为现有的工资水平不能补偿由于劳动带来的负效用，宁愿赋闲在家也不愿意从事相关的工作。后者是指人们在地区之间迁移或行业之间转换工作时的失业状态。此外，不存在凯恩斯定义的"非自愿"失业。

根据上述假定，古典学派认为采取下述四种方法，就可以增加就业量：一是改善组织机构和增强预见性，减少摩擦性失业；二是减少劳动的边际负效用，以减少自愿性失业；三是提高工资品行业的劳动生产率；四是非工资品价格相对于工资品价格增加，与此同时非工资收入者把开支从工资品转移到非工资品上去。

② 对古典就业理论假设的批评。凯恩斯指出，古典学派把实际工资作为劳动供给函数的唯一自变量，但实际情况可能是：在一定范围内，劳动者所要求的是一个最低限度的货币工资，而不是一个最低限度的实际工资。例如，虽然劳动者通常会抵制货币工资的减少，但当工资品价格上升时，他们并不拒绝工作。这表明，用现行的货币能购买到的工资品就不能准确地代表劳动的边际负效用，从而第二个假设前提不能成立。另外，古典学派还假设劳动者的实际工资取决于劳资双方在工资上的协议，并决定了实际工资水平。凯恩斯指出，这一说法并不正确。因为，决定实际工资的一般水平的是某些其他的因素。本书的主题之一，就是要说明这一问题。

③ 相对工资和实际工资问题。凯恩斯指出，对协议工资进行讨价还价时，人们关注的是个别行业的相对工资，而不是全部行业的实际工资。可以观察到，个别行业的劳动者有理由抵制相对于其他行业的货币工资的削减，但要想抵制对一切劳动者影响相同的由于货币购买力改变而造成的实际工资的每一次下降却是不现实的。换言之，对货币工资的讨价还价影响的主要是工资总量在不同劳动者之间的分配，而不是每一个就业劳动者的平均实际工资。工会保护的是一群劳动者的相对的实际工资，但不会对每一次的生活费用上涨举行罢工。所以，工会并没有对就业量的增加设置障碍，而古典学派却把失业的责任加到工会的头上。

④ "非自愿失业"问题。凯恩斯首先指出，古典学派不承认"非自愿"失业的存在。接着，他给出了非自愿失业的第一个定义：如果当工资品的价格相对于货币工资做出微小上升时，为了现行的货币工资而愿意工作的劳动供给总量和在同一货币工资之下的对劳动的需求总量都大于现行的就业量，那么，人们便处于非自愿失业状态。凯恩斯认为，古典就业理论不能解释危机时出现的非自愿失业，因而只适用于充分就业的事例。他的任务是建立一个能够说明非自愿失业的理论体系。

⑤ 劳动的供给曲线和需求曲线。凯恩斯指出，他接受古典学派的劳动需求曲线，但否定其供给曲线。这样，劳动者愿意接受较低的货币工资未必能解决失业问题。

⑥ 萨伊定律。凯恩斯批评萨伊定律是错误的。他说，自从萨伊和李嘉图以来，经济学家们都相信供给能够创造自己的需求的学说，即萨伊定律。他们认为，有无货币并不会造成实质性的后果；储蓄必然地会导致相应的投资。凯恩斯表示要对这些问题提出疑问。

⑦ 古典学派的理论前提：凯恩斯认为，古典学派赖以建立的三个前提是：a. 实际工资等于现行的就业量的边际负效用；b. 严格意义上的非自愿失业并不存在；c. 供给创造自己的需求，其意义为：在产量和就业的任何水平，总需求的价格总是等于总供给价格。

(3) 第三章，有效需求原理

本章有三节，主要介绍有效需求原理和本书理论梗概，是全书中最重要和最富创新精神的章节。

① 几个重要概念。《通论》主要考察短期经济变量的决定，所以凯恩斯在本章中首先假定技术和资源是外生的。接着，他给出了几个概念：要素成本，指企业主支付给工人的工资、土地地租和银行贷款利息；使用者成本，指企业主用于购买其他企业主生产的商品或服务的支出；总供给，是指所有企业主雇佣一定数量的劳动进行生产所需要的总支出；总需求，是指企业主预计雇佣一定数量的劳动进行生产所能获得的总收益。总收益超过总支出的部分为企业主预期的利润。他们试图将这一利润最大化。总需求与总供给相等时经济达到均衡状态，这时的需求被称为有效需求。但是，这时企业主雇佣的劳动者数量并不能保证所有的人都能就业，或者说，有可能存在着非自愿失业。《通论》的任务就是要考察影响这两个函数的各种因素，说明有效需求为什么不能保证充分就业。

② 就业理论概述。凯恩斯指出，就业理论的基本思路是：当就业量增加时，实际收入的总量随之增加，消费总量也会增加。但是，消费总量增加的程度不如收入，企业主的一部分产品卖不出去，因而会蒙受损失。这样，为了维持既定的就业量，就必须有足够的投资来弥补消费的不足部分。或者说，在既定的消费倾向条件下，就业的均衡水平取决于现期投资数量。而现期投资取决于投资诱导，投资诱导又取决于资本边际收益曲线和贷款利息率。因此在既定的消费倾向和新投资量的情况下，只存在着一个均衡的就业量。在一般情况下，也不能指望均衡的就业量等于充分就业量。因为，与充分就业量对应的有效需求是一种特殊事例；只有当消费倾向和投资诱导相互之间处于一种特殊关系时，该有效需求才能

得以实现。

此外，凯恩斯还发现，随着收入的提高，人们只会拿其中越来越少的部分用于消费，而投资诱导有限，因此最后会出现因为有效需求不足而导致的收入水平下降，出现丰裕社会中的贫困。这就是后来人们所说的"节俭悖论"。

③ 古典经济学与有效需求问题。凯恩斯认为，古典经济学家完全忽视了有效需求不足问题。马尔萨斯曾经用有效需求不足反击李嘉图，但无济于事。古典学派中只有马克思等少数经济学家分析了这个问题。凯恩斯指出，事实证明，古典理论在科学预测上已经失败，人们越来越不愿意把他们给予其他科学家的尊敬同样地给予经济学家。

3. 第二篇，定义与观念

本编包括四至七章，主要阐述三个与后面分析相联系的技术性问题。《通论》的主要思路是从第一编直接到第三编，所以，读者如果跳过本编，不会影响对全书的理解。

（1）第四章，单位的选择

本章的内容，只有形式上的意义，与本书的内容和结论没有很大的关系。所以，择其要者掌握即可。

① 三个疑难问题。凯恩斯指出，为了便于后面的分析，在继续讨论正题之前，有必要暂时离开主要思路，先弄清楚三个疑难之处：一是选择一个衡量单位；二是预期在经济分析中的作用；三是收入的定义。

② 两个基本数量单位。凯恩斯指出，在讨论就业理论时，他只想用两种基本数量单位，即货币价值的量和就业量。前者是完全相同的，后者的单位可以人为地使之完全相同。例如：假设用一小时普通劳动者的工资作为计量的单位，特殊劳动者的劳动根据其报酬换算劳动时间，那么，两倍于普通劳动者报酬的时间，就可以被视为普通劳动者的两倍。衡量就业量的单位，可以称之为劳动单位，而每一劳动单位所得到的货币工资，称之为工资单位。这样，如果设 E 为工资及薪金支出，W 为工资单位，N 为就业量，则 $E = N \cdot W$。

借助上述货币价值的量和就业量两个数量单位，就可以方便地计量经济中的各种变量，构造必要的经济模型，分析宏观经济均衡的运行。

（2）第五章，预期决定产量和就业的作用

本书的创新和特点之一，就是强调预期对变量的影响。需要指出的是，尽管凯恩斯在本书中对预期的叙述不是很清晰，但这种分析确实为本书增加了某种"动态"的性质。本章的要点是：

① 两种预期。凯恩斯指出，一切生产的最终目的，都是为了满足消费者的需要。但是，从生产者支付产品的成本，组织生产，到最后卖给消费者，其间要经过一段时间，——有时需要很长的一段时间。在这段时间内，市场会否变化，如何变化，企业主无从知悉，只能根据自己的经验和可能获得的有限信息，进行判断，即所谓预期。在实际生活中，企业主总是根据自己的预期，进行投资和生产决策。

凯恩斯进一步分析了企业主赖以决策的两类预期：第一类是对于价格的预期，即估计其产品能卖多少钱，属于短期预期；第二类是对于未来收益的预期，即现在投资资本设备，将来能有多少回报，属于长期预期。

② 预期对就业量的影响。凯恩斯指出，正是这些预期，决定了雇主提供的就业量。一般情形是，如果企业主预期未来收益能够增加，就会雇用更多的工人，生产更多的产品；反之，则减少雇用工人的数量，降低产出水平。因此，社会的总产出和总就业量在一定程度上取决于企业主对未来收益的预期。但是，当预期发生变化时，产量和就业的调整不会立即完成，而是需要经历一段时间和一个过程。并且，预期也是不断变化的。有可能根据上次预期进行的调整还没有到位时，预期又变化了。所以，目前的产出和就业水平，是以前各期的预期和当前预期共同作用的结果。其中，以前的预期主要体现为现在的生产条件，如资本设备的数量等；而目前的预期则主体体现为当前的就业数量。

③ 长期预期。凯恩斯指出，最近的结果对企业家的长期预期有重要影响。在一般情况下，企业家会按照最近实现的结果能继续下去这一假设条件来形成预期是合乎情理的。所以，企业家对前景的预测会更经常地根据现实的结果而逐渐加以修改，而不是由于预期到前景的变化而加以修改。

(3) 第六章，收入、储蓄和投资的定义

① 收入。在这一章中，凯恩斯事实上提出了三种等价的国民收入定义：国民收入 = 消费 + 投资；国民收入 = 成品销售收入 − 使用者成本；国民收入 = 工资 + 地租 + 利息 + 企业家收入。

② 储蓄和投资。储蓄是收入超过消费的部分。投资则是由于本期的生产活动而对资本设备造成的添增的价值。如果把所有的买者分为消费者和企业主，那么，企业主的全部销售收入减去企业主之间的销售收入总和，就是企业主销售给消费者的总和。这就是消费的准确定义。从实物形式看，企业主销售给消费者一辆汽车，应被视为消费，而企业主销售给其他企业主的汽车，则应被视为投资。这样，投资和储蓄就是相等的。因为：

$$收入 = 产品价值 = 消费 + 投资$$

储蓄 = 收入 − 消费

所以：

储蓄 = 投资

需要指出的是，在本书中，凯恩斯并没有明确地指出，储蓄 = 投资是事后的相等，还是事前的相等。本书出版后，有关两者是否相等的问题在西方经济学界造成了混乱。经过一段时间的讨论后才得以确认，储蓄 = 投资是事后的，而事前的意愿储蓄和意愿投资并不一定相等。因为，储蓄取决于消费行为，而投资取决于企业主对未来收益的预期，两者取决于不同的决策者。所以，符合消费者意愿的储蓄水平和符合企业主意愿的投资水平很可能是不一致的。这正是引起经济波动的重要原因。以下两编的重点，就是解释为什么意愿的储蓄水平和意愿的投资水平会不相等，而且一般趋势是储蓄大于投资，从而引发有效需求不足和非自愿失业问题。

（4）第七章，对储蓄和投资的意义的进一步考察

在本章中，凯恩斯进一步界定了投资。凯恩斯指出，在流行的用法中，投资的通俗意义是个人或公司对新的或旧的资产的购买。在偶然的情况下，该名词可以专指在证券市场上购买一张有价证券。但是，本书所说的投资却包括购买一处房产、一台机器、一批制成品或半成品，并且一般把用收入来对任何资本资产的购买称为新投资，以便与再投资加以区别。

凯恩斯还指出，本书的一个新论点是，在过去的就业量和产量为既定时，对投资超过储蓄数量的预期会导致企业家增加就业量和产量。这个论点的重要性在于：就业量取决于企业家对有效需求的预期。

4. 第三篇，消费倾向

从本篇起，论述收入决定模型。其中，消费函数范畴是《通论》中最重要的创新之一。它首次把储蓄决策与投资决策分开，导出了乘数的概念，指明了是收入的变化而不是利率的变化使储蓄和投资达到均衡，而且这种均衡可能低于充分就业水平。

（1）第八章，消费倾向：Ⅰ. 客观因素

凯恩斯指出，《通论》的最终目标是解释就业量是由什么决定的。其初步结论是，就业量决定于总供给函数和总需求函数的交点。在短期内，总供给基本上是不变的。所以，短期就业量决定于总需求函数。在封闭经济中，总需求来自现在的消费和为将来的消费而在现在所做的准备，即消费需求和投资需求。本编分

析消费需求，下一编分析投资需求。

① 消费倾向。凯恩斯指出，消费需求取决于收入水平和消费倾向两个因素。其中，消费倾向是指，存在于 Y_w（即用工资单位衡量的既定的收入水平）和 C_w（即在该收入水平下的消费开支）之间的函数关系 X。用符号表示，就是：

$$C_w = x(Y_w) \text{ 或 } C = W \cdot x(Y_w)$$

在收入水平不变的情况下，消费倾向越高，则消费需求总量越大。消费倾向会随着收入水平的变化而改变，而且在不同的文化传统和社会制度条件下也会有所变化。例如，东亚诸国人民历来崇尚节俭，主张量入为出，因而储蓄较多，消费倾向较低。而欧美发达国家奉行消费主义，主张能挣会花，因而消费倾向较高。

凯恩斯区分了影响消费倾向的两类因素：主观因素与客观因素。其中，主观因素主要包括人的心理特征、文化传统和社会制度等。如果没有爆发革命等重大变革，这些因素在短期内一般不会发生重大变化。客观因素主要包括一些经济变量的变化。本章讨论影响消费倾向的客观因素，下一章讨论主观因素。

② 影响消费倾向的客观因素。凯恩斯指出，影响消费倾向的主要客观因素如下：

a. 工资单位的改变。消费倾向是收入的函数。在就业数量不变的情况下，随着工资单位的改变，总收入会相应地变化，因而消费倾向也随之变化。

b. 收入与净收入之间差额的变化。凯恩斯指出，消费倾向实质上是消费与净收入之间的比例。净收入是总收入的一部分。如果两者之间具有稳定关系，那么，总收入的变化与净收入之间的变化也是稳定的。这样，就可以分析总收入变化对消费的影响。但是，如果总收入的变化没有影响净收入，这一变化也不会影响消费和消费倾向。

c. 资产价值的意外变动。资产价值的意外变动在短期内对消费倾向有重要影响。资产价值的变动与收入的变动之间，并没有稳定的或规则性的关系存在。资产所有者的消费量，对于其财富价值的意外变化，非常敏感。这一点应当算作是短时期内可以使消费倾向改变的重要因素之一。

d. 贴现率的改变。人们对现在物品与未来物品的偏好是有差异的。现在物品与未来物品之间的交换比例，被称为时间贴现率。与未来物品相比，人们一般更加偏爱现在物品，因此，现在的物品可以交换更多的未来物品。正因为如此，储蓄会产生利息。并且，利息率可以当作时间贴现率的近似。利率变动对于当前消费的影响，是复杂而不确定的，需看几种相反力量的大小强弱而定。例如，当利率提高时,有些人的储蓄意愿加强,有些人的储蓄意愿则会削弱。在长时期中,如果利率改变很大,则有可能改变社会习惯,因而能影响主观的消费倾向。

e. 财政政策的改变。政府的税收政策会影响人们的净收入,所以,税收政策的变化,会影响消费倾向。

f. 人们改变其对现在和未来的收入水平的差距的预期。这个因素对于人们的消费倾向虽然有重大影响,但从社会全体而论,大概是互相抵消。而且一般而论,这个因素太不确定,所以不会有多大影响。

凯恩斯由此得到结论:如果我们消除掉以货币表示的工资单位的改变,那么,在既定的情况下,消费倾向可以被当作相当稳定的函数。资本价值的意外变动可以改变消费倾向,而利率与财政政策的重大变动,可以施加某种影响;与此同时,其他因素的影响虽然不可忽视,但在通常情形下,它们的作用不可能是重要的。

在既定的一般经济情况下,以工资单位计算的消费开支,主要是决定于产量与就业量。因此,可以建立一个笼统的"消费倾向"函数。其他因素虽然可以改变(这点不能忘记),但在通常情形之下,总需求函数中的消费部分,确以总收入(以工资单位计算)为其主要变量。

③ 边际消费倾向。凯恩斯指出,无论从先验的人性看,还是从经验中的具体事实看,有一个基本心理规律,我们可以确信不疑。这就是:一般而论,当收入增加时,人们将增加其消费,但消费的增加,不像收入增加得那么多。这就是说,设以 C_w 代表消费量,Y_w 代表收入(二者皆以工资单位计算),那么,ΔC_w 与 ΔY_w 会具有相同的正负号,但前者小于后者,即 $d\Delta C_w/d\Delta Y_w$ 的数值为正,且小于1。

凯恩斯还指出,当收入水平下降时,消费在收入中的比例会增加,有时甚至超过收入的数量,超过的部分有可能来自以前的储蓄或者借款。因此,边际消费倾向递减规律是使得经济波动范围更小的一个重要因素。

(2) 第九章,消费倾向:Ⅱ. 主观因素

本章讨论影响消费倾向的主观因素。

① 影响消费倾向的主观因素。一些主观因素会影响人们的消费,从而降低消费倾向。凯恩斯列举了八种抑制消费的因素,如为了防备未能预见到的意外事故而储蓄;为了未来可以预料的养老、教育和抚养孩子等支出而储蓄;为了获得利息收入,从而能够有更多的收入用于消费而储蓄;为了未来逐步改善自己的生活而储蓄;为了获得生活独立而储蓄;为了进行投机或经营而储蓄;为了留下遗产而储蓄;为了积累财富,满足像守财奴一样的愿望而储蓄。凯恩斯将这八类储

蓄概括为谨慎、远虑、计算、改善、独立、事业、骄傲和贪婪动机，相应地促进消费的动机包括享受、短见、慷慨、失算、炫耀和奢侈。

凯恩斯指出，除了上述因素外，社会储蓄中还有1/3到2/3的部分，是由中央政府、地方政府、社会机构和公司企业决定的。这些社会组织进行储蓄的动机主要是企业通过内部筹资进行进一步的投资，而不用借债或发行股票；企业持有具有流动性的资产，以应付意外事故或经济不景气；通过储蓄使收入不断增加，从而可以使企业管理者获得好评。因为企业外部人员很难将这种收入的增加，与由于企业效率提高而带来的收入增加区别开来；通过平时的储备积累资金，以便及时更新资本设备。凯恩斯将这四种动机概括为企业动机、流动性动机、改善动机和谨慎动机。

以上这些消费或储蓄动机的强弱，取决于经济社会制度和组织，取决于与宗教和文化有关的意识形态和道德观念，取决于过去和现在的知识和经验，取决于资本设备的规模和技术水平，取决于现在的财富和收入分配的状况以及当前的收入水平。在长期内，这些因素都会随着社会的变革或经济的进步有所改变。但是，这种改变无疑是缓慢的。因此，在短期经济分析中，可以假定这些因素不变，并存而不论。

② 基本结论。凯恩斯指出，无论是影响消费的主观因素，还是客观因素，在短期内都是相对稳定的，因此，边际消费倾向也是相对稳定的。由此得到的结论是：消费的改变主要取决于收入（以工资单位计算）的多少，而不取决于在既定收入下的消费倾向的改变。

③ 利息率变化的影响。在这里，凯恩斯还考察了利息率变化的影响。他指出，当利息率提高时，人们的消费倾向会下降，储蓄倾向会上升，但是社会总储蓄却会下降。这是因为，利率上升减少了投资的数量，从而降低了收入水平。而收入水平下降的影响，远远超过了消费倾向下降和储蓄上升的影响，从而使得社会总储蓄的数量有所下降。因此，当利率上升时，储蓄和消费的数量是同时下降的。只有收入不变时，利率上升，才会导致更多的储蓄。

④ 节俭悖论。在这里，凯恩斯还提出了节俭悖论思想。在古典经济学传统中，节俭是一种美德。因为节俭可以增加储蓄和投资，促进未来劳动生产率提高和人均收入水平上升。对个人而言如此，对整个社会和国家也是如此。凯恩斯不认同这种观点。他指出，如果整个社会都奉行节俭原则，收入就会下降。因为，人们储蓄是因为利率上升。而利率上升会抑制投资，进而抑制收入增长。所以，对个人来说，节俭是美德。但对整个社会来说，节俭则是灾难。实际上，在其他条件不变时，节俭会减少有效需求，从而降低收入水平。但是，凯恩斯也指出，

如果利率能被控制在维持充分就业的水平,节俭的美德仍然会恢复作用。

(3) 第十章,边际消费倾向和乘数

本章重点讨论乘数和挤出效应问题。凯恩斯指出,第八章确认:除非消费倾向改变,否则就业量就会随着投资的增加而增加。卡恩把这个思路向前推进一步,指出在一特定情况下,在收入与投资之间,有一个一定比例,称之为乘数。乘数与边际消费倾向相关。所以,为了讨论乘数,需要先引入边际消费概念。

① 边际消费倾向规律。凯恩斯把消费倾向看作是消费和收入之间的比例关系,相应的,边际消费倾向可以定义为增加的消费量和增加的收入量之间的比例关系。凯恩斯认为,人们正常的心理定律是,当社会收入增加或减少时,社会的消费也会随之增减。但是,与收入的变化相比,消费增减的速度较慢。这意味着边际消费倾向有递减的趋势,即随着收入水平的提高,在每一收入的增量中,个人用来增加消费的部分越来越少,用来储蓄的部分的比例却越来越大。凯恩斯将这一趋势称之为"边际消费倾向规律"。

凯恩斯指出,$d\Delta C_w/d\Delta Y_w$ 这一个数量相当重要。因为,它决定了新增加的收入将如何分配于消费与投资。边际消费倾向越高,则新增加的收入中用于消费的份额越多,相反,则有更多的份额用于储蓄。

② 乘数。卡恩指出,如果消费倾向能够确定,就可以在投资和收入之间建立一个确定的比例,这一比例就是乘数。相应的,投资直接产生的初级就业量和最终就业量之间也具有乘数关系。如前所述,由于 $\Delta Y_w = \Delta C_w + \Delta I_w$,其中 ΔC_w 代表消费增量,ΔI_w 代表投资增量,所以有 $\Delta Y_w = k\Delta I_w$,其中,$1 - 1/k$ 即为边际消费倾向,k 为投资乘数。这个乘数告诉我们,当总投资量增加时,收入的增量将 k 倍于投资增量。例如,假定边际消费倾向与平均消费倾向相同,即消费倾向不随收入的变化而变化。再假定消费倾向为 9/10,即每 10 元收入中有 9 元用于消费。那么,如果新增加 1 元投资,就会使总收入增加 1 元,从而使消费新增加 0.9 元。人们消费 0.9 元后,消费品产出增加 0.9 元,从而使总收入又增加了 0.9 元,进而使得消费支出再增加 0.81 元。由此形成的消费会使总收入进一步增加,最终的结果是总收入将会增加 10 元。这样,新增加的 1 元投资最终使收入增加了 10 倍。这就是投资的乘数效应。相应的,最终增加的就业总量也会增加 10 倍。

上述分析表明,乘数的大小与消费倾向密切相关。消费倾向越大,则乘数越大。当消费倾向接近于 1 时,乘数将会变得非常大。这时,投资的微小变动就会导致最终产出极大的波动,相应的,就业量也会出现极大的波动。在这种情况下,只要有少量的投资,就可以实现充分就业。相反,如果边际消费倾向接近于 0,那么,投资的乘数就接近于 1。这时只有大幅度增加投资,才能使收入水平提高到充分就业的水平。在现实生活中，边际消费倾向位于 0 和 1 之间。这意味着充分就业并不容易实现，但是也不是困难到无法实现的程度。

当充分就业实现以后，不管消费倾向多大，投资的增加都会引起通货膨胀。因为，这时所有的资源都已经被充分利用了，投资所引起的需求增加，只会拉动价格上升，而收入和就业不会增加。凯恩斯将这种情形称为"真正的通货膨胀"。但是，在此之前，投资需求上升时，价格虽然也会有所上升，但主要是带动产出和就业增加。

在凯恩斯的理论中，乘数原理占有重要地位，它绝不只是一个单纯的"数学概念"。用凯恩斯的话来说：它是"整个就业理论中不可或缺的一步。有了这一步，设消费倾向不变，则我们可以在总就业量、总收入与投资量之间，建立一个确切的关系"。也正是以此为桥梁，凯恩斯将其经济理论导向经济政策，并指导经济实践。

③ 财政政策与挤出效应。在存在非自愿失业的情况下，劳动的边际负效用，一定小于其边际产品，甚至小得多。对一个长期失业者而言，一定量的劳动，不但没有负效用，反而有正效用。正因为如此，有些在传统上被认为是浪费的举债支出，其结果反倒可以使社会致富。据此，凯恩斯认为建造金字塔，甚至地震、战事等天灾人祸，都可以增加财富。他举例说，在经济萧条时期，财政部将钞票塞满旧瓶子，然后将它们埋在废弃不用的矿井中。既不要太浅，也不要太深，并用城市垃圾将其填平。这时，追逐利润的私人企业就会按照自由放任的原则，雇用大量的工人将钞票挖出来。被雇用的工人有了工作，可以挣得收入，从而使得消费增加。根据乘数作用，将会带动整个经济复苏。这时，社会的总收入和财富都比不使用这种办法时多得多。当然，如果将政府支出用于建造房屋或者进行其他公共投资将会更有意义。然而，这有可能遇到政治上的困难，从而难以快速实施。这时，那些看起来没有任何产出的无意义的活动总比什么都不做要好些。

但是，政府举债有可能产生挤出效应。所谓挤出效应，是指政府为了投资，向私人举债，提高了利息率，从而减少了私人投资。同时，政府投资形成的产品与私人产品形成竞争关系，也会减少私人投资。这样，政府投资的效果就没有预想的那样大。有时如果挤出得太多，还会使财政政策失效。所以，政府的投资如果既没有提高利率，又不与私人部门竞争，就可以避免挤出，效果最好。建造金字塔和开采金矿，就是这样的典型例子。

凯恩斯指出，古埃及用建造金字塔的简单方法避免了失业，而谨慎的英国人因为顾虑对后代的"财务"负担，不能为之建造住房，不得不接受失业的存在。这种失业，实际上是把私人致富之道用于国家事务的结果。如果不消除这种观念，就没有一个简便的方法减轻失业的痛苦。

5. 第四编，投资诱导

本编有八章，主要讨论投资与就业和产出之间的关系，分析需求的决定因素，并总结《通论》的理论框架。

（1）第十一章，资本边际效率

投资主要取决于资本边际效率和利息率两个因素。本章首先讨论资本边际效率问题。

① 资本边际效率。凯恩斯指出，资本边际效率可以定义为一种贴现率。根据这种贴现率，在资本资产的寿命期间所提供的预期收益的现值，恰好等于该资本资产的供给价格。这里所说的收益率是指预期的，而不是历史的。供给价格可以理解为重置成本。

② 资本边际效率递减规律。凯恩斯指出，在任何时期中，如果对某种资产的投资增加，该种资本的边际效率，就会随着投资的增加而减少。其部分原因是因为当该种资本供给增加时，其预期收益会下降；另一部分原因是，当该种资产的产量增大时，其生产设备所受到的压力加大，其供给价格会提高。在其他条件不变时，每一笔投资的量都与某一特定的资本边际效率相对应，由此，可以得到一条斜率为负的资本边际效率曲线。

③ 预期与投资波动。凯恩斯认为，由于资本的效率是预期的，而未来有很大的不确定性。这使得人们经常改变其预期。所以，同消费相比，投资的变化要剧烈得多。

④ 投资风险。凯恩斯认为，投资风险是影响投资决策的重要因素。投资风险有两类：一类是投资者因为经营不善或创新失败而蒙受的损失。这是一种不可避免的社会成本。第二类是贷款人由于借款人故意逃避债务或经营失败，不能收回贷款而蒙受的损失。在萧条时期，人们往往高估风险。相反，在繁荣时期，人们又往往低估风险。这都会加大经济的波动幅度。

（2）第十二章，长期预期状态

本章考察影响预期收益的一些因素。

① 两类预期。凯恩斯首先把预期分为短期预期和长期预期两种。短期预期，是指生产者推测，利用现有的设备生产商品，直至商品制成上市时，能获得多少收益。长期预期是指，人们根据现在的情况，如目前各类资本资产以及一般资本资产的数量，目前有何种消费品工业，需要多少资本才能有效满足消费者的需求，以及未来资本的类型与数量、消费者的偏好、有效需求的强度、工资单位等

因素，做出的预测。这种分类方法与马歇尔的分类方法基本相同。凯恩斯认为，人们预期的一般规律是，把现在的情况引申到将来；只有存在着确切的理由，能证明将来会发生变化时，人们才会修改自己的预期。

② 信心与投资决策。凯恩斯认为，尽管预期在投资决策中很重要，但是，由于知识不完备和信息不充分，人们对未来的预期是不精确的。他举例说，关于投资一条铁路10年以后能获得多少收益的知识，人们知道得实在太少，有时甚至完全没有。在这种情况下，人们事实上的投资，主要的不是凭冷静的计算，而是靠开创一番事业的雄心壮志，靠着对经济的信心，带有赌博的成分。这必然会造成经济波动。

③ 投资像选美。在现代市场经济中，人们可以通过资本市场投资。但是，投资就像投资者进行的选美竞赛：报纸上公布100张照片，要参加竞赛者选出其中最美的6个，谁的选择结果与全体参加竞赛者的平均爱好最接近，谁就得奖。在这种情形下，每一参加竞赛者都不选他自己认为最美的6个，而是选他认为别人认为最美的6个。大家都从这一观点出发，于是都不选他自己真认为最美的，也不选一般人真认为最美的，而是运用智力，推测一般人认为最美的。证券市场上，人们的投资就是这样，只注意短期价格波动，而忽视长期投资。所以，证券市场上的投机会造成经济波动。凯恩斯主张通过税费等手段，遏制这种投机活动。

④ 动物精神。凯恩斯指出，除了资本市场上的投机行为可以导致经济波动以外，人类情绪的变化，也有可能导致经济的不稳定。人们投资的积极行为，有一大部分，与其说是决定于冷静的计算（不论是在道德方面、苦乐方面或经济方面），不如说是决定于一种油然自发的乐观情绪。凯恩斯把这种乐观情绪称之为"动物精神"。对于投资预期来说，只有个人充满了这种动物精神，才能充分发挥作用。所以，乐观情绪可以增加投资，相反，悲观情绪则会减少投资。在这里，凯恩斯强调的是，植根于人们内心的有所作为的冲动，是驱动社会向前发展的重要动力。

(3) 十三章，利息率的一般理论

本章讨论利息率——决定投资量的另一个因素——是如何决定的。与古典经济学和新古典经济学的利息率理论不同，凯恩斯用流动性偏好理论来解释。

① 流动性偏好。流动性偏好这一概念是凯恩斯最先提出来的。它是指人们愿意以货币形式或存款形式保持某一部分财富，而不愿以股票、债券等资本形式保持财富的一种心理动机。

凯恩斯认为，人们之所以偏好保持没有报酬的现金，是出于以下三种动机：

一是交易动机,即为了应付日常支出的考虑,具体包括私人的收入动机和企业主的经营动机;二是谨慎动机,即为了应付意外支出的考虑,也包括后来偿还债务的需要;三是投机动机,即为了在适当时机投资谋利的考虑。这种动机对凯恩斯的分析最重要。由这种动机产生的流动性偏好对于利息率是非常敏感的。

流动性偏好是凯恩斯提出的三大心理规律之一。其目的在于说明利息率对投资量的影响,进而决定就业量这一中心问题。流动偏好用曲线表示则为货币需求曲线,在图形上呈向右下方倾斜状至流动性陷阱的起点。

② 利息率的决定。凯恩斯认为,利息率是由流动偏好和货币数量共同决定的。如果其他条件不变,货币量增加,会导致利息率下降。相反,如货币量不变,流动性偏好增强,则会造成利息率上升。

③ 流动性陷阱或凯恩斯陷阱。利息率的高低取决于货币的供给和需求,流动偏好代表了货币的需求,货币数量代表了货币的供给。货币数量是由中央银行的政策决定的,它的增加在一定程度上可以降低利息率。流动偏好的作用也可以影响到利息率的降低,但是,这种降低总是有一定限度的。因为,当利息降低到一定水平时,人们就不肯储蓄而保留现钱了。在图形中,这种利息不能再低的一定点之右,被称为流动性陷阱或凯恩斯陷阱。此时,无论货币数量如何增加,利息率再也不会下降。

(4) 第十四章,马歇尔《经济学原理》、李嘉图《赋税原理》以及其他著作中的利息率理论

本章主要批评古典学派的利息理论。其主要论点是:传统的利息理论有循环论证之嫌,不能自圆其说。在趣的是,凯恩斯自己的利息理论,也有同样的问题。希克斯提出的 IS-LM 模型,试图解决这个问题。

(5) 第十五章,流动性偏好的心理动机和业务动机

本章再次分析第十三章的内容,主要是货币需求问题。这些内容与货币的收入流通速度也有密切关系。

① 流动性偏好动机。凯恩斯指出,人们之所以偏好流动性,是由以下动机决定的。一是收入动机。持有现款是为了在两次收入之间的支付;二是业务动机。企业持有现金,同样也是为了在收到销售现款之前支付开支;三是谨慎动机。持有现款是为了应付偶然事件或意外的有利的购买投机;四是投机动机。指为了在证券市场上购买证券的心理。由这种动机决定的货币需求与利息率呈反向关系。因此,对货币数量的控制,能对经济制度产生影响,也使"公开市场业务"成为可能。

② 货币需求函数。凯恩斯指出,根据上述分析,可以得到货币需求函数:

$M=M_1+M_2=L_1(Y)+L_2(r)$。在此基础上,凯恩斯讨论了以下三个问题:一是 M 改变对 Y 和 r 的关系;二是什么决定 L_1 的形状;三是什么决定 L_2 的形状。

(6) 第十六章,关于资本性质的几点考察

① 储蓄与投资的关系。传统理论认为,储蓄增加会增加资本供给,从而会促使利率下降,投资增加。而且,投资会增加生产能力,将来生产更多的消费品。凯恩斯反对这种观点。他指出,人们的消费行为具有惯性。由此决定,当前消费的减少,不仅会抑制当前消费品的价格,还会通过消费惯性抑制未来的消费水平和消费品价格。因此,储蓄有可能会导致资本边际效率下降。这意味着储蓄不仅减少了消费需求,而且减少了投资需求。

② 储蓄与总需求的关系。有一种观点认为,储蓄减少了消费需求,但同时增加了等量的投资需求,总需求并不改变。凯恩斯认为这是一种错误观点。他指出,一个人增加储蓄本身可以满足其持有财富的愿望,但这笔储蓄并不必然转化为投资。尤其是在投资风险较大的时候,储蓄就更难以转化为投资。这样,储蓄就抑制了投资、产出增长和就业上升。凯恩斯认为,通过控制利率的变化,就可以调节投资量,从而实现充分就业,并且满足人们积累财富的愿望。

③ 关于未来社会。据凯恩斯猜测,一个管理良好、拥有现代技术所需要的资源,而人口增长又不是太快的社会,可以在一代人的时间内,把充分就业均衡的资本边际效率降到大致为零的地步;从而,这个社会就可以达到一个静止的状态;在这样的状态下,变动和进步纯然来自技术、偏好、人口和体制的改变,同时,资本品和在生产上需要资本量很少的消费品,都按照相同的原则来定价,即价格与体现在产品中的劳动等形成比例。他认为,在这种情况下,纯利率会下降到零,食利者将会消失,企业主将专注于长期投资,消除短期投机行为,这将会引起社会巨大变革。

(7) 第十七章,利息和货币的主要性质

凯恩斯是著名的货币理论家,其理论体系就是围绕着货币理论这个核心构建的。在本章中,他对自己的货币理论进行了梳理和更一般化的讨论。其中,前两节解释,为什么货币利息率往往高于资本边际效率,而这一利率又给投资量,进而对充分就业造成困难。在第三节中,凯恩斯分析货币固有的特点,并用以解释货币利息率高于资本边际效率的作用。

凯恩斯认为,现代货币具有以下几个特征:

① 货币的生产弹性等于零。凯恩斯指出,在纸币流通或者实行管理通货的国家,纸币的生产或发行都是由国家严密控制的。对于私人企业来说,绝对没有生产纸币的权力,因而货币的生产弹性必然等于零。

② 货币的替换弹性近似于零，或几乎等于零。凯恩斯指出，货币本身没有效用，其效用来自于交换价值。当货币的交换价值上涨时，人们对于货币的需求会相应地增加，但不可能减少货币的需求，转而用其他商品替代货币。

③ 货币周转灵活且保藏费用低。凯恩斯认为，货币既可以直接用于支付，又可以储藏起来，以防日后的不测之需，还可以灵活运用于各种资产的投机；并且保藏费用很低，甚至微不足道。货币的这一特征与周转灵活性结合在一起，意义非常重大。

凯恩斯认为货币供应是由中央银行控制的外生变量。它的变化影响着经济运行，但自身却不受经济因素的制约。

需要指出的是，本章的分析思路不是很清晰。另外，对《通论》的主题而言，本章内容在很大程度上是多余的。如果去掉本章，全书的内容不会失去很多。所以，粗读本章就可以了。

(8) 第十八章，对就业通论的复述

本章总结前面各章的内容，勾画本书的理论框架。

① 三类变量。凯恩斯指出，在经济分析中有三类变量需要界定清楚。a. 既定因素，指理论分析中假定不会随着经济体系变化而变化的因素，主要有：劳动的数量与质量，现有资本设备的质量与数量，现有的生产技术水平，市场竞争程度，消费者的偏好与习惯，劳动（包括监督组织等管理活动）的负效用，以及社会结构。b. 自变量，指引起经济波动的内在因素，主要有：消费倾向、资本的边际效率和货币利息率。c. 因变量，指随着自变量变化而变化的量，主要有：就业量和国民收入。例如，假定其他条件不变，货币利息率下降，就业量和国民收入就会因为投资增加而相应地增加。

凯恩斯指出，在他的分析中，最终的自变量是消费倾向、流动性偏好和对资本未来收益的预期等三大心理因素，以及工资单位和货币数量。当这些因素确定后，国民收入和就业的数量就可以确定了。本书的最终目的就是要找出决定国民收入和就业的因素，并选择出那些政府经济当局能按照意图加以控制或管理的变量。

②《通论》的理论框架。凯恩斯指出，将过去各章的论点综合在一起，就构成了《通论》的理论框架。但这里的叙述顺序和前面的分析顺序相反：

投资诱导会引起新投资增加，直至每种类型资产的供给价格都与其未来收益相等。这时的资本边际效率等于利息率。其中，资本的边际效率决定于资本品生产的状况和对未来收益的预期，货币利息率决定于流动性偏好和货币数量。

投资变化会影响收入和消费变化。消费的变化与收入的变化方向相同。但是，由于边际消费倾向递减，收入增量中储蓄增量比消费增量增长得更快。由边际消费倾向决定的投资增加量与收入增加量之间的比例关系，可以用乘数来解释。在工资单位既定时，收入增加量与就业增加量是等比例的。因此，根据新增投资和投资乘数，可以推知新增加的就业量。

随着就业量的增加，公众对货币的流动性偏好会提高，货币需求会相应增加。这可以由三条途径来实现：一是交易动机与谨慎动机增强；二是收入上升；三是产品价格水平上升。

③ 资本主义经济的特点。凯恩斯认为，资本主义经济的特点是，产量和就业量都有波动，但又不是特别的不稳定。在长期内，它似乎是处于正常状态以下的经济活动水平，没有显著的趋向复苏或萧条的迹象。此外，经验表明，充分就业或接近于充分就业，只是一个短期状态，在平时则很少出现。

④ 资本主义经济稳定的条件。凯恩斯指出，资本主义经济之所以长期比较稳定，概因经济中存在着以下四个条件：一是乘数的数值大于1，但又不会很大；二是资本的预期收益或利息率的变动比较温和；三是工资变化比较温和，价格比较稳定；四是资本边际效率下降较慢。

凯恩斯指出，上述第四个条件决定了萧条和繁荣阶段的交替存在。其解释是，资本品都有一定的使用寿命，并且会随着时间逐渐消耗。在萧条时期，当投资量下降到一定水平，资本边际效率就会逐渐上升到足够的程度，刺激投资增加，使经济逐步走出萧条，进入繁荣时期；随着投资增加，资本边际效率又会下降，致使投资减少，经济下行至萧条阶段。

最后，凯恩斯总结性指出，上述四个条件决定了资本主义经济会上下波动，但又不会陷于严重的极端状态，而只是围绕着一个中间性位置震荡。在这一中间性位置，经济基本上低于充分就业水平，却又没有威胁到现行制度的生存。凯恩斯还认为，这种状态并不是一种自然状态，可以通过人为措施加以改进。《通论》的目的就是要改进这种状态，以实现充分就业和经济增长。

6. 第五编，货币工资与价格

本编有三章，主要讨论工资、就业与价格水平之间的关系。

(1) 第十九章，货币工资的改变

① 古典工资理论。庇古的传统就业理论认为，工资率的变动可以自动地调节就业量，使之实现充分就业。其分析逻辑是，工资率下降，会降低产品成本和价格，进而促使产量和就业增加。如果出现了非自愿失业，那必定是工资刚性所致。其中暗含的前提是，工资率变动不会影响总需求。凯恩斯认为，这种分析是

完全错误的。原因是在方法论上，把在个别行业中成立的结论，推广到整体经济上是不适用的。事实上是，货币工资率的全面削减会减少总需求。其结果是就业量减少，而不是增加。所以，凯恩斯不赞成用削减工资的办法扩大就业。

② 货币工资变化对就业的影响。凯恩斯从两个方面分析货币工资变化对就业的影响。

首先，假定消费倾向、资本边际效率和利息率不变。在前面的分析中凯恩斯已经指出，总收入是由消费倾向、资本边际效率和利息率三个变量决定的。如果货币工资的变化对这三个因素没有产生影响，也就不会对就业和产出产生影响。

其次，假定消费倾向、资本边际效率和利息率可以变化。凯恩斯指出，货币工资的变化，可以影响消费倾向、资本边际效率和利息率，从而间接地影响产出和就业。凯恩斯具体分析了七种情况，发现这种影响是很不确定的。据此，凯恩斯得到结论：工资刚性比有弹性的工资更好一些；比较恰当的政策目标，是选择货币工资一般水平的基本稳定，而不是有伸缩性的工资。

③ 货币工资与利息率的关系。凯恩斯指出，削减货币工资如同增加货币数量，似乎有降低利息率、促进投资、增加产出和就业的功效。但是，由于存在着流动性偏好，货币数量的增加对降低利息率的作用是有限的，因而指望通过削减货币工资，刺激投资和有效需求，实现充分就业是不可能的。

④ 开放经济中的情形。凯恩斯认为，在开放的经济中，削减货币工资，趋于增加贸易顺差，进而有利于投资。但是，它也有可能使贸易条件恶化，促使贸易保护主义抬头，结果对大家都不利。

⑤ 货币工资变动与物价的关系。凯恩斯认为，货币工资的变动会引起价格剧烈波动，这对经济核算是不利的。因此，在短期内，货币工资的整体水平应当尽可能地稳定。在长期内，有两种选择：一是保持工资稳定，而让物价随技术与设备之进步慢慢下降；二是保持物价稳定，而让工资缓慢上涨。他本人倾向于选择后者。

（2）第二十章，就业函数

本章和下一章，主题是解释货币数量的变动对价格水平的影响。本章分析就业函数，目的是为上述分析提供理论准备。

① 就业量与行业就业弹性。一般地说，增加总需求会增加就业。但是，两者并不存在一一对应的关系。部分原因是，当个人收入提高时，他们对各行业产品的购买不会按同一比例增加；另一部分原因是，当各种商品的需求加大时，其价格反应程度不同。就第一种情形来看，各个行业的就业弹性是不同的。如果需求的增加，大部分趋于就业弹性高的产品，其就业量的增幅就较大；相反，如果

需求的增加趋于就业弹性低的产品，其就业量的增幅就较小。在考察短期波动时，这一点尤为重要。

② 就业量与产品的生产时间。不同的产品，其生产时间是不同的。生产时间较长的产品，其需求增加引致的就业机会较多。例如，从总体上看，生产消费品需要的时间最长。所以，如果有效需求的增加，来自于消费的增加，就可以促进更多的就业。

③ 就业量与收入分配。就业量与收入分配结构有关。如果需求增加后，收入增量更多地流向了企业主，较少地流向了劳动者和其他要素所有者，则增加的就业就较少。原因是企业主的边际消费倾向相对较低。

④ 总需求与就业、产出及物价的关系。当存在着非自愿失业的时候，总需求增加，就业和产出都会增加，但物价不变；当达到充分就业后，有效需求的增加，会拉动工资、物价和利润同比例地上升，而以实物计算的就业和产出则保持不变。

凯恩斯指出，以上是简化分析。如果把上述结论应用于现实，还需要考虑两个限制条件：一是上升的价格可以迷惑企业家，使他们低估边际使用成本；二是收入分配有利于企业主，而不利于租金领取者。

⑤ 通货膨胀与通货紧缩效应的非对称性。凯恩斯指出，通货膨胀和通货紧缩效应具有非对称性。可以观察到：如果有效需求紧缩到充分就业所必需的水平以下，就业量与物价都会降低；但有效需求膨胀到这个水平以上，则只有物价受到影响。

(3) 第二十一章，价格理论

① 经济分析方法。古典经济学家在讨论价值理论和货币理论时，采用了两分法。在讨论商品价格决定时，运用的是供求分析方法，边际成本以及短期供给弹性，占有重要地位。在讨论物价水平变动时，使用了不同的概念，如货币数量、货币流通速度、流通速度与交易额之比、囤积、强迫储蓄、通货膨胀或紧缩，等等。凯恩斯指出，这种经济学分析方法是错误的。正确的两分法是：将讨论单个厂商或行业的微观分析和讨论总体产量及就业量的宏观分析分开。微观理论是在假定资源总量既定的条件下，研究资源的有效配置及产品分配；宏观理论是在假定资源有效配置的条件下，研究资源的充分利用问题。这就需要一种关于货币经济的完整理论。

同时，凯恩斯还区分了静态分析和动态分析。静态分析，就是假定人们对未来的看法是固定不变的，抽象掉不确定性问题，在此基础上研究资源如何分配才能达到均衡。动态分析则是引入不确定性假设，在对未来变量进行预期的基础上进行决策。这就需要用货币把现在和将来联系起来。否则,经济研究不可能讨论预期对现行活动的影响。

② 货币数量对价格水平的影响。凯恩斯认为,货币数量的改变,对价格的影响可以分为解为两部分:一是货币数量的变动,对于工资单位的影响;二是货币数量的变动,对就业量的影响。他指出,在短期内,只要存在着非自愿失业,劳动者就不会要求提高货币工资。因此,在达到充分就业之前,货币数量的增加对价格没有任何影响,而只会引起有效需求同比例地增加,进而导致就业同比例地增加。在达到充分就业之后,货币数量和有效需求的增加,只能引起工资单位和价格的上升,而对产量没有影响。这意味着,存在着失业的情况下,供给是一条水平的直线,具有完全弹性。充分就业的情况下,供给是一条垂直的线,完全没有弹性。这样,货币数量论就可以表述为:存在着失业时,就业量和货币数量同比例地变动;实现了充分就业时,价格和货币数量同比例地变动。

在长期中,国民收入和货币数量的关系取决于流动性偏好,价格的稳定性与否则取决于工资单位上涨速度与生产率增加速度的对比。

凯恩斯关于价格理论的政策含义是:劳动供给缺乏的时候,不宜增加货币数量,否则将引起真正的通货膨胀。有大量非自愿失业的时候,则应当增加货币数量,以促使利息率下降,刺激有效需求,扩大生产,增加就业。在资本主义社会,经常存在着一支失业大军。所以,增加货币数量,刺激有效需求,从而提高物价,就成了凯恩斯实现"充分就业"的重要方法之一。

7. 第六编,通论引起的几点思考的概述

本编包括三章,主要阐述凯恩斯对经济周期、重商主义、禁止高利贷、加印货币、消费不足论以及社会哲学等问题的思考。

(1) 第二十二章,略论经济周期

凯恩斯认为,资本主义经济有反复上行和下行的规则性,但两者具有不对称性。一般情形是,当经济由繁荣转向衰退时,常常是突然而剧烈的,表现为经济危机;而在经济由衰退转向高涨时,则没有这样一个明显的转折点。

凯恩斯认为,导致经济危机的主要因素是资本边际效率的变化。而资本边际效率的变化又取决于两个因素:现有资本品的存量和生产成本;对资本品未来收益的预期。凯恩斯认为,利息率上涨的因素"固然有时可使事态严重化,偶尔也发生恐慌",但他认为那不是典型的形式,"典型的恐慌,其起因往往不是利率上涨,而是资本边际效率突然崩溃"。

凯恩斯认为,对未来收益的预期,部分原因取决于资本品的丰裕程度,部分原因取决于企业家的悲观或乐观情绪。按凯恩斯的解释，危机发生在繁荣后期，当时人们对资本品的未来作了过分乐观的估计，甚至资本品逐渐增加，生产成本逐步提高，利息率上升，也不能阻止投资的增加。当失望来临时，人们对未来收益骤然失去信心，灵活偏好大增，利息率上涨。资本边际效率突然崩溃，再加上利息率上涨，会使投资量减退得异常厉害。投资下降的结果，必然会导致总收入和总就业的大幅度降低。

资本主义经济周期一般要经历三至五年。凯恩斯给出的解释是，由萧条到复苏，一是需要提高资本边际效率，二是需要消化存货资本。这都需要时间，一般为三到五年。因此，他反对用高利息率的办法遏制投资。其根据是，用高利率抑制繁荣，会使经济永远处于半萧条状态。正确的办法是，用低利率消除萧条，使经济永远处于准繁荣状态。

(2) 第二十三章，略论重商主义、禁止高利贷、加印货币以及消费不足论

① 关于重商主义。在《通论》中，凯恩斯放弃了原来完全否定重商主义的观点，转而承认重商主义有一定的科学成分。例如，对于重商主义追求的贸易顺差，凯恩斯指出，贸易顺差有双重作用，一是可以增加对外投资，二是通过贵金属的流入能够降低利率，促进投资。但是，凯恩斯反对贸易保护主义，主张贸易政策必须保持克制。

② 关于高利贷。重商主义者从国民经济体系出发，关心如何促进全部资源的充分利用问题。他们极力主张，通过禁止高利贷、保持国内货币存量、阻止工资单位上升等办法，压低利率，以促进充分就业。凯恩斯认为，这些主张是非常明智的。

③ 关于加印纸币。格塞尔主张通过加印纸币，降低利率，促进投资。凯恩斯认为，加印纸币赖以成立的基本想法是健全的。确实有可能在有限的规模上应用这个手段。

④ 关于消费不足。重商主义者也看到了消费不足对与失业的影响，因而提出了"奢侈有利，节俭有害"的观点。他们争辩说，如果每个人花更多的钱，那么，所有的人都会得到较大的收入。凯恩斯认为，这种分析是有某种科学性的。

(3) 第二十四章，对《通论》可以引起的社会哲学的简要总结

① 关于社会公平问题。凯恩斯认为，资本主义社会有两个显著弊端：一是不能实现充分就业，二是收入分配无原则和不公正。《通论》的主题是应对第一个弊端，但也论及到了后一个问题。他的主张是，通过累进的所得税和遗产税等收入再分配手段，实现更为公平的收入分配格局。他认为，这样做，对提高边际

消费倾向，促进投资和新资本增长是有利的。

② 关于食利者的消亡。凯恩斯认为，食利者阶级在完成了自己的任务后，应当消亡。促使食利者阶级消亡的办法，是降低资本的边际效率。他认为，资本设备是不难增加的。当资本设备增加到这样的程度，使得其收益除去弥补折旧、补偿风险以及其他必要的费用之外，所剩无几时，食利者就消亡了，资本家利用资本的稀缺性来扩大其压迫力量的现象也将消失。但是，凯恩斯认为，这是一个逐渐而漫长的过程，因而并不需要进行革命斗争。

在政策目标上，凯恩斯认为应当树立两个目标：一是增加资本存量，直到它不稀缺为止；二是建立一个直接税体系，保障企业主、理财家以及其他专业人才等能得到的合理报酬，并将其智慧、决心和经营才能引导到为社会服务的渠道上来。

③ 关于集权问题。凯恩斯指出，为了实现消费倾向和投资诱导之间的协调，消除失业，中央集权是不可避免的。因为这是避免现行经济制度被摧毁，发挥个人能力的前提条件。但是，如果用牺牲效率和自由为代价，解决失业问题则是不可取的。因此，凯恩斯不赞成建立一个集权经济体系。他认为，《通论》提出的理论和对策，是既能解决失业问题，又能保留效率和自由的。

④ 关于战争与和平问题。凯恩斯认为，在19世纪，由于国内失业压力和经济不振，经常导致争夺国外市场的战争。如果像《通论》所建议的那样，各国都能学习用国内政策来解决本国的充分就业问题，就不会再存在重要的经济原因，使一国的利益和它邻国的利益对立起来，从而更有利于和平。

⑤ 思想的力量。凯恩斯认为，"经济学家和政治学家们的思想，不论它们在对的时候还是错的时候，都比一般所设想的要更有力量。的确，世界就是由它们统治着。讲求实际的人自认为他们不受任何学理的影响，可是他们经常是某个已故经济学家的俘虏。在空中听取灵感的当权的狂人，他们的狂乱想法不过是从若干年前学术界拙劣作家的作品中提炼出来的。"

三、简单评述

《通论》出版后，在西方经济学界引起了巨大反响。一些经济学家把《通论》的出版称为经济理论上的"凯恩斯革命"。

首先，在理论方面，《通论》提出了一系列不同于传统经济理论的观点。主要的有：

① 在就业理论方面，传统理论认为"供给自己创造需求"，自由竞争经济能够自动地实现充分就业。凯恩斯则认为，资本主义制度固有的有效需求不足，并不能保证经济会自动地达到充分就业；实际情形是，均衡就业量往往小于充分就业，充分就业只是可能达到的各种就业水平的一个特例和极限。

② 在利息率理论方面，传统理论认为，利率取决于投资（对资金的需求）与储蓄（对资金的供给）。利率机制可以使投资与储蓄量相等，实现充分就业均衡。凯恩斯则认为，利率不是决定于储蓄与投资，而是决定于人们的"流动偏好"和货币的供应量。如果投资前景不佳，资本边际效率很低，即使利率降得很低，也不足以刺激投资，增加就业，实现充分就业均衡。

③ 在工资理论方面，传统理论认为，工资决定于劳动的供给与需求，市场工资率的自动调节可以实现充分就业。至于在现实生活中，充分就业之所以不能够实现，是因为出现了工会垄断，人为干预了劳动市场。凯恩斯则认为，即使工资不具有刚性，只要出现有效需求不足，就会导致"非自愿"失业；而且，降低工资不仅不能"救治"失业，反而会抑制消费需求，进一步恶化失业状况。

④ 在货币理论方面，传统理论认为货币是中性的，只影响名义变量，不影响实际变量。凯恩斯则认为，货币量对产出、就业等，都具有实际影响。总之，从一定意义上说，《通论》的出版，意味着凯恩斯的经济干预理论取代了传统的自由放任理论，并由此创立了全新的现代西方宏观经济学理论体系。60年代末以前，通过其追随着的不断补充和完善，由凯恩斯创立的现代宏观经济学已成为现代经济学的重要组成部分，凯恩斯创造和运用的消费函数、边际消费倾向、乘数、流动性偏好等概念，业已成为经济学的经典范畴，凯恩斯经济学已基本上被西方经济学界看成是现代宏观经济学的同义词。70年代以后，针对经济中出现的滞胀现象，西方学者继续质疑、解释和发展凯恩斯理论，形成了新凯恩斯主义、后凯恩斯主义、货币学派和理性预期学派等。这些经济学流派，不管是继承和发展凯恩斯主义的，还是反对凯恩斯主义的，其出发点都是凯恩斯。可以说，在现代经济学中，没有一个人的影响能超过凯恩斯，没有一本书像《通论》这样广为人知。

其次，在政策主张方面，《通论》用宏观需求管理政策取代了传统的自由放任政策。在《通论》出版之前，传统的古典理论认为干预最少的政府是最好的政府，主张政府只要充当资本主义的守夜人就行了。凯恩斯根据自己的理论提出，在危机来临时，政府必须运用需求管理政策进行强力干预，重点是财政政策，尤其是用赤字财政支出增加公共工程投资。后来，凯恩斯的追随者进一步把《通论》提出的政策建议具体化。他们以调节社会总需求（包括消费、投资、出口、政府对货物和劳务的购买)、实现经济稳定增长为目标,提出在萧条时期要降低税率、增加政府开支、实行赤字预算、增发公债、增加货币供应量、降低利率等,以刺激投资和消费;在高涨时期则提高税率、控制政府开支、控制货币供应量增长、提高利率等,以遏制投资和消费。经过凯恩斯主义者的长期宣传,资本主义国家大都接受了凯恩斯经济干预思想,并把充分就业和经济增长作为政策目标,推行凯恩斯主义的财政货币政策。在50~60年代,这些政策对刺激经济增长、缓和经济危机、减少失业发挥了一定作用。但是,到了70年代,美国等发达国家出现了物价上升和失业增加并存的"滞胀"(停滞膨胀)。对此,凯恩斯主义理论不能给出有说服力的解释,也提不出可行的政策建议。凯恩斯理论面临着严峻挑战和重大机遇,迫切需要重新加以诠释和修补。为此,80年代形成的新凯恩斯主义经济学为凯恩斯主义提供了微观基础,并重新表述了凯恩斯主义的理论和政策主张。由于新凯恩斯主义的出现,目前西方宏观经济学形成了新古典宏观经济学和新凯恩斯主义经济学对峙的格局。

最后,在方法论方面,《通论》用总量分析方法取代了古典经济学的个量分析方法。在《通论》出版之前,传统经济学侧重于对单个企业和单个消费者进行分析以及对单个商品、单个要素的供求与价格均衡进行分析,属于个量分析方法;而《通论》则侧重于总收入、总需求、总供给、总投资、消费、就业水平、物价水平等总量之间相互关系的分析。这两种方法有显著的区别。前者一般被称为"微观经济分析"或"个量分析",后者一般被称为"宏观经济分析"或"总量分析"。事实表明,凯恩斯的创新,不仅是理论的创新,也是方法论的创新。

此外,需要提及的是,《通论》在西方思想界也产生了重要影响。例如,坚持自由放任传统的保守主义者,一般对《通论》采取完全排斥的态度,将其视为异端。其中,最著名的就是弗里德曼。他出版的《资本主义与自由》,主题就是批判《通论》的经济干预思想。弗里德曼本人也被誉为反对经济干预的先锋。在政界,美国比较保守的总统胡佛曾把凯恩斯视为马克思主义者,称《通论》是"马克思主义者凯恩斯的学说。"坚持中间立场的学者则认为,凯恩斯是资本主义的救世主,致力于弘扬和宣传《通论》的观点,并将其基本内容纳入主流经济学体系,使之成为主流经济思想的重要组成部分。最有代表性的是萨缪尔森的新古典综合派,使凯恩斯的《通论》和马歇尔的经济学结合起来,形成了当代主流经济学体系。一些改良主义的知识分子则从《通论》中找到了理论依据,试图通过扩大政府干预的范围,消除资本主义的弊端,实现社会公正。某些西方马克思主义者,甚至用凯恩斯主义代替马克思主义作为其指导思想。这又引起了西方马克思主义政党的不满和批评。总之,《通论》的思想对不同色彩的西方知识分子都产生了重要影响。因此,凯恩斯被认为是具有历史意义的思想家,能够与斯密、马克思、达尔文和爱因斯坦等人为伍。在很长的一个时期里,西方社会以"有没有读过凯恩斯的《就业、利息和货币通论》"作为"有没有头脑"的判断标准。这从另一个方面彰显了《通论》的巨大影响。

根据 *The General Theory of Employment Inteset and Money*(Maynard J. Keynes, Macmillan and Co., Limited London,1936)撰写。

4

马歇尔与《经济学原理》

阿尔弗雷德·马歇尔（Alfred Marshall，1842~1924年）

一、作者简介

（一）生平

阿尔弗雷德·马歇尔（Alfred Marshall，1842~1924年），英国人，出生于萨里郡柏孟塞市。他的父亲威廉·马歇尔是英格兰银行的职员，其颇丰的收入为儿子接受良好的教育奠定了基础。父亲是一个很严格的人，同时他非常虔诚地信仰宗教。马歇尔最后的选择更多地得益于父亲对他的支持。马歇尔的母亲出身卑微，但对儿子呵护有加。1852年，马歇尔开始在泰勒商业学校接受教育，在那里他表现优异。1861年，马歇尔因得到帕金奖学金而获得了进入剑桥大学的圣约翰学院学习数学和自然科学的机会。1865年，由于学习成绩优异，马歇尔被他所在的圣约翰学院聘为研究员，其间受聘克里夫顿学院担任数学教师。在那时，受一些朋友的影响，马歇尔曾一度狂热地研究哲学和社会科学（包括伦理学、心理学）。大约1866年他开始转向政治经济学的研究。1877年，马歇尔先后到布里斯托尔大学、牛津大学任教。1885年，马歇尔以政治经济学教授的身份重返剑桥大学，并在那里创建剑桥经济学派，直到1908年在那里退休（共23年）。其间兼任皇家劳工委员会政府顾问等职。退休后，马歇尔潜心著述直至去世。

（二）著作

马歇尔是19世纪末20世纪初最著名的资产阶级庸俗经济学家，英国剑桥学派的创始人。从19世纪60年代中期直到他1924年去世，在长达近半个世纪的生涯中从事经济学的研究和著述。他一生最具影响力的著作就是《经济学原理》（1890年，其后修订出版到第八版）。另外，他还有三本比较具有影响的著作：《产业与贸易》（1919年）、《货币、信用与商业》（1923年）以及《产业经济学》（1879年，与其妻子合著）。他发表了40多篇论文，并为其他一些书撰写章节。马歇尔曾参与多个皇家委员会和政府委员会，特别是劳工委员会，为其撰写了大量的官方咨询报告——仅这些报告由皇家经济学会与1926年出版的以及1996年重印时的就有两大卷之多，其更多的经济思想也散见在这些报告中。

（三）学术思想

阿尔弗雷德·马歇尔是当代经济学的创立者，现代微观经济学体系的奠基人，剑桥学派和新古典学派的创始人，19世纪末20世纪初英国乃至世界最著名的经济学家。他的经济学思想在英国经济学界占统治地位达40年之久。

《经济学原理》是马歇尔的代表作，通过这部著作，马歇尔在理论研究上的主要贡献是在融合了供求理论、生产费用理论、边际效用理论、边际生产力理论等的基础上，建立了以均衡价格为核心的完整的经济学体系。总结其各时期的研究成果，其学术思想可以概括为以下几个方面：（1）马歇尔把古典经济学的供给分析与边际学派的需求分析加以综合，形成了以生产成本分析为中心的供给理论和以效用分析为中心的需求理论相结合的新的经济学体系。(2) 他运用边际效用理论说明了需求价格和需求规律，即"需求数量随着价格的下跌而增加，随着价格上涨而减少"，又运用边际生产费用理论说明了供给价格和供给规律，即"供给与需求相反，价格高则供给多，价格低供给少"，最后，他把需求规律和供给规律结合起来形成均衡价格规律，即"当供给价格和需求价格相一致时，需求量和供给量也相一致，就会形成均衡价格"。(3) 他提出，当消费者对某种商品愿意支付的价格大于该商品的实际市场价格之差额时会产生消费者剩余，消费者剩余是消费者从社会获得的福利，该理论奠定了福利经济学产生的基础。(4) 马歇尔提出了垄断的价格理论，他认为，垄断对垄断资本家和整个社会都有利，垄断者在追逐自身利益的同时，能够自然而然地导致全社会的福利增长。另外，他提出了不完全竞争问题。(5) 马歇尔的分配论认为，国民收入中各个生产要素所占的份额大小取决于它们各自的均衡价格，国民收入既是各生产要素的共同创造物，又是各生产要素本身需求的共同来源。生产要素分为劳动、资本、土地和企业组织四种。(6) 在企业组织研究方面，他正式开启了企业理论领域的研究，使企业理论的重要性为人们所认识。他提出了内部经济性和外部经济性原理，并以此来解释为什么收益递增时也有可能存在竞争。在强调企业研究的同时，马歇尔也强调了对产业的研究。

另外，马歇尔在经济学研究领域占有重要的地位，还在于他把连续原理、边际分析和局部均衡分析等工具运用在经济学研究中，开拓了未来经济学研究的方法。

二、原著导读

（一）历史背景

英国是世界上第一个进行工业革命的国家。19 世纪中期，英国已基本完成了工业革命，成为资本主义世界最发达的国家——是世界上最富有的国家，伦敦是世界金融中心；独占海上贸易运输，被称为"海上霸主"；拥有最广阔的市场和殖民地，被称为"日不落帝国"。英国的发达引起了法国、美国、德国等国的效仿，他们纷纷引进英国的技术、设备和工人，并借助工业革命的力量成为新兴的工业化国家。

19世纪70年代,西方资本主义发展出现了新特点,自由资本主义开始向以垄断为主要特征的帝国主义阶段过渡。在这个时期,经济和财富积累盛极一时的英国一方面面临着来自美国、英国等后起之秀的强大威胁,其在国际市场上占据的份额开始下降;另一方面,外部的竞争带来国内经济的压力,英国经历了长时期的经济萧条,工农业生产都发生了困难。在这种经济环境下,英国垄断资本家为了保证国内外的经济地位,加强了对国内工人的剥削,因此,英国国内矛盾日益加深,阶级斗争日益尖锐。在西方资本主义世界,国际工人运动迅速发展,各国无产阶级政党相继创立。

长期以来,在经济理论研究的发展方面,以亚当·斯密创建的古典经济学成为经济理论研究的主流,普遍认为资本主义可以在一只"看不见的手"干预下实现自我均衡发展。但英国资本主义面临的新的经济问题使以劳动价值论为基础的古典价值与分配理论受到猛烈冲击。同时,马克思1867年出版的《资本论》从阶级矛盾的角度对资本主义生产关系进行了新的解读,提出资本家与工人阶级之间存在不可调和的矛盾,使资本主义生产关系更加紧张。在这种情况下,需要有新的理论来解释经济发展的问题和方向。

马歇尔的《经济学原理》以微观经济现象为研究对象,建立了"局部均衡"的理论体系。以他为代表的新古典经济学派使经济学研究的方向从生产关系转向纯粹的技术分析。

(二)框架结构

目前国内公开发行的《经济学原理》英文原版图书是由陕西人民出版社于2006年公开发行的。

这部书由两部分组成:序言两篇和正文(含6编,55章,另外还有12篇附录)。

(三)著作内容简介

1. 序言

(1)原著第一版序

第一版序言写于1890年9月。在该序言中,马歇尔首先提出应当以发展的观念看待经济学,认为"经济学是——而且必然是———种缓慢和不断发展的科学",任何新的理论都是对旧理论的不断补充、扩大、发展和修正,甚至是对旧学说进行的新视角下的新解释。

马歇尔总结了英国对经济学的传统解释，认为经济学的职能是"收集、整理和分析经济事实，并用从观察和经验中得来的知识，去决定各种原因的眼前和最终的结果"，经济学的规律需要"以直述语气"加以叙述。马歇尔提出，研究经济学问题，必须将道德的力量作为经济学家分析"经济人"的必不可少的一个因素。

强调"注重对连续原理的各种应用"是第一版序言的核心内容，"本书如有它自己的特点的话，那可说在于注重对连续原来的各种应用。"他认为的连续原理包含两层含义：第一，很多概念看似不同，实际上只是由于考察的出发点不同，而这些概念之间本身并没有本质的区别。比如正常价值与现行价值；地租与资本的利息，这些概念之间没有根本的区别，"大部分是程度上的差别"。第二，经济事务的各种因素之间是相互决定、相互依赖、相互制约的，而不能被看作是根据因果关系逐一决定的。

依据"连续原理"，马歇尔又提出了"边际增加量"的分析方法。他认为，人们在考察自然世界时，"与总数量的关系没有与增加量的关系那么大。"而人们对一物的需要，是一个连续的函数，产品的生产、交换和分配同产品的"边际增量"之间存在着一定的连续的函数关系。同时，他提出了使用数学语言（包括图表）可以迅速、简短并正确地表达思想，肯定了数学语言对分析经济学说的意义。

（2）原著第八版序

第二版序言写于1920年10月。在该序言中，作者首先对自己在第一版中作出的将出版第二卷的诺言做出了回复。

在序言中，马歇尔再次强调了"经济进化史渐进的"观点，他建议运用达尔文的进化论来分析社会经济问题，认为正如大自然中的所有事物一样，支配生物界的自然进化论、生存竞争规律等也都是经济发展的规律。他认为经济（以及经济组织）的变化绝不是突然的——"自然不能飞跃"，并建议以此作为"研究经济学的基础"。

马歇尔将本序言的重点放在了对全书研究方法的说明上。马歇尔通过解释动态研究和静态研究的关系引申出了局部均衡的"平衡"观点。他指出，在每个生产和贸易部门中，都有一个边际，在边际内增加生产要素的使用量是有利的；但如果超出了这个边际，生产要素的增加却会产生递减的报酬。这个观点实际上是作者对其在第一版序中所提出的"边际增量"问题的延伸。他把力学中的均衡概念引入经济学，提出了各种经济指标的数量是通过有关要素边际增量变动达到均衡来决定的,而有些要素可能是相反的经济力量。他认为,在分析经济现象的正常状态时,应重视在一定条件下各种相反的经济力量,如需求和供给如何保持均衡的问题。

2. 第一篇,导言

这一篇包括4章,这一篇分别以经济学的特征、实质、规律,以及研究的次序与目的为内容,对本书中涉及的一些重要概念进行了描述,为下文的论述奠定了基础。

首先,马歇尔对政治经济学的概念进行了解释。在这里,他用"经济学"替换了"政治经济学"的概念,认为经济学是一门研究人和财富之间关系的科学,"经济学是一门研究财富的学问,同时也是一门研究人的学问"。而经济学需要研究的"人",是受宗教和经济力量影响的人——马歇尔经济分析的一大特点是强调人的心理分析。具体地说,"经济学是一门研究在日常生活事务中过活、活动和思考的人们的学问。但它主要是研究在人的日常生活事务方面最有力、最坚定地影响人类行为的那些动机。"

在马歇尔所关注的研究对象中,他特别强调了对穷人的研究——包括城市中的贱民和所谓的"下等阶级"。在他的眼里,"穷人的祸根是他们的贫困",贫穷等于痛苦,贫困意味着堕落。贫困问题需要经济学给予最大的关心。但单从经济发展角度来说,马歇尔承认随着技术进步,下等人可以通过获得高工资、更好的教育获得、技术水平的提高而改变现状。

其次,马歇尔对竞争进行了深入的研究。马歇尔认为,"竞争可以是建设性的,也可以是破坏性的"。马歇尔指出,"竞争"一词虽然被赋予了罪恶的含义,因为它意味着某种利己心和对别人福利的漠不关心,但竞争又确实是近代产业生活——包括每个人自由选择的行为结果,是构成近代文明的力量之一,而且竞争"这些形式对于维持活动力和自发性是如此重要,以致缺少它们恐怕对社会福利是比较有害的"。进一步说,"限制竞争"对于经济发展却是有害的,因为这会导致"特权阶级的形成",阻碍自由创新。马歇尔接着又设想了一个理想社会——一个人人都十分善良,人们能长时间地实行纯粹和理想的利人主义,在那里竞争不复存在。显然在这样一个社会里,即使是最好形式的竞争也是相对有害的。但很遗憾,基于人性的种种缺点,这样的社会是不可能存在的。所以,在经济自由的社会里,在没有找到更好的表达方式之前,竞争是产业和企业发展的方向,是基于自力更生、较有远见和较为审慎和自由的选择的结果。作为经济学家,"他绝不应不加分析地对一般竞争加以诋毁;他对竞争的任何特殊表现必须保持中立态度",竞争应当被认为与任何好的或是坏的道德品质无关的概念。

经济学研究的本质是要研究人类活动的动机,人类活动的动机可以用一定数额的货币表示。马歇尔认为,经济学胜于其他各门研究之处在于,经济学可以对人类活动的动机进行明确和正确的货币衡量。但同时他也承认,由于受每个人自身条件、习惯、社会因素等影响,准确衡量个人活动的动力大小是比较困难的。所以,经济学家研究个人,应当研究实际存在而不是抽象的个人,"将他当做社会组织中的一分子",关注"个人活动与社会活动"的研究,而不是研究个人"与个人生活的关系"。

马歇尔认为,经济学正如其他科学一样是存在规律的,即经济规律。经济规律,"即经济倾向的叙述,就是与某种行为有关的社会规律,而与这种行为有主要关系的动机的力量能用货币价格来衡量。"既然是研究科学问题,就可以采用一切科学的研究方法,包括归纳法和演绎法。需要注意的是,每种方法必须用得适当,或是单独采用或是与别的方法合用。一切科学的学说无不暗含假设条件,在经济规律的研究中假设条件具有特别重要的意义。

在这一章的最后,马歇尔提出了研究问题的基本顺序:应当是把一切性质上相类似的事实和推论收集在一起,探索事物发展的规律;而不是事先设定研究的结果。经济学的主要工作,就是"收集事实、分析事实和加以推论",要以实际问题为研究对象。在这里,马歇尔提出,经济学应当避免谈论政治问题,它是一种纯粹和实用的科学,应当摒弃实用"政治经济学"这一名称。作为经济学家,马歇尔认为他们必须培养"感知、想象、推理、理解的能力和严谨的态度"。

3. 第二篇,若干基本概念

这一篇包括4章,这一部分仍然是定义性质的,分别研究了财富、生产、消费、劳动、必需品、资本和收入等概念。

马歇尔认为,经济学的一个重要内容是研究人类满足欲望的种种努力,而这种种努力和欲望可以用财富或它的一般代表物——即货币来衡量。所以,马歇尔首先解释了财富、财货的概念。马歇尔认为财富是由满足人的欲望的东西构成,但并不是所有的东西都是财富。因此,可以用财货一词来表示一切满足人的欲望的东西,财货分为物质财货和非物质财货。经济学研究的是可以用货币衡量的财货。作为与财富相关的概念,马歇尔说明了自己关于"价值"的理解。他首先否定了亚当·斯密的价值观,否认了物品的使用价值,认为"一个东西的价值,也就是它的交换价值",表示在某一地点和时间两样东西之间的关系。交换价值是可以用货币衡量的,即任何东西的价格就可被作为它与一般物品比较时的交换价值的代表，即代表了购买力。

马歇尔沿用了萨伊的生产理论，他也认为"人类不能创造物质的东西……当我们说他生产物质的东西时，他实在只是生产效用而已"。人们应当按照效用最大化的原则来从事生产，如果投入的劳动超过需要，就是一种浪费。相反的，消费可以被看做是负的生产，因为它消耗物质的效用。亚当·斯密在《国富论》中将劳动分为生产性劳动，比如制造、挖掘等，和非生产性劳动，比如娱乐、服务等。他认为生产性劳动创造财富而非生产性劳动不创造财富。但马歇尔显然不同意这种观点，他说："一切劳动都是用来产生某种结果的"。"劳动是任何心智或身体上的努力，部分地或全部地以获得某种好处为目的，而不是以直接从这种努力中获得愉快为目的。"他认为一切劳动都是生产的，只不过有些劳动创造了财富，而另外一些劳动满足了人们的欲望而且能为其他劳动提供动力。一切有益的消费都会产生利益。

马歇尔对"必需品"概念的理解。马歇尔首先对亚当·斯密以来关于"必需品"概念提出了质疑，"必需品究竟是维持生活所必需的东西，还是维持效率所必需的东西"他认为这个概念一直是含糊不清的。他认为目前工人工资中满足生活需要的必需品部分实际上包含了两个部分：一是满足基本欲望所必需的，二是维持各种工人的效率的必需品。工人获得维持效率的工资部分是维持产业效率提高的重要保障，同时，这部分消费也会促进生产。

马歇尔认为，在货币经济条件下，收入通常被理解为货币形态的收入；而一个人财富中被用于获得货币形态的那部分被看做是资本，也被称为营业资本。营业资本的显著要素是工厂和制造商的营业设备，包括机器、原料和供其雇工使用的食物等，以及他的营业信誉。马歇尔认为，一个人的纯收入和一个职业的纯利益相同，都是从其货币收益中减去一切"产生总收入的费用"而得到的。利息（如果必要，还包括保险费）是使用资本的成本，经营者通过经营活动需要赚取的应当是超过利息以上的收益，那部分收益才是企业收入或营业收入，也即利润。以个人看资本是期望获得收入的那部分资产，从社会观点看资本是生产收入的收入。在这个部分，作者提出了"准地租"这个概念，指"从机器及其他人工所做的生产工具中所得的收入"，类似于土地的地租收益。

4. 第三篇，论欲望及满足

这一篇包括6章，作者首先提倡将需求与供给的关系作为经济学研究实际问题的基础，并指出，这一篇的内容差不多专门研究消费者需要。

马歇尔对消费者需求研究的出发点是人的欲望，他认为人的欲望是无止境的多种多样。欲望带来消费需求，而物体的效用是消费者愿意出钱购买的对象，消费者购买的欲望可以通过他为了实现或满足其愿望而愿付出的价格来表现。

但每个人欲望的满足又能表现出一种规律——欲望饱和规律或效用递减规律：一个人从一物的所有量有了一定的增加而得到的那部分新增加的利益，会随着他已有的数量的增加而递减，马歇尔将此规律归纳为边际效用。"一个人在他要买进一种东西时，他刚刚被吸引买的那一部分，可以称为他的边际购买量，因为是否值得花钱购买它，他还处于犹豫不决的边缘。"边际效用决定一个人对一定量商品愿意支付的价格，即他对该商品的需求价格。马歇尔接着论述了边际效用递减的规律和边际需求价格递减规律。他认为商品对一个人的效用随其拥有量的增加而递减。"一物对任何人的边际效用，是随着他已有此物数量的每一次增加而递减。"

马歇尔用购买者对商品愿意支付的货币量或愿支付的价格来衡量边际效用递减的规律，也就是用需求价格衡量边际效用。于是，边际效用递减规律转化成了需求价格递减规律："一个人所有的一物的数量越大……则他对此物稍多一点所愿付的价格就越小，换句话说，他对此物的边际需求价格是递减的。"在这里，马歇尔初次暗示了他的局部均衡的理论，认为只有当一个人愿意出的价格达到别人愿意出售的价格时，他的需求才是有效的。

随后，通过需求价格递减的规律，马歇尔又推导出了需求的一般规律："要出售的数量越大，为了找到购买者，这个数量的售价就必然越小；或者，换句话说，需要的数量随着价格的下跌而增大，并随着价格的上涨而减少。"这个规律揭示了需求受市场价格变动影响的规律。

需求会受到价格波动的影响，但在不同情况下、对不同的人，这种影响的程度会有所不同，马歇尔认为是需求弹性大小的不同。所谓"需求弹性"就是商品需求变动率对价格变动率的关系或比例，也就是需求量随价格涨跌而变动的程度。马歇尔分析了影响需求弹性的诸多因素，其中主要研究了价格水平、消费品的性质和消费者购买力、消费习惯等对需求弹性的影响。而且他还讨论了时间偏好和延期消费问题。

在这一篇的最后，马歇尔讨论了消费者剩余问题。所谓消费者剩余就是消费者对某种商品愿意支付的价格大于该商品的实际市场价格之差额。"一个人对一物所付的价格，绝不会超过、而且也很少达到他宁愿支付而不愿得不到此物的价格"，也就是说，消费者得到的满足往往大于其所支付的成本。当市场价格低于消费者为满足自己的欲望所愿意支付的价格时，消费者不仅在购买中可以得到满足，而且可以得到额外的福利。马歇尔把这部分多出来的满足称为"消费者剩余"。据此，商品价格越低，购买得越多，消费者从中得到的消费者剩余就越多。消费者剩余是消费者从社会得到的福利。马歇尔用茶叶的消费为例解释了这个概念。

5. 第四篇，生产要素——土地、劳动、资本和组织

这一篇共包括 13 章，主要论述了生产要素的供给及其变动的规律。这一章是他的生产理论，即供给理论。马歇尔的生产理论包括生产要素和生产成本。

作为这一篇的总纲和写作思路，马歇尔首先明确了生产要素通常分为土地、劳动和资本三类。

马歇尔高度概括了其关于生产要素的内容，他认为，生产要素在某种意义上只有两个，就是自然与人类。他指出，不论从哪个观点来看，"人类是生产问题的中心，也是消费问题的中心；而且进一步又是生产与消费之间的关系问题——也称为分配与交换的问题——之中心"。劳动是指人类的经济工作，不论是用手的还是用脑的。人类"大部分劳动的主要动机都是要得到某种物质利益的欲望；这种利益在世界的现状下一般表现为获得一定数额的货币。"但马歇尔认为，货币支付的劳动并不是客观的劳动消耗，而是主观的心理感觉，即劳动者除因获得工作而得到的愉快外，还会感到痛苦、厌恶、反感即"负效用"的感觉。劳动者的边际负效用总是随着劳动量的增加而增大。

在三种生产要素中，凡是不依靠人类劳动而成为有用的有形之物都属于土地一类，包括陆地、空气、风和热等物质和能量。地球上各部分之间的关系丝毫不受需要的影响，"它没有生产费用，也没有能够生产它的供给价格。"马歇尔分析了土地报酬的变动规律，他认为土地报酬是土地对于用于土地上的劳动和资本的报酬，而这种报酬指的是生产物的数量，而不是价值。首先，耕作者获得的产物正好等于其支出的费用时，这时所产生的报酬可以称为边际报酬。处于边际报酬时，生产者实际上既不亏本也没有盈余。劳动者在土地上得到的报酬如果超过支出的资本和劳动之和，超过的部分就是土地的剩余生产物。土地的剩余生产物不是地租，但当土地被出租使用时，剩余生产物可能转变为地租。土地报酬会随着劳动和资本的增加而增加，但这种报酬的增加是有极限的，达到了最大的报酬率之后，报酬就重新递减了。地点、时间、人口压力、土地性质都会对报酬变动规律产生影响。马歇尔认为，与其他类可以无限制地增加生产资料的对象不同，土地是有限的，以英国为例，在土地已充分利用而人口压力不断增加的国家里，土地报酬递减是无法改变的。

马歇尔经济学理论的一个显著特点就是他强调对"人"的研究。同时也是为了配合他关于劳动供给的理论,他用了三个章节(4~6章)的内容阐述了其关于人口的思想。他对人口进行了讨论,包括健康、专长、行业培训与教育,指出人在具备了这些要素之后才能成为一个真正的和可以作为生产要素的劳动力;说明了各种生产要素是否可以认为改变,如教育作为一种国民投资可以提高人力资本。

财富增长的源泉在于储蓄。资本作为生产的一个要素,它不是供满足欲望的直接消费之用,而是财富的主要资料。人类的欲望促进了生产发展,而生产发展创造了更多的剩余,"从剩余中就能积累较多的财富。"货币经济使储蓄成为可能,人们在有财产保障的情况下才会储蓄。人们的"储蓄的能力要看收入超过必需的支出的部分而定"。储蓄来源于人们日常生活中的节约,是为了将来而牺牲的现在的愉快,储蓄的利息是对享受物质资源的等待所含有的牺牲之报酬。所以,"财富积累一般是享乐的延期或等待的结果。"马歇尔认为,储蓄利率的高低会影响人们的储蓄意愿。

马歇尔用了五章(8~12章)的内容讨论了工业组织的问题。马歇尔认为,"组织"作为一个生产要素,是研究分工、生产规模的利弊、企业管理等问题,目的是为了提高劳动效率,增加企业的收益。他首先利用亚当·斯密的分工学说,通过生物进化的实例说明了人口对生活资料的压力会淘汰那些由于缺乏组织而落后的种族并形成社会组织——尽管发展缓慢。在这里,马歇尔再次强调了社会组织发展是一个优胜劣汰的渐进过程,"自然是不能飞跃的"。他讨论了不同等级工人之间的分工问题,指出,分工的精细更容易造成机械替代人工的现象;而专门的机械和技能的发展又可以使企业效益得到提高,而他把这方面的提高称为"内部经济"。

作为承上启下,马歇尔在第九章的最后提出了企业管理思想。他把因生产规模扩大而发生的经济分为两类:第一是有赖于这工业的一般发达的经济(根据其随后的论述,主要指企业之间的合理分工和联合、经济的合理区划以及企业的经营规模),被其称为"外部经济";第二是有赖于个别企业对资源的充分而有效的利用、组织和经营管理效率的提高,被其称为"内部经济"。以下三章讨论的内容都是关于外部经济的。

首先是关于产业集聚问题。马歇尔把集中于某些地方的工业称为地方性工业,他认为自然条件和政府行为都是形成地方性工业的原因。地方性工业有助于技能的传承、辅助行业的发展、专用机械的开发和方便消费者购买。进而,马歇尔讨论了规模经济和规模不经济的问题,他认为规模经济的好处有:首先是原料节约上的好处,大企业可以更合理地利用原料,甚至是边角料。其次是机械使用方面的好处，大企业更便于专门机械的使用和改良，发明和使用机械的分摊成本更低；大企业原料采购和产品销售平均成本更低——"极有组织的采购和销售的经济，是现在同一工业或行业中许多企业合并成为一个大的联合组织的倾向的主要原因之一"。最后是技术方面的好处，大企业有能力雇佣专业的优秀人才，更可能实现企业经营管理工作的细分。企业内部管理的要件之一是企业家，企业家是一个高度熟练的产业阶级，是介于手工业劳动者和消费者之间的中间人。他们在很大程度上并不是劳动的直接雇主，他们从事的劳动不过是管理工作的一个方面。市场的发展对企业家的要求越来越高，他们必须具有专业知识和管理才能。但很多情况下，企业家的后代没有能力继承其事业，于是形成了很多新型的企业形式：他们把企业卖给私人或股份公司；或者他们变成企业的隐名合伙人。马歇尔专门讨论了私人合伙组织、股份公司组织、国营事业、合作社及其内部问题。但最终得出的结论是：任何企业都不可避免地要经过兴盛和衰落。

最后作者提出，在对生产费用进行一般性的讨论时，只要有条件地选择一个"代表企业"进行分析就可以反映这个行业的大体情况。组织改进所带来的报酬递增和报酬递减的倾向是无规律的，是无法用货币衡量的。

6. 第五篇，需求、供给与价值的一般关系

这一篇共包括了15章，内容是前两篇的综合，形成了马歇尔理论中最为著名的供给和需求交叉理论。

研究供给和需求以及与价格调节之间均衡关系的基础是研究市场。马歇尔引用了古尔诺关于市场的概念，认为市场是"任何地区的全部，在这个地区，买主与卖主彼此之间的往来是如此自由，以至相同的商品的价格有迅速相等的趋势"。研究供求关系时所指的市场必然是指同一个市场。受地理位置和通讯条件的影响，市场具有空间局限性。但重要的是，对于供给和需求的均衡来说，市场也因为达到供求力量均衡所需要的时间不同而有所不同。"如果时间很短，则供给局限于现有的存货；如果时间较长，则供给将或多或少受该商品生产成本的影响；而如果时间很长，则这种成本将又或多或少受生产该商品所需要的劳动和物质资料的生产成本的影响。"

马歇尔以当地谷物交易市场为例说明了什么是真正的（虽然是暂时的）均衡，即"买主们以该价格所愿买的数量恰等于卖主们以该价格所愿卖的数量"。但劳动力市场很难出现价格均衡的局面。商品的均衡价格都会受对未来预测的影响。

首先马歇尔讨论了正常条件下供给与需求的均衡关系——也即"局部均

衡"。关于企业的生产成本：商品生产的实际成本是直接或间接用于生产商品的所有劳作和牺牲的总和——包括劳动和资本；对这些劳作和牺牲所必须付出的货币额叫做商品生产的货币成本，简称"商品的生产费用"，而商品的生产费用就是商品的供给价格。生产者受自身的知识和经营能力限制，他们在每一场合下都会采用所谓的"代用原则"，选择那些最适合他们用的生产要素以降低成本或提高效率。随后，作者在进行了一系列假定条件设定的情况下开始讨论正常的均衡产量和均衡价格问题。他认为当供求变动使需求价格和供给价格在市场上形成均势时消费者的愿付价格和生产者的愿受价格恰好相等，就会形成均衡价格，"当需求价格等于供给价格时，产量没有增加或减少的趋势，它处于均衡状态之中。当供求均衡时，一个单位时间内所生产的商品量可以叫做均衡产量，它的售价可以叫做均衡价格。"他认为均衡价格是市场价格变动的中心——被其称为"正常价格"，供给和需求就如作用力和反作用力，总能保证均衡的实现。但在现实生活中，时间因素对供求有着巨大的影响。如果考虑时间因素，那么，"价值是由效用所决定还是由生产成本所决定？"马歇尔通过经济生活的佐证得出结论：就一般而论我们所考虑的时期愈短，我们就愈需要注意需求对价值的影响；时期愈长，生产成本对价值的影响将愈加重要。

在继续讨论时间因素的影响之前，马歇尔插入了部分关于与生产成本有关的投资问题。除了以上提到的生产成本的概念外，马歇尔还把成本具体分为直接成本、补充成本。他以建筑房屋为例，提出了"投资的外限"或投资的"有利边际"，认为有些投资获得的收益也许超过他所用的实际成本，但随着投资计划的扩大，投资者会发现，任何扩建所带来的利益被所需要的劳动和牺牲所抵消，而那种扩建就处于"投资外限"，或它的"有利边际"。投资的直接成本是指花费在工资、原材料消费上的货币支出，它的特点是一个不定量，即随产量的变动而正比例同向变动。在每一个产品上花费的直接成本是由技术原因决定的。补充成本包括维修费用和高级职工的薪金，它的特点是总量相对固定，分摊在每一个产品上的量随着产品量的增加而减少。

从第五章开始，马歇尔又回到了对时间影响下的供求均衡的研究。在理想化的静态下，生产量、生产方式和生产成本的变动始终是相互制约的，最终的结果是生产成本决定价值。以渔业市场的价格变化为例，马歇尔分析了短期因素和长期因素对均衡价格的影响：在短期条件下，需求量的增加会提高正常的供给价格；就长期而言，则鱼的正常供给价格会随着需求的增加而减少。因此可以得出结论：就一般而论，我们所考虑的时期愈短，我们就越需要注意需求对价值的影响；时间越长，生产成本对价值的影响将愈加重要。因为生产成本变动对于价值的影响与需求变动的影响比较起来，一般需要更长的时间才能表现出来。消费者对派生需求在其他情况不变的条件下，随着共同产品需求的每次增加和连带生产要素的供给价格的每次减少而增加。同样的，有连带供给关系的商品，它们各自只能有一种派生供给价格，而这种价格是由生产费用和其余共同产品的需求来决定的。另外，作者还补充了关于企业补充成本的研究，特别是同建立商业往来、推销和保险有关的那些成本在各种不同产品之间的分配。

边际成本和价值的关系是马歇尔理论的核心内容之一，为以后的相关论述奠定基础。在说明理论之前，马歇尔提出一个事实，认为：任何东西的市场价值可以大大高于或低于它的正常生产成本。企业家总是试图通过使用替代原则来降低成本，即所使用的两种相互替代的生产要素在无差异边际上的价格之比等于其效率之比。企业家也通过各种途径以获得更多的纯产品，即各种要素的使用量必须维持在其纯产品不再超过其价格的数量上。接着，马歇尔又指出，任何生产要素的过分使用都会引起报酬递减。马歇尔认为存在两种截然不同的报酬递减，一种是以不恰当的比例运用各种资源而导致的报酬递减，另一种是以恰当的比例运用各种资源时，由于资源使用量增加而引起的报酬递减。他认为，价值决定于供求的一般关系，只有在新供给所预期的报酬超过对其生产成本提供的正常利息时，供给才会增加。

关于地租，马歇尔认为，地租是由土地的"原始价值"、"私有价值"和"公有价值"三部分组成。"原始价值"是指土地自然肥力带来的价值，它是大自然赋予的收益；"私有价值"是指土地所有者个人为改良土地和建设地上建筑物而投入的资本、劳动及带来的收入；"公有价值"是指国家为了社会的发展而进行的一般性的改良措施对土地价值的影响。他认为，在三个地租的组成部分中，只有"原始价值"部分才是真正的地租。

马歇尔提出了城市地租理论。他把场地位置利益的货币价值总和，定义为"位置价值"。"地基价值"即某场地清除了建筑物之后在自由市场上出售所获得之价值，等于"位置价值"加上农业地租。各类土地通过投标，以争夺最有利可图的场地。马歇尔还考虑了场地大小与它上面建筑物高度的关系，指出，如果土地是廉价的，那么企业家就会购置很多土地，反之会购置少量土地，而增加建筑物的高度。

马歇尔关于垄断的理论。马歇尔对垄断者的利益进行了较为彻底的揭示："垄断者的利益显然不是在于把供给和需求调节得使他出售商品所能取得的售价恰够补偿它的生产费用，而是在于把它们调节得能够给他提供最大可能的纯收入总额。"他认为，垄断企业不会造成供给价格的上升：一是因为垄断企业规模大，生产效率高，比中小企业有很多优越性；垄断者往往能保持企业的节约，并对采用机器、改良生产方法更热心、更便利，所以垄断企业的生产费用低，供给价格也比自由竞争时要低；二是因为垄断者为了企业的未来发展，或出于对消费者福利的直接关心，会有意识地降低产品出售价格。他认为，垄断价格同样是由供给价格和需求价格两者相互作用形成的，一方面垄断者为了获得最大限度利润，总想提高出售价格，这样可使单位商品内包含的利润率增加，在销售量一定的情况下，总利润量就会增加；另一方面，如果价格提得过高，市场对该产品的需求就会减少，从而商品销售量会减少，这样又会使总利润减少。所以，垄断者在制定价格时必须权衡这两方面的得失，使垄断价格规定得不至太高，也不会太低，正好处在使总利润能达到最高水平的限度上。垄断的不同行业间可能相互制约。马歇尔认为垄断价格是需求价格大于供给价格，并能保证获得最大限度的垄断利润的价格。而需求价格大于供给价格的超过额就是垄断利润的来源。

7. 第六篇，国民收入的分配

这一篇共包括了13章，分析了国民收入在各生产要素之间的分配机制。

马歇尔分配论是他的均衡价格论的延续，其中心思想是要说明分配份额的大小决定于各生产要素的均衡价格。作为分配的一般原则，作者认为，每种生产要素所获得的报酬应足以抵偿它的生产费用、耗损等，正常情况下，"常可使需求和供给相适应"，即分配应当是供给和需求均衡的结果。马歇尔认为，不论是重农主义自然规律决定最低工资和资本利润水平的理论，还是亚当·斯密提出的维持生存必需来决定工资的理论，抑或是后来经济学家的工资理论，都是一些简单世界条件下的想象，不能揭示根本原因。马歇尔利用一个不存在劳资关系的净生产力社会引申出劳动者工资取决于该类边际劳动者的追加劳动所提供的纯产品，资本的收益也取决于其边际收益，也就是说，"可以求出直接运用劳动和直接运用资本之间的无差别边际。" 国民收入既是各生产要素的共同创造物，又是各生产要素本身需求的共同来源。生产要素的供给和需求对分配具有相同的影响，是一对作用力和反作用力。工资、利息和地租或生产者的剩余构成全部国民收益，在其他条件不变的情况下，国民收益愈大，则它们各自的份额也愈大。一般来说，劳动、资本和土地对国民收益的分配，是和人们对它们所提供的各种服务的需要成比例，这里的"需要"指的是"边际需要"。

关于工资的分配。马歇尔认为，工资是对劳动的报酬，是劳动的需求价格和供给价格相均衡时的价格。劳动的需求价格由劳动的边际生产力决定，也即边际工人提供的纯产品数量或边际工人增加的产量。边际工人是企业家可雇可不雇的劳动者。增加的"纯产品"量是企业家衡量雇用工人时愿付的价格。他指出，劳动的边际生产力只给工人提供收入，并不给企业家提供收入，但也不给企业家带来损失。工人提高了劳动生产力，也就是提高劳动的边际生产力，因而也就提高了劳动的需求价格，从而也就可以提高工资。但是，由于劳动生产力递减规律的作用，在资本数量不变的情况下增加工人，劳动的边际生产力递减，劳动的需求价格就要降低，因而工资也将随之降低。劳动的供给价格由劳动的生产费用或维持费决定。劳动的维持费即劳动者的生活费，包括劳动者生存、生活必需品、劳动训练、抚养家庭的费用。这是工人出卖自己劳动时愿意接受的价格。由于生产费用的构成复杂，有的可能受非经济因素的影响而变动，因此它也是不断变动的。

关于资本的利息。马歇尔提出一个事实作为利息存在的基础：大家一般都了解积累财富的供给量远赶不上资本使用的需求量，因此，资本出借可以得到报酬。资本是资本家节约的结果，利息是对资本家"期待"和放弃即时享受牺牲的回报。他认为利息是资本这个生产要素的价格，是由资本的需求价格和工具价格相均衡决定的。资本的需求价格由资本的边际生产力决定。资本的边际生产力就是指边际投资所提供的纯产品或边际投资所增加的产量，也即资本的边际产量。借款人所支付的总利息，既包括纯利息，又包括风险（实际的与个人的）保险费和管理报酬。

关于资本与经营能力的利润。马歇尔认为，利润是企业家在管理上的总报酬，包括两方面的报酬：一是使用资本的经营能力的供给报酬；二是企业的一定组织的报酬。企业家往往具备超乎常人的专业知识和领导及创造能力，他能用一定的开销取得像他的大多数竞争对手用较大的开销所能取得的成果，所以，他管理上的报酬包括他节省下来的那部分开支的价值。作为企业，他们通过现代的组织形式利用替代原理获得更多的纯收入。利润是企业组织和经营能力的需求价格与供给价格向均衡时的价格：企业组织的需求价格取决于它的边际生产力，即企业家最合理地组织和使用各种生产要素进行生产所能获得的全部纯收入；企业组织的供给价格取决于它的边际生产费用，即企业家生活和专门教育、训练的费用。利润大致等于资本的正常供给价格、管理能力的正常供给价格和企业组织的正常供给价格三者的总和。从长期来看，各种企业的利润相差不会很大。

关于地租问题。马歇尔认为，地租是来自土地的收益，这种收益由两部分构成：来自土地的纯收入——人所占有的自然恩赐品；经过土地永久改良所得的收入。他的地租理论是建立在土地供给是"固有的"，不以人的努力为转移，没有生产费用，也没有供给价格。地租只受土地需求的影响。他从"农业上报酬递减趋势"出发,认为耕种者对同一土地连续追加资本和劳动,农产品总产量的增加率是递减的。最后投入土地的劳动和资本叫做土地的边际耕作。它提供的产量仅是偿付边际劳动和边际资本的报酬,不能给地主带来收入。总产量超过这个边际产量的余额就是"生产者剩余",也就是地租。所谓"生产者剩余"是指商品实际市场价格大于生产者或供给者对商品愿意接受的价格之差。商品生产者或供给者总是在商品市场价格大于、至少等于他的商品愿意接受的价格时,他才肯生产。马歇尔还提出了"准地租"的概念,准地租是指在短期内,土地本身以及土地以外的各种生产要素,如劳动等所得到的超过平均水平的收入。

三、简要评述

在马歇尔生活的时代,社会的进步其中一个重要的方面就是新市场的开发。他认为新市场必然出现资本匮乏,积累和投资大量流入新市场会大大提高当地的工资率;但如果资本投入增加快于劳动投入,则利率必然下降。作者分析了英国从不断扩大的对外贸易中所受到的影响:英国18世纪经济增长的动力来自两个方面:一方面是机械的发明;另一方面是由于海外消费者的增长,英国经济受报酬递加规律的作用。但由于进口的多是奢侈品而没有带来国内生活必需品价格的降低;再加上它在技术改良上的进步被其他国家模仿,所以其发明进步对国民收入增益的程度比想象的要小。新市场的开发提高了英国城乡土地的价值,带来其大多数物质生产工具的价值有所降低。财富的增加和社会进步带来了更多的投资开始转向培养人才,技术工人增加,劳动力结构开始发生变化。

马歇尔认为,社会的进步会带来生活程度的提高。生活程度指的是适应需求的活动的标准。全民生活程度的提高,将大大地增加国民收入和各行各业所得的份额。缩短工作时间会带来心情上的愉悦,但势必减少生产量,降低国民收入,也未必能提高生产效率。在这里,马歇尔还讨论了社会组织和社会福利对生活程度的影响。

根据 *Principles of Economics*(Alfred Marshall,陕西人民出版社出版,2006英文版)撰写。

5

韦伯与《新教伦理与资本主义精神》

马克斯·韦伯（Max Weber, 1864~1920 年）

一、作者简介

（一）生平

马克斯·韦伯（Max Weber, 1864~1920 年）是德国著名社会学家，当代西方最有影响的社会科学家之一。韦伯一生致力于研究世界各种宗教的经济伦理观，是现代比较文化研究的先驱人物。韦伯通过对经济伦理及民族文化的比较，说明导致世界上不同国家、不同民族经济社会发展水平与发展模式差异的文化层次的原因，解释精神文化与经济社会发展之间的内在联系。

（二）著作

韦伯一生著述颇丰，对现代社会科学发展产生重大影响，主要代表著作有：《宗教社会学论集》、《经济与社会》、《世界宗教的经济伦理：儒教与道教》、《印度的宗教：印度教与佛教》等，其中最著名的著作当属《新教伦理与资本主义精神》。

（三）学术思想

韦伯一生的主要成就很多，其中最为引人关注的是韦伯关于宗教思想与经济行为之间的互动研究。韦伯认为，由传统主义向近代资本主义发展过程中，在经济思想和经济伦理方面深受宗教改革的影响。传统主义宗教鄙视世俗生产劳动，不利于发育近代资本主义精神。而正是基督新教改革论证了宗教信仰与世俗劳动之间的统一性，解释节欲、勤俭、守时、团结等近代资本主义精神的宗教思想渊源，并促进了现代社会分工、技术创新等方面的合理性。

二、原著导读

（一）历史背景

《新教伦理与资本主义精神》于1904～1905年分两部分发表于韦伯主编的《社会科学与社会政治学文献》杂志，后经修改作为《宗教社会学论》的第一部在1920年出版，全书共五章，分为上、下篇。英文版由美国学者塔尔克特·帕森斯翻译，1958年由美国查尔斯·斯克瑞伯纳尔之子公司出版。

（二）框架结构

我国内地发行的中文版目前主要有以下几个译本。彭强、黄晓东译，四川人民出版社1986年出版（"走向未来丛书"之一）；于晓、陈维纲等译，三联书店1987年出版（"现代西方学术文库"之一）；于晓、陈维钢等译，陕西师范大学出版社 2006 年版；康乐、简惠美译，广西师范大学出版社 2007 年版；陈平译，陕西师范大学出版社 2007 年版；赵勇译，陕西人民出版社 2009 年版；李修建、张云江译，中国社会科学出版社 2009 年版；本文的介绍主要针对于晓、陈维钢等译的陕西师范大学出版社 2006 年版。

《新教伦理与资本主义精神》一书结构分为导论、上篇（问题）、下篇（禁欲主义新教诸分支的实践伦理观）、注释四个主体部分，正文前的"导论"是整个序列研究的导言，是韦伯为其整个系列研究说明研究目的。在导言中，韦伯简明扼要地说明了关于民族文化精神与经济伦理之间相关性比较研究的目的，以及该系列研究的基本着眼点。上篇（问题）包括三章，分别是第一章：宗教派别和社会分层；第二章：资本主义精神；第三章：路德的"职业"概念（本书的研究任务）。上篇三章主要提出全书所要论述的问题。下篇（禁欲主义新教诸分支的实践伦理观）包括两章，分别是第四章：世俗禁欲主义的宗教基础；第五章：禁欲主义与资本主义精神。下篇两章主要论述了各新教的基本观点及其对资本主义精神形成的作用。

（三）著作内容简介

在《新教伦理与资本主义精神》一书中，韦伯希望从一个与众不同的视角，分析资本主义在西方社会兴起的原因。与马克思等唯物主义思想家不同，韦伯着力于说明人们的精神理念对其社会活动的影响，尤其是通过考察欧洲宗教改革前后人们宗教观念的变化对于经济活动的影响，由此说明资本主义市场经济发展所必要的精神价值理念是如何在西方宗教改革运动中逐渐形成并得以深化的。通过对精神文化领域的"特殊性"解释，韦伯回答了为什么现代资本主义的发展最先是 16 世纪、17 世纪在西方社会兴起，而不是中国、印度、中东等古老文明区域。

在《新教伦理与资本主义精神》一书中，韦伯所要着力阐释的是作为认识范畴的"宗教"与作为行动结果范畴的"经济"之间的因果关系。韦伯将研究对象锁定在了欧洲宗教改革以后的基督新教教派上。韦伯认为，这些新教教徒同时也是社会改革的中坚力量，他们往往作为新兴市场阶级、资本所有者的代表，推动欧洲社会议会民主制的诞生，促进了新的工业技术的发明与应用。韦伯相信，这些人所秉承的世界观和价值理念，如勤劳、节俭、自律守信等，有着深层次的宗教依据，同时又是推动他们积极投身社会变量、催生现代资本主义社会制度的原始动力。对宗教改革及新教徒宗教观念的剖析成为韦伯解释现代资本主义在西方社会得以兴起的出发点。

《新教伦理与资本主义精神》一书的主旨，是从宗教改革和基督新教各教派教义中寻找资本主义经济行为的"理性化"依据。基督新教的教义倡导信众追求天国的永恒，而不应该把世俗财富视为毕生的追求。但韦伯却通过对基督新教，尤其是加尔文教派的研究发现，恰恰是新教教义要求勤奋工作和尽世间义务的精神，事实上将人们的行动引导向符合现代资本主义市场经济要求的"理性化"进程。这种"理性化的吊诡"是《新教伦理与资本主义精神》中韦伯着力于论述的中心思想。

除了说明市民社会中经济行动主体在商业活动中所表现的行动导引与品行自律的"理性化"依据外，在《新教伦理与资本主义精神》一书中，韦伯还应用同样的逻辑解释西方的科学、艺术、音乐、建筑、媒体以及公共权力与公共管理中宗教意识的渗透和宗教活动所发生的作用。

1. 上篇，问题

（1）第一章，宗教派别和社会分层

开篇，韦伯描述了一个他所观察到的经验现象："在任何一个宗教成分混杂的国家，只要稍稍看一下其职业情况的统计数字，几乎没有什么例外地可以发现这样一种状况：工商界领导人、资本占有者、近代企业中的高级技术工人、尤其受过商业技术培训和商业培训的管理人员，绝大多数都是新教徒。"韦伯分析统计资料发现，自欧洲宗教改革到韦伯所生活的19世纪末20世纪初期，天主教徒和新教教徒在职业分类上存在较为明显的差距，新教教徒进入职业学校接受近代工业技术和商业行动培训的比例远远高于天主教徒。韦伯认为，一般而言，基督新教教徒在经济生活中往往处于社会中上阶层，他们占有较多的社会财富，在企业和其他经济组织中处于管理者地位，这个群体的财富占有状况和社会地位决定了他们可能接受良好的教育。宗教信仰所形成的心理和精神特质，加上通过教育得到的技术方面或者工商业行为方面的专业训练，决定了这个群体对职业的选择，以及他们在职业行动中表现出来的行动素养和品格自律。韦伯希望用人们宗教改革所导致的精神理念不同说明现实经济地位的差异。

为了更好地理解韦伯的思想，我们有必要简要回顾一下西方社会宗教发展的历史。自13世纪后半叶到14世纪初，原本在社会贫困群体中产生的旨在宣扬团结、互爱和互助的天主教在组织发生一些变化，教会开始从信教群众中独立出来，逐渐掌管各类有关信徒的出生、受洗、结婚、死亡和"灵魂得救"等方面重大宗教事务，各级神职人员成为"天主"的代言人，负责教义的解释，享受

信徒的捐税供养，鄙视各种世俗的劳动；而一般信徒只能温顺地听道、尽责地向教会布捐，听从教会的说教。权力的绝对化不可避免地会导致权力的异化，从 14 世纪开始，天主教会和神职人员通过出售"赎罪符"搜刮信徒的财富。天主教会向信徒宣传说，耶稣功德无量，圣母和圣徒也有丰厚的善绩，一般信徒只要向教会购买"赎罪符"，就可以抵偿他们在世俗中所犯下的各种罪孽，他们的灵魂才可能得以升入天堂。到 16 世纪，教会售卖"赎罪符"的行为越演越烈，教皇利奥十世以建造罗马圣彼德堡大教堂为名，大量印制"赎罪符"兜售，贪婪无度地掠夺信徒的财富，引起民众的强烈不满，终于演化欧洲历史上声势浩大的宗教改革运动。

公元 1517 年，马丁·路德不满当时教会的行径，在 10 月 31 日发表《九十五条论纲》，张贴在维腾堡（Wittenberg）大教堂门口，公然抨击教会出售"赎罪符"疯狂敛财的丑恶行径，向教会权威发起公开挑战。马丁·路德得到了天主教徒的广泛响应，随后掀起了波澜壮阔的宗教改革运动。在路德的号召下，一部分教徒决定脱离原来天主教会的精神控制，拥护路德所倡导的新的教义，并成立新的宗教组织与旧天主教会分庭抗礼，因此便被称作是"Protestantism"，中文一般则译成"基督新教"，区别于尊奉罗马教皇的"旧教"。

路德的改革主张包括：反对罗马教皇对各国教会的控制，反对教会拥有地产，同时不承认教会享有解释教义的绝对权威、强调教徒个人直接与上帝相通、不必由教会或神父中介。新教产生后，在教规教义方面区别于传统天主教义，从而对教徒行为规范产生了不同的约束。

传统天主教会虽然强调要对异端思想和行为实施严酷的惩戒，但天主教会同时认为，世俗的教徒即使产生罪孽，也可以通过各种"赎罪"的形式，得到上帝的宽恕，因此，事实上天主教会对教徒的行为约束是很弱的。而早期基督新教产生后，无论在公共生活还是私人生活方面，都对教徒进行极其严格的控制。在一些地区，如在倡导清教徒禁欲生活的加尔文新教教派控制地区，教会禁止教徒嬉笑、喧哗，限制教徒的任何浪费行为，否则将被冠以"亵渎上帝"的罪名，受到教会的严惩。

然而，韦伯注意到，尽管新教教规对人们的行为形成多方面的严格限制，但在当时的欧洲，往往是那些经济最发达的地区，如瑞士、荷兰、英国等地的人们更倾向于接受新教，并且自觉地遵守和履行不吸烟、不喝酒、不看戏、不跳舞等严格的"清教徒"生活。"宗教改革者在这些经济高度发达地区所抱怨的不是教会对生活的监督过多，而是过少。那些当时经济最发达的国家和那些国家中正在蒸蒸日上的资产者中产阶级，不仅没有阻挡这种史无前例的清教专制，反而为保卫这种专制发展出了一种英雄主义精神。这，又该怎样解释呢？"

韦伯认为，这种"唯一的英雄主义行为"，正是宗教与经济之间内在联系的具体体现。韦伯指出，这些信奉基督新教的中产阶级往往占有丰厚的物质财富，这不仅仅来源于他们的继承，还有更为重要的原因，那就是新教徒在对待教育和进行职业选择上与天主教徒之间的差别。一个明显的事实是，"在天主教徒毕业生中，毕业地特别训练技术人才和工商业人才学校的人数比例，以及毕业于一般培养中产阶级从业人员学校的人数比例，比新教徒的还要更低。天主教徒乐于选择的是文科学校所提供的人文教育——上面那种解释不能适用于这一情况，与此相反，这一情况却正是天主教徒很少有人从事资本主义企业活动的一个原因。""换言之，在手工业者中，天主教徒更趋于一直待在他们的行业中，即更多地成为本行业的师傅；而新教徒却更多地被吸引到工厂里以填充熟练技工和管理人员的位置。"对此，韦伯精辟地总结道："对于这些情况无疑只能这样解释：由环境所得的心理和精神特征（在这里是家族共同体和父母家庭的宗教气氛所首肯的那种教育类型）决定了对职业的选择，从而也决定了一生的职业生涯。"

那么，财富的占有状况与所接受的教育和所进行的职业选择相关，而教育和职业选择又进一步取决于宗教观念上的差异，这样基督新教与天主教在教义教规方面的区别便合乎逻辑地成为韦伯需要分析和解释的对象。宗教改革以后，基督新教徒所形成的克己、自律、清修、节欲等方面的宗教品格，从表面上看似乎超尘脱俗，与资本主义市场经济和市民社会对金钱、利益、财富积累的追求格格不入，但韦伯认为，恰恰是这种源自于宗教的品格自律，符合于资本主义经济发展对经济行为主体的要求，从而推动了近代资本主义在西方社会的萌发与发展。宗教伦理与资本主义之间不但不完全排斥，反而存在一层更为"密切的关系"。

韦伯列举了若干经验事例，论证了宗教虔诚与近代资产阶级的事业精神存在相关关系，是可能结合在一起的。这些例子一方面说明新教教徒具有"勤劳的精神"和"进步的精神"，另一方面说明这些教徒在工业、商业领域的突出成就。然而，经验案例并不具有普适性，为了从深层次上探析宗教信念与事业成就之间的逻辑关系，接下来，韦伯还需要进一步说明近代资本主义兴起所需要的精神支持是什么？为什么基督新教在教规教义上契合了这种对精神支持的需求？两者之间的内在关联又是如何具体体现的？

（2）第二章，资本主义精神

如何准确地概括和表达资本主义精神成为韦伯面临的首要问题。作为一个社会学家，韦伯曾经讨论过关于社会学研究方法的问题。在《新教伦理与资本主义精神》一书中，韦伯将他对资本主义现实的理解称之为"历史固有体"。简而言之,"历史固有体"是韦伯要对复杂的资本主义社会现实进行理性抽象,"历史固有体"由若干代表资本主义社会特征的要素构成,这些要素的选择依赖于研究者的主观的理解与判断。研究者认为,这些要素可以准确反映现实经济和社会生活的不同方面,要素之间逻辑一致,互不矛盾,并且要素的选择和要素的结构可以根据研究者的经验进行动态的调整、修正,从而实现"历史固有体"与"历史现实"之间的一致。"资本主义精神"就是这样一种"历史固有体",是韦伯关于资本主义现实理解的"概念集合体"。但韦伯并不是自一开始就给出关于"资本主义精神"的完整定义,并陈列出构成资本主义精神的所有要素。韦伯认为,这种界定与总结应该是在分析完成之后才能得以进行。作为一项研究过程,韦伯希望先引导读者逐一认识"资本主义精神"的构成要素,理解各个要素与基督新教教义之间的内在联系,从而说明新教是如何影响资本主义精神的形成,并成为资本主义在西方社会兴起的原始动力。

韦伯首先引用的是本杰明·富兰克林于1748年在《给年轻商人的忠告》中写下的句子,如:

"切记,时间就是金钱。假如一个人凭自己的劳动一天能挣十先令,那么,如果他这天外出或闲坐半天,即使这期间只花了六便士,也不能认为这就是他全部的耗费;他其实花掉了,或应说是白扔了另外五个先令。"

"切记,信用就是金钱。如果有人把钱借给我,到期之后又不取回,那么,他就是把利息给了我,或者说是把我在这段时间里可用这笔钱获得的利息给了我。假如一个人信用好,借贷的多并善于利用这些钱,那么他就会由此得来相当数目的钱。"

"切记,金钱具有滋生繁衍性。金钱可生金钱,滋生的金钱又可再生,如此生生不已。五先令经周转变成六先令,再周转变成七先令三便士,如此周转下去变到100英镑。金钱越多,每次周转再生的钱也就越多,这样,收益也就增长得越来越快。谁若把一口下崽的母猪杀了,实际上就是毁了它一千代。谁若是糟蹋了一个五先令的硬币,实际上就是毁了所有它本可生出的钱,很可能是几十英镑。"

对于富兰克林这些劝导年轻人的格言警句,韦伯非常感兴趣。他说:"毫无疑问,这些话所表现的正是典型的资本主义精神,但我们很难说资本主义精神已全部包含在这些话里了。"我们不妨停下来品味一下富兰克林的这一番话。古恩伯格把美国佬的哲学概括为这么两句话:"从牛身上刮油,从人身上刮钱。"志在必得的宗旨之所以奇特,就在于它竟成为具有公认信誉的诚实人的理想,而且成为一种观念:"认为个人有增加自己的资本的责任,而增加资本本身就是目的。的确，富兰克林所宣扬的，不单是发迹的方法，他宣扬的是一种奇特的伦理。违犯规则被认为是忘记责任，而不是愚蠢的表现。这就是它的实质。它不仅仅是从商的精明（精明是世间再普遍不过的事），它是一种精神气质。这正是我们所感兴趣的。"

富兰克林关于"惜时"、"勤勉"、"节俭"等方面的说教，似乎带有功利性质，引导年轻人对金钱和财富不懈追求。但问题的关键在于，追求金钱和财富的目的又是什么呢？如果说获得更多的金钱是为了满足自己个人及家庭的享乐的话，那么，一旦这一目的逐步实现，年轻人就将面临着选择和权衡。因为"惜时"、"勤勉"、"节俭"等行为自律和享乐二者之间存在矛盾，如果行动自律的目的在于获得更多的财富，当财富积累到了足以保证个人享乐，那么年轻人必将放弃对"惜时"、"勤勉"、"节俭"等方面的自我要求。也就是说，如果品行自律只是一种实现个人目的的手段的话，那就不具有恒常的性质，它将随着个人目的的实现而终止。

韦伯认为，事情并非如此简单。"惜时"、"勤勉"、"节俭"等行为并非是获取享乐的手段，这种行为自律本身是一种"美德"，关乎于人的"操守"，是"带有伦理气味的特殊作风"。作为"美德"和"操守"，"惜时"、"勤勉"、"节俭"等是否被遵守并不取决于个人享乐是否实现，而是服从于某种崇高的、永恒的道德律令。相应地，这些美德和操守在现实生活中就作为职业义务，成了人们所追求的目标本身。韦伯相信，正是美德和操守成为职业义务，以及人们对于美德和操守的不懈追求，才使得资本主义得以发展。

美德和操守成为职业义务的意义，主要体现为两个方面：一方面，美德和操守可以制约早期资本主义时期人们为了实现财富积累和资本扩张而产生的不择手段的逐利行为。在韦伯看来，这种逐利行为是"落后"国家的象征，不但代表现代资本主义市场经济的行动要求，恰恰相反，早期资本主义扩张过程中所体现出来的不受节制的掠夺和冒险是对资本主义发展所要求的社会秩序的破坏。"利欲熏心"的莽撞式行为既无法形成"合理"的经营与投资，也从来没有建立过"合理"的现代劳动组织，而这两者正是韦伯心目中属于现代资本主义最关键的特征。韦伯主张对经营行为进行合理的规制，只有服从伦理道德的制约，人们的行为才可能实现"合理化"，奠定现代资本主义的"精神"基础。

另一方面，随着美德与操守成为职业义务，劳动也不再是追求享乐的手段，而转变为人们尘世生活的目的本身，这有利于克服"传统主义"所造成阻碍，促进资本主义精神的真正形成。韦伯以"计件工资"为例，说明这一问题。在韦伯的用词里，"传统主义"在含义上是与"资本主义"相对立的一个概念。

"传统主义"包括人们从古至今长期以来所秉承的价值理念，以及与之相适应的社会组织制度和人们的生产生活方式。天主教伦理下"传统主义"将传统"神圣化"，赋予上帝意旨的意味，不允许任何更改，因此也相应扼杀了突破创新的可能性。在传统主义条件下，劳动者过着循规蹈矩的生活，没有什么动力可能激发他们积极进取的热情。如果老板提高计件工资，工人的工作量反而会减少，因为工人现在可以凭更少的工作量就能够赚到"传统"的工资水平。韦伯认为，突破"传统主义"职业观念，需要确立一种以劳动为目的本身的职业精神。"但是，这样一种态度绝对不是天然的产物，它是不能单凭低工资或高工资刺激起来的，它只能是长期而艰苦的教育的结果。"

正是基督新教的职业观念和职业教育，造就了一批近代资本主义发展所必需的产业技术工人，在他们身上看不到传统落后的劳动观念，他们以敬业、勤奋、守时的职业精神投入工作，成为近代资本主义经济发展的重要推动力量。不仅如此，基督新教所宣传的职业精神同样也有利于培育适合近代资本主义发展需要的新兴资产阶级。新兴资产所有者抛弃了蔑视财富追求与资本积累的传统主义观念，他们通过不懈的努力，实现财富积累，但却不愿就此止步，纵情消费，而是不断扩大生产规模，改良产品性能，寻找更好的市场机会，积极参与竞争。在这些具有现代"企业家精神"的新兴资产阶级的冲击与带动下，原本适应于"传统主义"生产和生活方式的商人与企业主要么主动改变自身的生产和经营，以适应新的游戏规则，要么则被淘汰出局。

"上述这一变化表面上并不引人注目，但却对新的精神渗透到经济生活中去起了决定性的作用。推动这一变化的人通常并不是那些胆大妄为、肆无忌惮的投机商，也不是那些我们在经济发展史的各个阶段都能遇到的经济冒险家，更不是那些大金融家。恰恰相反，他们是些在冷酷无情的生活环境中成长起来的人，既精打细算又敢想敢为。最重要的是，所有这些人都节制有度，讲究信用，精明强干，全心全意地投身于事业中，并且固守着严格的资产阶级观点和原则。"

至此，韦伯阐明了近代资本主义发展的关键原动力在于新精神的诞生和发展。韦伯还需要进一步从逻辑上说明，新兴资产阶级的"资本主义精神"和他们所信奉的宗教思想之间存在着直接的相关性。这是一个更为重要，同时也更为复杂的问题。在"传统主义"看来，基督新教教徒不顾忌各种世俗的、传统的价值观念和行为规范，他们极度节俭，忘我工作，对自己提出近似于苛刻的要求，这似乎是"非理性"举动。然而，韦伯接下来所要阐明的，恰恰是这种"天职"精神促进了经济组织的系统有序，增强了经济活动的灵活高效，是导致现实资本主义体系运行"合理化"的关键因素。

（3）第三章，"路德的'职业'概念"

在本章中，韦伯所要探讨的是促成资本主义精神形成的基督新教"天职"思想的深层次宗教依据是什么？它又是如何发挥作用的？韦伯的研究集中于基督新教两个最重要代表人物的思想，即马丁·路德和加尔文的新教观点。

如前文所述，传统的天主教有着等级严格的教会组织，教会一方面赋予自身神圣的光环，努力脱离并独立于世俗信徒，另一方面又作为沟通信徒与上帝的中介，垄断了对《圣经》的解释和对教义的诠释。路德的宗教改革直接针对天主教会，他的改革成就主要体现为两个方面：一是翻译了德文的《圣经》；二是在新教中实现宗教组织上的变革。

路德是将《圣经》翻译成德文的先驱者。由于传统天主教会中的教职人员和僧侣独占了对《圣经》的解释，他们宣称信徒应该是上帝驯养的温顺的"绵羊"，而他们则是代表上帝意志的"牧者"，只有他们能够超越世俗，与上帝直接沟通。这样，教会就将自身的地位神圣化与神秘化，从而获得了相应的特权。路德认为，只有人人都能够以母语阅读《圣经》，才能直接领悟上帝的意旨，只有这样才能摆脱教会的垄断，才能不受教会的愚弄、欺骗和盘剥。

然而，韦伯注意到，路德所完成的并不仅仅是翻译，而是在对《圣经》的翻译过程中渗透了他的宗教改革思想，其中最为关键的是路德关于"天职"的翻译。

在德语中，"Beruf"一词有着双重含义，其一与英文中的"Calling"同义，是"召唤"的意思；其二指"身份"，指某人所处的社会阶层或所从事的社会职业。路德在翻译中使用"Beruf"，意为"天职"，将上述的两种含义统一在一起，意思是"上帝安排的任务"。韦伯指出："这个词并不是什么德意志精神的产物，相反，它现在的意思来自《圣经》的译文，它体现的不是《圣经》原文，而是译者自己的精神。"

在新教改革以前，传统的天主教会刻意强化教职僧侣与世俗信徒之间的区别，修道院里的教职僧侣通过冥想式修行，可以领悟上帝的意旨，他们的生活和职业是神圣的；而从事世俗事务的一般信徒终生碌碌无为，或为一些蝇头小利斤斤计较，只能被动地接受神职人员的"牧养"与"救赎"。为了强调突出教会的神圣和权威，天主教会极力贬低世俗劳动，尤其是对经济活动不屑一顾。这样，天主教教义与现实经济活动之间属于"神圣"与"世俗"的区别，两者是相互背离的，在强势天主教精神控制下近代资本主义精神无法发育。

而路德在《圣经》翻译中使用"Beruf"一词，将世俗职业活动解释为是实现上帝的召唤，或者完成上帝安排的任务，这样一来，宗教精神与世俗经济活动被统一在一起，也就是说，在宗教对民众具有强大精神影响的西方社会，经济活动因被赋予宗教意义从而实现了"合理化"。韦伯指出："职业概念中包含了对人们日常活动的肯定评价，这种肯定评价的某些暗示早在中世纪，甚至在古希腊晚期就已存在，这的确也是真实的。这一点我们以后再谈。但是，至少有一点无疑是新的：个人道德活动所能采取的最高形式，应是对其履行世俗事务的义务进行评价。正是这一点必然使日常的世俗活动具有了宗教意义，并在此基础上首次提出了职业的思想。这样，职业思想便引出了所有新教教派的核心教理：上帝应许的唯一生存方式，不是要人们以苦修的禁欲主义超越世俗道德，而是要人完成个人在现世里所处地位赋予他的责任和义务。这是他的天职。"也就是说，路德通过词义转换进一步完成了对教义的解释，路德强调：世俗的义务本身就是上帝意旨的体现，每一正当的职业都具有绝对的同等价值，完成世俗义务是信徒应尽的责任，是唯一能够获得上帝恩宠的形式。如果懒惰、懈怠、渎职，即使身为教职僧侣，也会受到上帝的惩罚。

然而，韦伯同时看到，尽管打通了"神"与"人"之间的绝对界限，赋予世俗行为以"合理化"意义，但在路德身上还看不到新教伦理与资本主义精神之间的联系，路德的宗教改革还是不彻底的，这一点充分体现在路德关于宗教群体组织规定的要求方面。传统天主教会对于信徒的行为约束十分宽松，教义宣扬上帝的宽容与仁慈，信徒如果发生了违背天主教规的行为，只有到教堂忏悔并通过购买"赎罪符"就可以消除罪孽，就会像"走失的羊"一样重新得到上帝的庇护。这样，教规教义对信徒的约束流于形式，天主教组织事实上十分松散。在新教改革中，路德强调：由于耶稣在十字架上的赎罪，人神之间的阻隔已经排除，信徒无须透过以教皇为首的教会和神职人员作为"中介"，不管哪个阶层的人都能够直接领受到上帝的恩典，凭借信仰就可以与上帝沟通。但另一方面，由于"天职"思想，路德又把教规施加于普通信徒身上，要求他们严格遵守上帝的身份安排，将自身的活动不超越各自身份允许的范围，不能随便逾越身份的界限。因此，韦伯认为，路德尽管打破了"神"与"人"的界限，但他的职业观念仍然摆脱不了与近代"资本主义精神"相对立的"传统主义"的羁绊。

实现"天职"思想与"资本主义精神"之间统一的，是新教的另一教派——加尔文教派。韦伯指出："我们早已提到过加尔文主义以及新教其他教派在资本主义发展史上所起的显著作用。正如路德在茨温利身上发现了一种不同于他自己身上的精神在起作用一样，路德精神的后继者们在加尔文主义那里也发现了不同的精神在起作用。天主教会直至今天都一直认为加尔文主义是他们真正的敌手。"

在本书下篇中，韦伯将要通过第四章"世俗禁欲主义的宗教基础"和第五章"禁欲主义与资本主义精神"，在深化对加尔文主义"世俗禁欲主义"宗教思想剖析的基础上，实现"加尔文主义新教伦理"与"资本主义精神"之间的逻辑桥接。

2. 下篇，禁欲主义新教诸分支的实践伦理观

（1）第四章，世俗禁欲主义的宗教基础

加尔文（Calvin）生于1509年，曾于法国巴黎攻读神学。在马丁·路德宗教改革运动初期，加尔文就积极拥护并热情参与，完成了《基督教纲要》等著作表达自己的宗教观点。

加尔文的宗教学说被称为是"上帝预选说"，其核心思想是：并非所有的信徒都可以获得上帝的拯救，只有一小部分信徒能够有幸成为上帝的"选民"。加尔文的宗教学说着重强调：上帝的选择是永恒的，任何世俗个人无法猜测究竟哪些人可以获得拯救，也不可能通过世俗的行为方式更改上帝的选择。

"第三章（论上帝永恒天命）第三条，按照上帝的旨意，为了体现上帝的荣耀，一部分人与天使被预先赐予永恒的生命，另一部分则预先注定了永恒的死亡。"

"第五条，人类中被赐予永恒生命的，上帝在创世之前就已根据他亘古不变的意旨、他的秘示和良好愿望而选中了耶稣，并给予他永恒的荣耀，这完全是出于上帝慷慨的恩宠与慈悲，并没有预见人或耶稣的信仰、善行及坚忍，也没有预见任何其他条件或理由使上帝给予恩宠或慈悲，一切归功于上帝伟大的恩宠。"

因为如果可以猜测的话，那么就意味着可以凭借世俗个人的"有限"把握上帝的"无限"，或者可以以世俗的准则去判断上帝的绝对裁定，那么，"哪怕因此会把我放逐地狱，但这样一个上帝我无法敬重。"并且，加尔文教派认为，上帝的绝对裁定无法通过世俗个人的行为努力得以更改，任何巫术、祈祷甚至赞美上帝的艺术都不能左右上帝的意愿：

"使世界理性化，摒除作为达到拯救的法的魔力，这一点天主教徒从来没有像清教徒（在清教徒之前还有犹太人）那样来得彻底。对天主教徒来说，教会的赦罪仪式是对他自身的不完善的一种补偿。教士是玩弄变体这种奇迹的魔术师，他手里握有通向永生的钥匙。人在悲伤和忏悔之时就可以向他求助。他带来赎罪的机会、恩宠的希望和恕罪的诺言。这样他使人们从那可怕的紧张状态中解脱出来，而受严酷的命运支配的加尔文教徒注定要经受这种紧张的，不容任何缓和的状态。对他来说这样又友好又富于人性的慰藉是不存在的。他不能指望靠后来增加了的善的意愿来为几个小时的软弱或轻松赎罪，而天主教徒甚至路德教徒却能这样。在加尔文教派中，上帝所要求他的信徒不是个别的善行，而是一辈子的善行，并且还要结成一个完整的体系。这里没有天主教那种富于人性的循环：罪恶—忏悔—赎罪—解救—新的罪恶。也没有任何美德可以使整个一生得到平衡，而这种平衡曾经可以通过暂时性惩罚或在教会里得到的恩宠来调节。"

那么，既然世俗中的个人命运已由上帝先行裁定，这是否意味着个人世俗的努力没有任何意义，意味个人将放弃尘世的努力呢？加尔文教派认为绝非如此。尽管信徒无法猜测上帝的意旨，无法得知自己是否得到上帝的恩宠，成为上帝的选民，但"信仰"是信徒与上帝沟通的唯一途径，信徒唯有"坚信"自己已是上帝选民的一分子，并且通过终身的不懈努力来佐证或成就上帝的荣耀，成为上帝实现自己意旨的手段，才能确证自己不偏离上帝选民的资格。如果信徒有一丝的自我怀疑，或者在行为上存在某种背离作为上帝选民应有的德行规范，那么这恰恰证明了他不具备成为上帝选民的资格。不仅如此，真正上帝的选民还应具有坚定的信念，能够克制自己的欲望，抵制世间的各种诱惑。

"第五章（论天命），第六条，至于那些不信教的恶徒，前世的罪恶使他们不辨善恶，而且铁石心肠，上帝，作为正直的裁判，不仅拒绝给予他们以恩赐——这恩赐本可以照亮他们的眼睛、软化他们的心肠，而且上帝有时甚至收回他们原有的天赋，致使他们暴露在有可能导致罪恶的腐化之前；此外，上帝还放纵他们的欲望，用尘世的诱惑和撒旦的魔力引诱他们，于是这些人心肠愈硬，甚至上帝用来软化他人的方法也只会使他们心肠变得更硬。"

这样，加尔文教派就通过成为上帝选民资格的不确定性，将对信徒的约束机制由他律转向了自律，由外在的天主教会监督转向了信徒内心的自我约束，"禁欲"成为加尔文教派思想的重要组成部分。另外，加尔文的"上帝预选说"也会给个人带来内心的无比孤寂，除了无条件的信仰，并通过积极的行动来佐证上帝的荣耀，个人别无选择。

"清教徒就像所有理性类型的禁欲主义一样，力求使人能够坚持并按照他的经常性动机行事，特别是按照清教教给他的动机行事，而不依赖感情冲动。就清教这个词的形式上的心理学含义而言，它试图使人具有一种人格。与很多流行的观点相反，这种禁欲主义的目的是使人可能过一种机敏、明智的生活：最迫切的任务是摧毁自发的冲动性享乐，最重要的方法是使教徒的行为有秩序。"

我们可以看到，尽管路德教派和加尔文教派都强调入世，但由于加尔文教派将对个人行动的激励与约束机制由外在的教规戒律转到了个人的内心，相应也为个人主观能动动机的激发提供了可能。与路德教派要求信徒按照传统主义恪守上帝安排的"身份"相比，加尔文教派则要求信徒在默认自己作为上帝选民身份的前提下，通过积极的创造性活动，以增加上帝的荣耀。这样一来，韦伯通过对加尔文教派的"积极入世"和"禁欲"特征的分析，事实上已经将基督新教的"伦理思想"和近代资本主义经济发展的"资本主义精神"要求联系在了一起。

韦伯在《新教伦理与资本主义精神》一书中，还讨论了其他的新教教派如虔敬教派、浸礼教派等的宗教思想，但由于这些教派在新教伦理上的典型性不及路德教派和加尔文教派，我们暂不讨论这些教派，而是沿着韦伯的思路，在下一章中分析加尔文新教的"世俗禁欲主义"思想与资本主义精神之间，究竟是如何实现逻辑上的对接的。

(2) 第五章，禁欲主义与资本主义精神

在本章中，韦伯需要论证关于积极劳动、节俭与惜时、精诚敬业、积极创业等品质，既是促进近代资本主义文明兴起的精神要素，同时也是基督新教尤其是加尔文教关于信徒确证自己是上帝选民的世俗义务。一方面，基督新教认为，上帝的选民绝不可能是慵懒、纵欲、不思进取，不可能违背其应尽的世俗义务的。如果有人确定具备这类不良秉性，那么恰恰证明他不是也不配成为上帝的选民。这种教义强化了信徒在世俗行为上的行动自律，也为现实中不道德行动的存在提供了宗教解释。另一方面，这也催生了一种全新的生活方式，对于近代资本主义的发展，具有十分重要的意义。

第一，赋予财富追求的正当道德意义。

在传统主义宗教观念看来，财富追求是危险的，它不仅代表着无止境的诱惑，而且引发贪婪、自私、唯利是图等不良品性，使人们远离对天国的神圣追求。而新教伦理中对财富追求的目的和态度作了区分。财富追求作为履行信徒关于世俗义务的天职，是信徒获得上帝恩赐的象征，这也应当成为现世财富追求中唯一正当的目的，从这个意义上说，财富的追求不仅是道德上允许的，而且也是必需的。但如果偏离了这一目的，将财富追求视为实现享乐生活的一种手段，或者对财富的追求导致了实际的享乐，不想劳作，不思进取，则都应该受到道德的谴责。基督新教和加尔文清教徒在道德上责备财富追求，是着眼于财富带来的安逸、享乐，以及使人懒惰、沉溺于肉欲乃至放弃"圣生活"的努力等等可能的后果。身为一个虔诚的信徒，他的职责所在是通过严格的节欲和辛勤的劳作以证明自己的神宠状态，只有积极的入世活动，努力地工作，才能增添上帝的荣耀。

"在私有财产的生产方面，禁欲主义谴责欺诈和冲动性贪婪。被斥之为贪婪、拜金主义等等的是为个人目的而追求财富的行为。因为财富本身就是一种诱惑。但在这里禁欲主义是那种'总是在追求善却又总是在创造恶的力量'，这里邪恶是指对财产的占有和财产的占有诱惑力。因为，禁欲主义，为了与《圣经·旧约》保持一致，为了与善行的伦理评价相近似，严厉地斥责把追求财富作为自身目的的行为；但是，如果财富是从事一项职业而获得的劳动果实，那么财富的获得便又是上帝祝福的标志了。更为重要的是：在一项世俗的职业中要殚精竭虑，持之不懈，有条不紊地劳动，这样一种宗教观念作为禁欲主义的最高手段，同时也作为重生与真诚信念的最可靠、最显著的证明，对于我们在此业已称为资本主义精神的那种生活态度的扩张肯定发挥过巨大无比的杠杆作用。"

"他们持反对态度的真实道德依据是：占有财富将导致懈怠，享受财富会造成游手好闲与屈从于肉体享乐的诱惑，最重要的是，它将使人放弃对正义人生的追求。事实上，反对占有财富的全部理由就是它可能招致放纵懈怠。因为，圣徒的永恒安息是在彼岸世界，而在尘世生活里，人为了确保他蒙承神恩的殊遇，他必得'完成主所指派于他的工作，直至白昼隐退'按照主之意志的明确昭示，唯有劳作而非悠闲享乐方可增益上帝的荣耀。"

"仅当财富诱使人无所事事，沉溺于罪恶的人生享乐之时，它在道德上方是邪恶的；仅当人为了日后的穷奢极欲，高枕无忧的生活而追逐财富时，它才是不正当的。但是，倘若财富意味着人履行其职业责任，则它不仅在道德上是正当的，而且是应该的，必需的。"

韦伯认为，天职思想与不鼓励消费的宗教理念结合在一起，促进了资本积累与生产性投资，为近代资本主义发展创造了重要的基础。"当消费的限制与这种获利活动的自由结合在一起的时候，这样一种不可避免的实际效果也就显而易见了：禁欲主义的节俭必然要导致资本的积累。强加在财富消费上的种种限制使资本用于生产性投资成为可能，从而也就自然而然地增加了财富。"

第二，强调惜时，珍惜时间就是珍惜为上帝增耀的机会。

新教认为，上帝给予选民的世俗生活，每时每刻都应该用于践行上帝的意旨，增进上帝的荣耀。对于选民而言，人生苦短，丧失每刻钟就是丧失为上帝光荣而服务的机会，因此，每一分钟都应该用来"确知"自己的蒙恩，并加倍努力以报答这种恩典。这样，基督新教关于时间的解释，结合天职思想和禁欲伦理，为信徒创造出一种符合近代资本主义发展的生活方式：信徒将终生劳碌，赋予生命中的每一时以"意义"，不能在社交、闲谈、奢侈享受甚至睡眠上浪费太多时间。清教徒也反对传统天主教神职人员通过静居冥想与上帝沟通的方式，认为静思冥想没有价值，取悦上帝的基本方式只能是全力履行自己的天职。

"虚掷时光便成了万恶之首，而且在原则上乃是最不可饶恕的罪孽。人生短促，要确保自己的选择，这短暂的人生无限宝贵。社交活动，无聊闲谈，耽于享乐，甚至超过了对健康来说是必不可少之时辰（至多为六至八小时）的睡眠，凡此种种皆位于应遭受道德谴责之列。清教伦理当然不会如富兰克林那样申言时间即金钱，但这条箴言在某种精神意义上确是真理。时光无价，因之虚掷一寸光阴即是丧失一寸为上帝之荣耀而效劳的宝贵时辰。如此，则无为的玄思默想当是毫无价值，而如果它是以牺牲人的日常劳作为代价而换来的，那么它必须遭到严厉的谴责。其原因是：上帝更乐于人各事其业以积极践覆他之意志，何况礼拜日已为人进行沉思提供了充裕的时间。"

第三，重视劳动的"合理性"，强调劳动的系统性、专业化和创新性。

基督新教认为，人世间的职业分工是上帝杰出的安排，世俗的人们应该通过积极参与劳动分工，通过卓越的劳动绩效来实现上帝的意旨，增进上帝荣耀。不论穷人富人，都应该把劳动作为一种禁欲手段，不愿参加劳动是没有获得上帝恩赐的象征。富人尽管不必通过劳动满足其需求，但他们也必须像穷人一样去服从上帝的诫命，应该像穷人一样遵守不工作亦不得吃饭的诫命，懒惰、倦怠乃是缺少神宠的象征。此外，基督新教希望信徒能够有系统、有条理地完成其工作。上帝所要求的不仅是劳动本身，而是在一项职业中的合理劳动。"合理化"劳动对资本主义精神的影响十分深远。

首先，基督新教赋予劳动在伦理道理上的合理性，要求以一种合乎规律、讲求方法的行为履行职业责任，并强化了劳动和从事职业生活过程中的品格自律。韦伯认为，"（新教）还创造出了唯一对它的效果有决定性影响的力量，即一种心理上的认可：认为这种劳动是一种天职，是最善的，归根到底常常是获得恩宠确实性的唯一手段。另一方面它使对这种自愿劳动的利用合法化，即把雇主的商业活动也解释成一种天职。只能通过完成神示的天职去寻求上帝之国，并且教会自然又把严格的禁欲主义教规特别强加于一无所有的阶层，这一切，很明显，必定对资本主义意义上的'劳动生产力'产生极其有力的影响。把劳动视为一种天职成为现代工人的特征，如同相应的对获利的态度成为商人的特征一样。"除此之外，新教徒不只是停留于肯定世俗劳动的价值，基督新教还要求教徒以一种有规律、有方法的态度来从事职业工作，"有良心"地执业，表现出"周到而有秩序"的工作方法，来证实自己的神宠状态。这种宗教伦理要求在实际工作中的效果就是使得工作的纪律性大大地增加，为近代资本主义工业化的进展铺平了道路。

其次，基督新教教徒并不反对世俗职业的更换，认为只要职业更换能够提升效率，这样的职业更换恰恰"更合神意"。如前文所述，路德教派走向保守的一个重要原因在于认为世俗的各项职业都是上帝的安排，个人只能顺从，反对个人对世俗身份职业安排的各种反抗。这是路德宗教改革不彻底的重要表现。而基督新教的加尔文教派则突破了这一点，加尔文教派认为，职业合神意与否的标准除了职业的道德水准和对公众的助益外，最容易衡量的恰恰是个人经济上的"收利性"，这同时也是最重要的标准。于是，只要更换职业的同时实现致富，不但是道德上允许的好事，而且还是上帝的"命令"。"在清教徒的心目中，一切生活现象皆是由上帝设定的，而如果他赐予某个选民获利的机缘，那么他必定抱有某种目的，所以虔信的基督徒理应服膺上帝的召唤，要尽可能地利用这天赐良机。要是上帝为你指明了一条路，沿循它你可以合法地谋取更多的利益（而不会损害你自己的灵魂或者他人），而你却拒绝它并选择不那么容易获利的途径，那么你会背离从事职业的目的之一，也就是拒绝成为上帝的仆人，拒绝接受他的馈赠并遵照他的训令为他而使用它们。他的圣训是：你须为上帝而辛劳致富，但不可为肉体、罪孽而如此。"

最后，基督新教徒同样也肯定固定职业的制欲意义，给予分工、专业化一种伦理上的肯定。同样依据视"营利"为衡量是否合乎上帝之安排的思想，基督新教也给予了分工、专业化以积极的评价。基督新教认为，新兴资产阶级往往白手起家，他们专注于自身的事业，并为之付出不懈的努力。他们认为上帝在现实世俗生活中同样会在物质上赐福于其子民，因此，专注于某一职业并付出长期努力直至实现事业成功，这种资本主义精神渗透着清教徒中产阶级的生活氛围，体现了资本主义英雄时代的代表者们整齐、严正且坚强的性格。"清教徒也承认私人经济活动中存在神意安排，但它所侧重的有所不同。与清教徒喜欢从实用角度解释事物的倾向相一致，它主张要从劳动分工的成效来洞悉上帝作如此安排的目的。巴克斯特在谈及这一问题时所用的溢美之辞令人时时回想起亚当·斯密对劳动分工的人所共知的神化。专业化为技术发展开辟了道路，因此它必然会带来生产在数量上与质量上的增长改善，而这一切最终将促进公共利益，也就是促进最大多数人的利益。"专业化和分工提升了生产与经营过程的效率，从而进一步促进了资本积累与技术创新，为近代资本主义发展创造了不可或缺的重要条件。

三、简要评述

总之，以职业概念为基础的理性行为这一要素，正是从基督教世俗禁欲主义中产生出来的。基督新教世界观有利于一种理性的资产阶级生产和经济生活方式的发展，这种世界观以及它所体现的新教教义构建了近代资本主义发展所必需的人格精神，培育了新兴资产阶级和职业技术工人的人格操守，为近代资本主义精神乃至整个近代文化精神的形成奠定了基础。

根据 THE PROTESTANT ETHIC AND THE SPIRIT OF CAPITALISM（Max Weber,trans. by Talcott Parsons, New York：Charles Scribner's Sons, 1930 年版）撰写。

参考文献：

[1] 顾忠华. 韦伯《新教伦理与资本主义精神》导读[M]. 桂林：广西师范大学出版社，2006.

[2][瑞典]理查德·斯威德伯格著，何蓉译. 马克斯·韦伯与经济社会学思想[M]. 北京：商务印书馆，2007.

[3][德]玛丽安妮·韦伯著，阎克文等译. 马克斯·韦伯传[M]. 南京：江苏人民出版社，2002.

[4][美]莱因哈特·本迪克斯著，刘北成等译. 马克斯·韦伯思想肖像[M]. 上海：上海人民出版社，2002.

6

哈耶克与《通往奴役之路》

弗里德里希·奥古斯特·冯·哈耶克（Friedrich August von Hayek，1889~1992 年）

一、作者简介

（一）生平

弗里德里希·奥古斯特·冯·哈耶克（Friedrich August von Hayek，1889~1992 年），奥地利裔英国人，1899 年 5 月 8 日出生于维也纳一个知识分子家庭。他于 1921~1923 年间在奥地利维也纳大学获得法学和政治科学博士学位，1923

年3月至1924年5月前往美国留学，1927年成为奥地利经济周期研究所所长。1931年迁居英国，进入伦敦经济学院担任教授，并于1938年加入英国籍。1947年4月，哈耶克在瑞士成立朝圣山学社并任首届会长。1950年，他再次前往美国，进入芝加哥大学社会思想委员会讲授西方经济思想史课程。1962年，他离开美国前往德国弗赖堡大学任职。1974年，哈耶克由于"在经济学界自亚当·斯密以来最受人尊重的道德哲学家和政治经济学家至高无上的地位"，与冈纳·缪尔达尔一起获得诺贝尔经济学奖。哈耶克于1992年3月23日去世，享年92岁。哈耶克一生发表了130篇文章和25本专著，涵盖范围涉及经济学、理论心理学、政治哲学、法律哲学、科学哲学和思想史等。哈耶克在政府干预、社会主义的经济后果及社会结构的发展三个领域都作出了重大的贡献，是20世纪最伟大的古典自由主义学者，被认为是新自由主义的代表人物。

（二）著作

哈耶克的主要著作有：《货币理论和商业盛衰周期性》（1928年）；《价格与生产》（1931年）；《货币民族主义与国际稳定》（1937年）；《利润、利息和投资》（1939年）；《资本的纯理论》（1941年）；《通往奴役之路》（1944年）；《个人主义与经济秩序》（1948年）；《科学的反革命》（1952年）；《感觉的秩序》（1952年）；《自由宪章》（1960年）；《法律、立法和自由》（1973～1979年）等130篇文章和25本专著。

（三）学术思想

哈耶克的主要学术思想包括：(1) 货币投资过度理论。哈耶克认为，经济周期的根源是信贷变动所引起的投资变动。当银行信贷扩大时，投资就会有所增长，而当银行信贷停止扩张时，资本匮乏就会引发经济危机。因此他认为资本主义经济具有内在的稳定性，国家对经济的干预是没有必要的，70年代资本主义国家发生的滞胀现象是由凯恩斯主义的理论和政策所导致的。(2) 自由主义理论与自发秩序原理。哈耶克崇尚自由主义和个人主义；强调维护人的自由，包括政治自由、思想自由和经济自由；主张实施市场经济和自由竞争，让市场机制充分发挥调节作用；反对社会主义和集中计划经济体制，认为社会主义是有违人性的，计划经济会导致政府的极权统治。此外，哈耶克还提出了自发秩序原理，强调了人类秩序的自发性。(3) 货币中性理论与"非国家化"思想。哈耶克主张货币中性理论,即货币供给的增长水平应与商品价格的增长持平。他建议将货币发行权私有化,实现货币"非国家化",以防止政府为了政治利益通过发行货币扰乱经济运行。(4) 对凯恩斯的国家干预主义的批判。哈耶克一直致力于批判凯恩斯的国家干预主义,他认为判断一个社会好坏的标准是人的自由程度而不是经济福利,追求经济福利的目标必然导致国家干预经济,因此他反对将经济福利作为理想社会的目标。(5) 法治的思想。哈耶克认为理想社会要通过法治才能实现,要使政府在法治的范围内行事,才能杜绝独裁统治的发生。

二、原著导读

(一) 历史背景

19 世纪末至 20 世纪初期,随着维多利亚时代的结束,英国资本主义社会危机频发,经济的自由放任导致了资本家与工人之间的矛盾日益加深,贫富差距不断加大,社会的不公平、不平等现象愈发明显。在英国,传统的自由主义思想遭到了人们的质疑,于 1914 年开始走向衰败。而几乎与此同时,德国、苏联和美国的发展从另一个方面显示了计划体制和政府干预的优越性。位于欧洲大陆的德国在俾斯麦的影响下不断崛起,完成了从封建社会到资本主义社会,再向帝国主义列强的跨越,1933 年希特勒政权的上台使德国走上了独裁主义的道路,德国的政治、经济、军事实力日益强大。20 世纪 20 年代,苏联通过实施五年计划取得了巨大的成就,社会发展水平明显提高,与资本主义国家的经济萧条形成了鲜明的对比。1929~1933 年间,美国同样遭遇了历史性的经济大危机,但在凯恩斯的国家干预主义思想带领下,美国通过罗斯福新政逐步摆脱了经济危机的影响,并逐步成为世界第一经济强国。社会主义思想、集中计划经济体制、生产资料公有制、国家干预主义经济政策都通过历史实践展示出了其一定的优越性,自亚当·斯密传统的英国古典自由主义思想遭遇了前所未有的危机,英国人民已经在社会主义思想影响下走上了远离自由主义的社会主义道路。哈耶克历经了自由主义的衰败和社会主义的兴起,坚定地举起了捍卫自由主义的大旗,主张坚持自由主义和个人主义,反对社会主义的思想和极权主义的独裁统治。为了宣传自己的自由主义思想,哈耶克撰写并出版了《通往奴役之路》。需要指出的是,哈耶克在书中所指的社会主义实际上是极权主义,与马克思所论述的社会主义有所不同,因此该书的主题主要是宣传自由主义和个人主义,反对计划经济和极权主义思想。

（二）框架结构

该书除了导言、1943年版序言和引言外，共有16章。第一部分包括第一章至第三章，讨论了自由主义的衰败和社会主义的兴起及社会主义与集体主义的基本问题；第二部分包括第四章至第九章以及第十一章，讨论了计划体制下社会主义与极权主义所引发的一系列后果；第三部分包括第十章、第十二章和第十三章，探讨了纳粹主义与极权主义的思想起源、领导力量及支持力量；第四部分包括第十四章至第十六章，是对未来的国际新形势和新秩序的展望及全书的总结。各部分主要内容如下：

第一部分　个人主义、自由主义与集体主义、社会主义的基本问题。作者首先指出，传统的自由主义和个人主义遭遇了前所未有的危机，自由放任原则开始逐渐走向衰退并逐渐被人们抛弃，并认为这是由于人们将其想象得过于完美所造成的。随后作者探讨代表着极权、独裁的共产主义、社会主义与代表着自由的个人主义的等名词的含义，认为社会主义具有独裁主义的性质，在社会主义中既不存在自由也不存在平等；共产主义在本质上与法西斯主义一样，都属于独裁性质的极权主义，而民主社会主义只是乌托邦，会将人们引向奴役之路。与之相反，自由主义主张建立合理的竞争机制，是将广泛的自由竞争和特定领域的政府干预相结合，并不是主张放任自由。

第二部分　计划体制下社会主义与极权主义所引发的一系列问题。在该部分中，作者首先讨论了计划是否可以避免的问题，分析并批判了各种认为计划不可避免的观点，指出计划并不是由外在因素所引起的必然事件，竞争消失的原因在于政府的相关保护政策，而对计划的要求在很大程度上只是由于专家们的狭义看法所造成的。作者还指出，在计划体制下，民主将会变为专断的权力；法治的含义也由于立法者拥有无限制的权力从个人自由的基本保障变为政府的强制力量；消费、生产和就业领域都被极权主义者所控制，人们的政治自由会随着经济自由的消失而消失；绝对的保障会使人们牺牲最宝贵的自由，成为独裁者奴役的对象；对传媒的控制将使真理消亡，人民的思想被统一，对科学真理的探索也随之消失。

第三部分　极权主义的起源、领导力量与支持力量。该部分主要分析了纳粹主义和极权主义的产生、发展、领导力量和支持力量等问题。作者认为纳粹主义所使用的国家社会主义思想主要源于社会主义并通过列举通过一系列的德国社会主义者的言论，阐述了德国社会主义反对商业文明，鼓吹侵略战争，强烈的国家和民族优越感，对组织和垄断的赞扬和反对自由主义的观点，指出社会主义是反对西方自由主义国家的工具。极权主义的领导力量是最坏者，这是由只有较低的道德标准才能被大多数人所认同，大多数人并没有坚定的信念及人们容易接受一个消极的纲领三个原因所造成的。推动英国走向极权主义的主要动力是有组织的资本和劳工力量；极权主义已经深入了科学家群体之中，使科学界也屈从于政府的统治；即使是个人控制的垄断也要优于国家垄断，当垄断由国家控制时，人民的利益将不复存在。

第四部分　对未来社会发展的展望。在该部分中作者指出，集体主义的发展造成了道德价值的变化，使英国的传统美德和政治理想遭遇危机，只有恢复对传统价值的信心并维护英国传统的自由主义理想，才能取得这场思想战争的胜利。当经济计划扩展到国际范围时，会产生国家之间的武力冲突、国与国之间的不公平和国际范围内的极权统治，因此联邦制是未来国际政治机构的理想选择，只有通过对国际或国内政治机构的权力限制才能保障人的自由民主权利及世界的和平。而从长期来看，人类的任务是建立一个能够长期发展的自由主义新世界，在现阶段的任务则是从社会主义的影像中解放出来。人类将有机会建立自由主义社会，即使在最初的实践中失败了也要不断进行再次尝试，只有一个维护个人自由的社会才是人类追求的目标。

（三）著作内容简介

1. 1943 年版序言

在该书的序言中，哈耶克探讨了该书的性质和写作该书的目的。哈耶克首先强调，《通往奴役之路》是一部政治性的书籍而不是社会哲学论文，该书的根本点是哈耶克所说的一切源自某些终极价值，全书主要阐明了全部论证所依据的终极价值的内容。

哈耶克写作该书的目的在于阐述一些其他经济学家不愿表达的观点。他承认虽然该书的写作会冒犯许多他希望与之和睦共处的人并耽误他所向往的一些工作，但由于公众并未充分地意识到当时政府所要采取的经济政策在未来所造成的严重后果，而大多数在政府中供职的经济学家不愿发表言论。因此，哈耶克将该书的写作作为己任，公开地表达一些其他经济学家不愿表达的观点。

哈耶克指出，该书的中心论点最初曾在一篇发表于《当代评论》1938 年第 4 期的文章《自由与经济制度》中概述过，此后该文章被增订重印，并成为 H·D·吉迪恩斯教授为芝加哥大学出版社主编的《公共政策丛刊》（1939 年）之

6 哈耶克与《通往奴役之路》

一。他在该书中引用了原文中的某些段落,并向两部出版物的编辑和发行人表示感谢。

2. 第一章,被离弃的道路

在该章中,哈耶克主要分析了20世纪初欧洲自由主义和个人主义的衰败及其原因,英国传统思想的没落及德国新思想兴起的原因。

(1) 英国人民已经逐渐背离了自由主义的道路。20世纪30~40年代,资本主义社会经历了经济上的大危机,资本主义国家的人民对资本主义制度和自由主义的正确性都表示出了怀疑态度。与此同时,德国在一战之前的崛起和苏联在社会主义道路上取得的成功,都使得社会主义思想对资本主义国家的人民产生了巨大的冲击。英国人民在这些思想的影响下,已经逐渐背离了自由主义的道路。哈耶克指出,英国人民正在放弃各种英国传统的自由主义和个人主义思想家,如科布登、布赖特、亚当·斯密、休谟、洛克和弥尔顿等人的自由主义观点,以及个人主义思想家斯谟、蒙田、西塞罗、塔西伦、伯里克利、修昔底德等人的个人主义思想。更为严重的是,人们忘记了源于英国19世纪的思想家托克维尔和阿克顿勋爵所提出的社会主义意味着奴役的警告。在这条走向社会主义的道路上,人们首先放弃了经济上的自由,而个人的和政治的自由也随着经济自由的消失而逐渐消失。在此时,哈耶克尖锐地指出,社会主义是一种邪恶的力量,社会主义道路上充满的是奴役和苦难而不是自由和繁荣,通往社会主义的道路就是一条通往奴役的道路。这既是该章的思想核心,也是该书的思想核心。

(2) 个人主义和自由主义正在逐步消亡。在哈耶克看来,个人主义并不是利己主义或自私自利的行为,而是与社会主义和集体主义相对立的个人主义。这种个人主义的基本特征是把个人当作人来尊重,是在人的自身范围内承认人的观点是至高无上的,相信人应该发展自己的天赋和爱好。个人主义在文艺复兴时代第一次得到了充分的发展并成为西方的主要文明思想。然而,纳粹所发动的民族社会主义革命是一次反文艺复兴运动,民族主义革命毁灭了从文艺复兴时代起建立的个人主义文明。哈耶克指出,西方文明的性质正是个体对种属的反抗,而德国发动的这场民族主义革命是对个体的毁灭,也是对西方文明的毁灭。

(3) 自由主义带来了科技的进步,并使世界向前发展。哈耶克认为,自由主义的发展促进了科学技术的进步,矿业和钟表业等很多复杂的机械制造领域以及尚未受到限制性管制的产业的发展都证明了这一观点。但是,当大多数人的信念阻碍了新发明的产生时,一些先进的发明和工业技术创新就会迅速地破灭,人们也将丧失寻求知识的愿望。因此,只有当知识能够被自由地运用,同时有人愿意支持这种创新并承担风险时,科学才能有所进步,并使世界不断向前发展。

(4) 自由主义的成功是其衰败的原因。哈耶克指出,自由主义并不是一成不变的教条主义,其基本原则是尽量运用更多的自发的社会力量而不是借助于强制力来安排人们的事务。而对自由主义危害最大的思想则是某些自由主义者将自由主义当作教条,单纯从某种经验主义出发,认为自由主义的原则是自由放任。这种对自由主义的误解使很多自由主义的推广者在攻击面前很容易失败。此外,由于自由主义无法对于某个人提供多于共同进步中的成果,因此其便被视为是一种"消极"的信条。因此哈耶克认为,自由主义的衰退正是它的成功所造成的,人民放弃自由主义道路的原因正是由于人民把自由主义想象得过于完美,以至于不能容忍其导致的一系列问题。此时人们不能再按照以往的资本主义道路前进,而是选择了离开自由主义道路,转而走上一条新的社会主义道路。因此,哈耶克认为,正是由于自由主义的成功导致了人们对其背离。

(5) 德国成为背离自由主义思想的新的领袖国家。哈耶克认为,英国200多年以来一直是自由主义思想的输出国,其自由主义思想一直向欧洲大陆传播,这些思想的传播在1870年左右开始停滞,而德国的思想开始从欧洲大陆向英国传播。从此英国丧失了其在政治和社会领域的思想领导权,成为思想的输入国。在此后的60年间,德国成为一个传播思想的中心,德国的思想家黑格尔、马克思、李斯特、施莫勒、桑巴特、曼海姆等人的带有社会主义性质的思想以及德国的制度开始向全欧洲乃至全世界传播。由于绝大部分的新思想,尤其是社会主义思想是在德国得到完善并充分发展的,德国因此成为新思想的新领袖,其社会主义思想发展甚至早于俄国。德国开始将自己国家以西的思想看作是"西方"的思想,即自由主义、民主主义、资本主义、个人主义,自由贸易、国际主义及对和平的热爱等思想,并支持与这些"西方"相对立的社会主义思想。哈耶克指出,德国的思想还使人们相信自由主义思想只不过是把自私的利益合理化,英国是为了自身的利益而创造了自由贸易,英国人赋予世界的政治理想已经陈旧不堪并成为一件可耻的东西。这一切都是德国在对英国自由主义思想的不断诬蔑。

3. 第二章,伟大的乌托邦

哈耶克在该章论述了民主社会主义是一个伟大的乌托邦,即社会主义只是一个处于空想中的美好社会。正如他在题记中引用F·荷尔德林的话一样,认为民主社会主义是"总是使一个国家变成人间地狱的东西,恰恰是人们试图将其变成天堂。"

(1) 社会主义具有独裁主义的性质,其中并不存在真正的平等。哈耶克指出，社会主义从一开始便直截了当地具有独裁主义性质。哈耶克引用德·托克维尔的观点，旨在说明民主在本质上是一种个人主义的制度，与社会主义有着不可调和的冲突。民主是在自由之中寻求平等，而社会主义则在约束和奴役之中寻求平等。因此，在社会主义中只存在独裁，不存在真正的平等。

（2）社会主义所提出的"新自由"在实质上并不是真正的自由，而是使人们走向奴役的谎言。哈耶克指出，自由主义者所说自由是免于强制的、摆脱了他人专断权力的自由，而社会主义为了达到自己的政治目的，对人民所许诺的"新自由"并不是真正的自由。这种对"新自由"的许诺称社会主义将带来政治自由，并在其后带来比政治自由更加重要的经济自由，只有社会主义才能完成长期的为自由而进行的斗争。哈耶克认为，这种新自由并不是真正的自由，只是从环境中的强制解放，是权力、财富、对平均分配财富旧要求的代名词而已，但其已经成为社会主义宣传最有效的武器之一。这种许诺使越来越多的自由主义者被引诱上了社会主义道路，并使自由主义者们无法看出社会主义与自由主义基本原则之间所存在的冲突。最重要的是，这种允诺所带来的通往自由的道路并不通向真正的自由，相反，这是一条通往奴役的道路。

（3）共产主义与法西斯主义的本质是相同的。哈耶克指出，"法西斯主义"与"共产主义"之间存在着很多相似性，这两种新的暴政会产生同一趋势的后果。哈耶克引用他人的观点，认为斯大林主义比法西斯主义更加残酷无情、野蛮、不公正、不道德、反民主，并认为斯大林主义是"超法西斯主义"。由于马克思主义在本质上就是法西斯主义和民族社会主义，因此其导致了法西斯主义和民族社会主义的出现。哈耶克认为，这一观点等于说共产主义和法西斯主义本质上是相同的，共产主义在斯大林主义的俄国和希特勒之前的德国都被证实是一种幻想。哈耶克还指出，许多纳粹领袖和法西斯领袖都从社会主义者转变成了法西斯主义者或纳粹分子，他们仇视西方的自由文明，自由主义在德国已经被社会主义所消灭了。由此可见，哈耶克认为，共产主义等同于法西斯主义。

（4）社会主义将导致自由的毁灭，民主社会主义只是一个伟大的乌托邦。哈耶克指出，虽然社会主义与法西斯主义之间的联系变得日益明显，但大多数英国人仍然相信社会主义和自由可以结合，大多数社会主义者依然深信自由主义的自由理想，并未意识到当他们的纲领实现时将意味着自由的毁灭。在该章的最后，哈耶克重申了他的观点，即民主社会主义是最近几代人伟大的乌托邦，为这种思想而奋斗的结果并不是美好的社会，而是独裁统治和奴役人民的深渊。

4. 第三章，个人主义与集体主义

该章首先阐述了社会主义与个人主义的定义，社会主义与集体主义的关系等内容，并指出应该反对计划者的计划，而将集中管理与竞争机械地相结合的制度是更加不可取的。

（1）"社会主义"的含义及社会主义与集体主义的关系。哈耶克将社会主义划分为社会主义的目标和实现社会主义的方法。其中，社会主义的目标是指社会正义、更大程度上的平等和保障等理想；实现社会主义的方法是废除私有企业，废除生产资料私有制，创造一种"计划经济"体制。在这种体制中，中央的计划机构取代了为利润而工作的企业家。对于很多社会主义者而言，他们却只关心社会主义的终极目标并确信这些目标一定能够实现，而并不关心和理解如何实现社会主义目标。因此，有关社会主义的争论在很大程度上是有关如何实现社会主义这一手段的争论，而不是社会主义目标的争论。哈耶克将这些手段称为集体主义，并把社会主义视为其中的一种，符合集体主义本身的一切东西也必定适用于社会主义，其原因在于社会主义与自由主义之间的争论几乎涉及所有集体主义共有的方法而不是目标。

（2）自由主义并不主张放任自由，而是主张建立合理的竞争机制，只是在特定领域加入政府干预。哈耶克指出，自由主义主张尽可能地运用竞争力量作为协调人类各种努力的工具，而不主张让事态放任自流。自由主义要创造出有效的竞争，为了竞争能有益地运行，不仅需要一种明智规划的并不断加以调节的法律框架的约束，还需要在竞争机制失效时采用一些措施指导经济活动的运行。经济自由主义赞成竞争的原因在于竞争可以避免对社会进行有意识的控制，给予每个人一个决定某种职业是否足以补偿与其相关的不利和风险的机会，而反对以协调个人努力的低级方法去代替竞争。并不是所有的政府干预都是有害的，政府需要在某些竞争失灵的情况下采取强制性的干预行为。当个人考虑的项目和影响社会福利的项目之间存在分歧时，政府就必须在竞争之外寻求某种方法来提供这种服务。总之，政府应该创造条件使竞争尽可能有效，在不能行之有效的地方给竞争提供补充。

（3）"计划"的三层含义，人类应该反对的是计划者的计划。哈耶克认为，计划的第一层含义是指人们运用所能获得的预期对所做每件事时进行合理的规划，在这个定义上每一个人几乎都是一个计划者。第二层含义是指对竞争有益的、有必要的计划。这种计划只是设计了一个永久的合理框架，在框架中每个人根据其个人计划指导自身的各种活动。计划的第三层含义是指计划者的计划，即根据一个单一的计划对一切经济活动加以集中管理，对社会资源的运用加以有意识地管理，以便按照一种明确的方式为个别的目标服务。哈耶克指出，现代的计划者与自由主义者之间的争论是关于计划的争论实际上是关于方法上的争论。自由主义者为人们提供条件，使人们能够成功地实施计划，而计划者构造出某些蓝图对人们的一切活动加以集中管理。这一点正是自由主义者与计划者之间的分歧所在。

（4）将集中管理与竞争相结合的制度更不可取。哈耶克认为，工团主义是一种既不能满足计划者也不能满足自由主义者的产业组织。在这种组织中，竞争被部分地抑制，而计划是由各个产业中的独立垄断者所决定的，有组织的资本家和工人会联合起来控制消费者。当采用竞争或集中管理其中一种方法都难以解决问题时，就应该只采取其中一种方法，而不是将两者混合起来使用，否则会使每种方法都无法发挥其作用，结果反而比始终只凭借二者之一的情况更加糟糕，计划与竞争只有在为竞争而计划而不是运用计划反对竞争的时候才能够结合起来。因此，将集中管理与自由竞争机械地结合起来是不可取的。

5. 第四章，计划的"不可避免性"

在该章中，哈耶克首先提出了计划是否可以避免发生的问题。当时流行的观点认为技术进步是使竞争消失并产生垄断的原因，哈耶克首先批判了这一观点并给出了自己的理由。

（1）技术进步使竞争消失的观点缺乏足够的依据，国家所遵循的政策是使竞争消失的原因。哈耶克认为，人们认为技术的变化使竞争在越来越多的领域中消失的观点并不成立，其缺乏足够的依据。哈耶克反对马克思主义有关"产业集中化"的学说中提到的观点，即技术的改变已经在越来越多的领域中使竞争消失，而留给人们的唯一选择只是由私人垄断组织控制生产还是由政府管理生产。哈耶克认为，过去50年中垄断组织不断发展、竞争法则的领域逐渐受到限制的原因是由大多数国家所遵循的政策的结果，而不是技术进步造成的，倾向垄断和计划的趋势是人们的种种看法而不是某些客观事实。

（2）竞争的没落和垄断的兴起在各国出现的历史顺序表明技术对垄断形成的影响程度并不大。哈耶克指出，如果垄断是技术发展的结果，那么其应该首先出现在诸如英国等具有最先进的经济制度的国家中。但实际上垄断首先出现在美国和德国等当时比较年轻的工业国家中，这是由于政府使用了保护手段、直接诱导的方法及最终的强制手段，才得以推动管制价格和销售的垄断组织的产生。即使是在英国，垄断组织也是在保护政策出现后才得以迅速发展的。因此哈耶克认为技术进步使垄断发展的说法并不成立。

随后，哈耶克又批判了大规模生产使竞争消失的观点。哈耶克指出，人们之所以认为大规模的生产使竞争消失，主要是基于大规模生产的边际成本更低，因此大企业比小企业更有优势，大企业便会以低价位挤垮和排斥小企业。这个过程不断进行，直到每一个产业中只剩下一个或至多不过几个巨型企业为止。哈耶克认为，这个说法只是孤立地看待有时随技术进步而产生的一种影响，而没有看到相反方向起作用的其他影响。根据美国全国经济临时委员会对经济力量集中化的研究所得出的结论表明，从现有的证据中很难找到支持大规模生产的高效率导致竞争消失的观点，其原因在于垄断的形成常常是通过互相串通的协定而形成的，公开政策对其也有促进作用。当这些协定失效或当政策发生变化时，垄断也将被打破。因此，哈耶克反对大规模生产使竞争消失的观点。

此外，哈耶克还提出了现代工业的复杂性是使竞争成为调节经济运行的方法，而不是垄断产生的原因的观点。该观点指出，当工业生产较为简单时，或许只需要一个人或一个机关就足以有效地观察到所有的市场情况，计划者就能通过计划的方式对生产进行有效的控制。但当工业生产情况变得复杂时，就需要分散的权力对生产进行管理。其原因在于当生产变得复杂时，没有人能够有意识地权衡对生产的所有影响因素，因此生产需要众多的个人加以决定而不是通过一些人有意识地控制。在竞争条件下，只有价格体系才能记录每个人活动的相关结果，并对每个人的活动指明方向。这种价格相当于一种分散的知识，当整体越复杂时，就越需要这种分散的、非人为的价格调节生产。换言之，集中计划发展的工业体系的话是无法使工业发展达到其目前这种高度多样性、复杂性和灵活性的状态。由此可见，只有在竞争状态下的分工和分权才能使人类的工业文明有所发展，这一点是集中计划体系所无法达到的。

哈耶克还批判了关于新技术的发展是政府给予其垄断权力的结果的观点，认为强制推行标准化会对自由产生破坏。哈耶克举例说，如果能够使每个英国人都使用同一种汽车的话就能使汽车的价格下降而质量有所提高；如果能够使每一个人都只用电而不是煤作为能源的话就能降低电的价格。他同时承认，通过强制的标准化或许能在某些领域中给消费者带来更大的效用，以补偿其放弃多种选择所损失的效用。但哈耶克认为这种观点或许将纯技术角度的技术优越性与从整个社会角度的向往性两者混淆了，它们不足以成为能够合理地主张技术进步使集中管理成为不可避免的例证，而如果为了获得这种新技术带来的短期利益而不去选择多样性的产品的话，人们就会失去自由这一最宝贵的遗产，而且这种牺牲未必能够获得足够的补偿。因此哈耶克认为，为了能够获得更多的自由，人们不能仅为了短期的利益而支持垄断，而是应该大力推动自由竞争的发展。

最后哈耶克指出了计划产生的原因，即对计划的要求在很大程度上是由于专家的狭隘看法。哈耶克对这一现象做出了解释，认为由于这些专家在其领域内的雄心受到了阻碍，使得他们反抗现存的秩序。专家们希望他们所关注的目标会在一个有计划的社会中获得重视，但由于专家们所关注的目标只是对社会的一种片面的观察结果，且这些结果经常被专家所夸大。但如果实现这些专家所提出的方案的话，专家们将不能容忍现有的计划。因此，专家们所希望的观点都难以实现，他们反过来就会推动计划的实施。因此哈耶克认为，专家的狭隘看法是计划的主要推动力。

由此可见，哈耶克认为计划并不是由于技术进步、大规模生产、现代工业的复杂性等外在因素引起的必然事件，其完全是可以避免的，对计划的要求在很大程度上只是专家们的狭义看法所造成的。

6. 第五章，民主与计划

在该章中，哈耶克首先论述了集体主义目标与个人主义目标之间的区别，并指出了计划体制下的民主也会变为专断权力的问题。

（1）**集体主义的社会目标无法代表全社会的利益。** 哈耶克指出，所有集体主义制度的共同特征可以被描述为一个为了一个明确的社会目标而精心构筑的社会劳动者组织。不同集体主义之间的区别只是在于其社会目标的性质不同，但其与自由主义之间的区别在于集体主义都希望组织全社会力量达到一个单一的社会目标，而拒绝承认奉行个人目的至上的自主领域。哈耶克批判集体主义的社会目标的原因在于这种社会目标并不能代表真正的公共利益，一个民族的公共利益取决于大量的事物，其无法表达为一个单一目标，只能表达为一种社会等级。如果单一的社会目标能够代表全社会的利益，就必须存在一个完整的伦理准则，而实际上这种完整的伦理准则是不存在的。

（2）**个人主义的共同目标不是个人的终极目标，而是一种用于实现个人多种目标的手段。** 与集体主义不同，个人主义允许个人在限定的范围内遵循自己的价值和偏好，个人的目标体系不屈从于他人的指令。个人主义立场的实质正是这种承认每个人能够决定其目标，并尽可能以其自身意图支配其行动的信念，此时的社会目标才能成为许多个人的共同目标。这种共同目标一般不会是个人的终极目标，而只是一种实现个人不同目标的手段，此时人们才最有可能对共同的行动形成共识。

（3）**在计划体制下民主议会无法完成计划目标。** 哈耶克指出，议会所承担的任务中的内在矛盾导致了民主议会的低效率。议会需要根据少数服从多数的原则对每个国家问题都要达成一致的意见,但并不是每个问题都能得到一个绝对多数的支持,有可能出现支持各种意见的力量都比较多以至于无法区分哪一个是多数意见的情况。另一方面,人们也无法将一个连续而完整的计划划分为几个部分加以投票表决。对于经济计划者而言,制定一个经济计划需要在各种相互冲突和竞争的目标之间进行选择,只有集体主义计划专家才能对这些目标进行选择,因此民主手段无法完成这种计划目标。

(4) 教条主义下的民主可能导致与独裁制度一样的效果,计划体制下的民主也会变为专断的权力。哈耶克认为,民主本质上是一种保障国内安定和个人自由的实用手段,专制统治可能比某些民主制度拥有更多的文化和精神的自由。在统一政府和教条主义的民主政府统治下的民主制度也许与最坏的独裁制度同样暴虐。民主对于集中计划管理所采取的独裁而言是一个障碍,但如果民主不再是个人自由的保障的话,其也可能以某种形式存在于诸如"无产阶级专政"这种虽然在形式上保持民主,但实质上是极权主义的政体之中。因此,计划体制下的民主不是真正的民主,而是专断的权力。

7. 第六章,计划与法治

在该章中,哈耶克探讨了法治的基本含义及其作用,并指出了极权主义者对法治所构成的威胁,提出了在极权主义制国家中并不存在个人权利,法治在计划体制中转变为人治。

(1) 法治的含义及基本点。哈耶克指出,法治的含义是限制立法范围,即政府只能在事先由法律限定的情况下才能行使强制的权力。法治的结果是可以预见的,法治是将自由国家与专制国家的状况区分开的最显著的标志。法治的基本点为:应当将留给执掌强制权力的执行机构的行动自由降低到最低限度。在法治之下,政府无法通过采取特别行动的方式破坏个人的行动,个人可以在没有会受到他人有意识地利用政府权力进行阻挠的情况下自由地追求其自身的目的和愿望。与专制的政府相比,法治拥有"形式规则"的特征,是预先规定好的,不针对特定的人。相对于法治而言,我们把由人为规定的、带有计划性质的专制称之为"法制"或"人治"。

(2) 集体主义类型的经济计划与法治背道而驰。哈耶克指出,由于政府事先无法通过一般性的形式规则约束自己的专断行为,当人民的实际需要出现时,计划当局必须事先做出准备,然后在人民的实际需要之间进行有意识的决定。但政府在做出这些决定时,一定会权衡各个集团之间的利益,对不同的人群采取不同的政策措施。这最终会导致政府会根据某些人的意见来决定将利益分配给哪些利益集团，而且这些观点也就会成为国家法律的一部分。由此可见，政府的强制工具成为强加于人民的一种新的等级差别。

（3）形式上的法律与实体性质的法规之间的区别及法律的普遍适用性。哈耶克认为，形式上的法律好比制定一个道路使用规则，即设置一个路标；而实体性质的法规好比命令人民走哪条路之间一样。形式法律会事先告诉人们政府会在哪种情况下采取何种行动，这种规则不考虑时间、地点和特定的人群，只是用一般性的语言加以限定。而实体性质的法规需要考虑每个人都可能遇到的典型情况，政府将按照确定的方式采取行动，或要求人民按确定的方式行事，此时政府会有意识地采取针对于某些群体的特定行动。哈耶克还指出，在法律形式上的平等与政府有意识地使各种人在实质上达到平等是相互冲突的，任何旨在实现公平分配的政策都将破坏法治。这是由于要为不同的人产生同样的结果就必须给予他们不同的待遇，而给予不同的人以同样客观的机会并不等于给予他们同样主观的机会。法治需要一个普遍适用的规则，规则的普遍性比内容更重要，例如在行人靠左或靠右行进这一规则中，左或右并不重要，重要的是所有人都要遵守这一规则。

（4）立法者所拥有的无限制权力对法治构成了严重的威胁。哈耶克认为，法治只有在自由时代才能被有意识地加以发展，是自由主义时代最伟大的成就之一。法治不仅是自由的保障，而且也是自由在法律上的体现。但是在计划制度中，由于法治和政府的行动未必符合法治的要求，政府在使用权力时不再受事先规定的规则的限制和决定，导致立法者所拥有的无限制权力，因此其对法治构成了严重的威胁。此时法律使专断行动的合法化，政府的任何所作所为在法律的授权下都是合法的，但实际上却没有接受法治原则的支配，从而一个专制的制度就得以建立起来。

（5）在极权主义不存在真正的个人权利，国家通过对某些产业进行管制的方式压迫和歧视少数民族。哈耶克指出，法治无论采取什么形式都意味着承认个人的权利和人权的不可侵犯性，而计划者所声称的个人权利则因为与计划有所冲突而加入了许多保留和限制的条文。这些保留和限制性的条文使个人权利变得毫无意义，因此个人权利将不复存在，只剩下计划者的权利。此外哈耶克还根据中欧各国的经验指出，在一个经济生活受到彻底管制的国家中，个人权利或少数人的平等权利甚至在形式上都不会被人们所承认，政府完全有可能通过采用某些公认的经济政策工具推行对少数民族的歧视政策。例如当某些产业或活动基本上是由少数民族来从事时，政府在表面上针对一个产业或一个职业阶层的管制措施实际上是针对一个少数民族的管制措施，这就使得政府可以通过"控制产业发展"的名义对某些民族进行歧视和压迫。

因此在计划体制中，并不存在真正的法治、个人自由和个人权利，只存在计划者的统治和权利，法治在计划体制中转变为人治。

8. 第七章，经济控制与极权主义

哈耶克指出，一个受指导的经济往往带有独裁的性质，在这种受指导的经济体系中，对经济的指导工作是由一批专家来进行的。而一个具有极权性质的、不受民主程序的束缚总指挥拥有最后的责任和权力。在计划经济体系中，这种对经济的控制是对人类生活主要方面的控制。在政治自由与经济自由之间，经济自由更为重要。哈耶克在该章中从消费、生产和就业领域分别论述了极权主义者对经济的控制。

（1）极权主义者对劳动报酬和消费的控制。在论述计划者对消费领域的控制时，哈耶克批评了对单纯经济的蔑视观点，即人们认为施加于经济生活上的权力只是一种施加于次要问题上的权力。哈耶克认为，金钱能够为人们提供最广泛的选择机会去享受人类努力的成果，为人类的消费提出了广泛的选择空间，是人们所发明的最伟大的自由工具之一。因此，当报酬是通过非货币的形式，例如提供公开荣誉或特权、凌驾别人之上的有权力的位置、或较好的住宅或较好的食物、旅行或受教育的机会等形式提供时，接受报酬者就会变得不自由了，其不仅无法决定报酬的数量，还无法决定报酬的形式。因此，计划者通过控制劳动报酬进而控制了人们的消费领域。

（2）计划者通过对生产领域的控制间接控制了消费领域。哈耶克认为，在一个有计划的社会中，当局对所有消费控制的根源是其对生产的控制。其原因在于当消费者面对一个垄断者时别无其他选择，而当控制整个经济体系的政府成为一个总的垄断者时，它将决定可供利用的商品和劳务的种类、数量以及在各个地区和集团之间的分配，并能在人们之间实行任何程度的差别待遇。哈耶克还指出，在一个竞争性社会里，人们可以自由地选择交易的对象和数量等因素，而在一个受指导的经济中，政府会运用其权力协助某些目的的实现及阻止其他目的的实现。因此人们所得到的东西是由政府所分配到的东西，而未必是人们喜好的东西。由此可见，政府通过控制生产有效地控制了人们的消费。

（3）计划者通过控制人们的职业选择以控制整个经济领域。哈耶克指出，由于大多数人的工作时间占据了整个生命中的大部分时间，因此选择职业的自由比消费的自由更为重要。虽然大多数计划者都承诺保留甚至增加选择职业的自由

机会，但由于计划者会控制各种行业和职业的进入条件或工资水平，因此有关自由选择职业的承诺将是无法实现的。计划者会通过一系列的条件阻碍很多人进入某一行业，而在竞争型社会中这些人可能会以牺牲某些代价而获得这一工作。因此在这种情况下人们将不能根据自己的意志有效地完成工作，而只能遵从计划者所指定的一套简化工作的标准。

由此可见，极权主义者通过对消费领域、生产领域和就业领域的控制全方位地控制了经济领域。当人们失去经济自由时，也就同时失去了政治自由，就会完全地被极权主义者所统治。

9. 第八章，谁战胜谁

该章首先探讨了私有制对自由的影响。哈耶克指出，对财产的自由控制比优厚的待遇更加重要，私有制是自由的重要保障。在一个竞争和正义的社会中，人们所得到的奖励或惩罚取决于才干和运气而不是由几个人意愿来决定的。因此，一个人的成功或失败取决于其自身和不确定因素，而不是他人的权力。由于能够自由地控制财产，即使是竞争社会中的穷人也要比在极权主义社会的富人更加自由。哈耶克举了一个例子，在自由主义的英国，一个待遇很差的非技术工人要比极权主义国家的德国当中许多小厂主或同样为极权主义国家的俄国当中待遇很高的工程师或经理享有更多自由去计划自己的生活。哈耶克指出，大多数社会主义者的公平理想只限于取消私人财产得到的收入，而并不关心收入分配差别。当人们把一切生产资料的所有权移交给国家时，也赋予了国家决定收入分配的权力。当国家拥有这些权力时，就会运用这一特权决定某些人的收入和地位，国家也就走向了极权主义。

哈耶克强调，无论是对于有产者还是对无产者而言，私有制是自由的最重要的保障。因为只有生产资料掌握在许多个独立行动者的手中时，人们的权力才不会被整体控制，人们才能够自由地决定所要做的事情。如果所有生产资料都被统一管理，那么管理者将有权力控制所有人。哈耶克引用伊斯门的话来阐述了这一道理："私有财产制度是给人以有限的自由与平等的主要因素之一，而马克思则希望通过消除这个制度来给予人们以无限的自由与平等。"因此，只有私有制才能保障人拥有自由。

该章还探讨计划经济体制下所导致的一些问题，包括如下几个方面：

（1）在计划经济体系中，政府控制着每个人的所得和应有的地位，每个人的生活和命运都是由政府所决定的。哈耶克认为，在计划经济体系中，每个人的地位不是由非人为力量或竞争性活动所决定的，而是由计划当局所做的有意识的决定所造成的。在这样的社会中，不平等现象随处可见，每个人的生活和命运都是当权者所希望得到的产物。当政府筹划整个经济生活时，不同的个人和集团都要得到应有地位成了政治的中心问题。只有国家的强制权力可以决定每个人的所得和社会地位，而政府的每个行为都会影响到不同群体的利益。因此，在计划主义体制中，每个人都脱离不了政府的掌控。

（2）计划主义者所提出的"较大的平等"不是真正的平等。哈耶克指出，实行计划经济的政府也会根据平等的原则实现公平分配的理想，但社会主义所允诺的平等不是绝对的平等，而是一种"较大的平等"。这种"较大的平等"并不是一切人绝对的、完全的平等，而是要尽量向富人索取一切。哈耶克认为，这是一种消极的行为，一种不满于现状的表示，而不是真正的平等和公平。

（3）在计划经济体系中，所谓公道的价格和合理的工资是由计划者所确定的。哈耶克认为，所谓的公平的价格或合理的工资就是依照惯例的价格和工资，换言之就是在没有垄断剥削的条件下的价格和工资。

计划者在确定工资和价格时，需要了解产品的成本并决定生产的数量，此时计划者也就决定了不同集团或个人的相对重要性，也就是对各种人们的情况加以直接控制。因此，在计划经济中公正的工资和价格都是由计划者所决定的，这种决定使不同的群体具有相对的重要性。

此外，哈耶克还指出，社会主义为极权主义提供了极权控制的工具。社会主义者通过信条的方式让公众接受其道德标准，创造出很多灌输工具使其思想能够被人们所接受。早在纳粹和法西斯主义者之前，社会主义者就已经创造了新政治运动的各种做法，例如将儿童纳入政治组织中去，以保证他们长大成为优秀的无产者；在党的俱乐部里把运动和竞技、足球和徒步旅行组织起来，以便其成员不受其他观点所影响；主张应以敬礼的方法和称呼的形式使党员与其他人加以区分；以各种小组的方式监督私人生活，创造了极权主义政党原型等。纳粹和法西斯主义者还对社会主义者所创造的制度进行模仿，例如法西斯少年组织、希特勒青年团、意大利职工业余活动组织、德国群众业余活动组织等组织的成立，政治的制服和党的军事化编制等。由此哈耶克认为，极权主义的控制工具是由社会主义者首先创立的，社会主义者为极权主义者提供了极权控制的工具。

由于中产阶级社会主义与劳工社会主义的出现，各种社会主义之间也产生了相互的冲突。哈耶克指出，代表一个特定集团利益的老牌社会主义政党的所作所为会引发一种来自于中产阶级社会主义的反运动。这里的中产阶级是指除资本家和产业工人以外的一个劳动者群体，包括诸如职员、打字员、行政工作者、学校教师、小本经营者、小公务员以及各种专门行业的低级人员。由于这些阶级的地位相对于产业工人而言变得日益恶化,因此他们对指引产业工人的理想失去了兴趣,使他们既憎恨资本主义制度,又与旧有的社会主义政党的观念有所不同。甚至有人认为法西斯主义与国家社会主义也是一种中产阶级的社会主义。此外,随着社会主义方法运用范围的日益扩展,在某些产业中还出现了由有组织的劳工组成的劳工社会主义。哈耶克认为,包括中产阶级的社会主义和劳工社会主义在内的各种社会主义之间同样在产生着相互的冲突,这一切都会导致极权主义的发生。

10. 第九章,保障与自由

在该章中,哈耶克讨论了保障的分类,并指出了追求绝对保障所引发的一系列问题,最后指出保障会带来人与人之间的不公平和自由的丧失。

(1) 经济保障分为两种,政府应该给予人们三种有限度的保障。哈耶克首先将经济保障分为有限度的保障和绝对的保障。其中,有限度的保障是指每个人都能够获得的保障,而不是少数人的特权,是确保每个人维持生计的某种最低需要的保障,即一个最低限度的收入的保障;绝对的保障是自由社会中部分人而不是所有人所拥有的保障,是使被保障人达到某种生活水平的保障,即一种特定收入的保障。对于政府而言,应该向每个人提供有限度的保障。第一种是使人们能够满足基本衣食住行需求的保障,这种保障在英国已经基本实现了;第二种是为某些意外事件,如疾病、事故等所做的保障;第三种是对由于技术进步而失业或收入减少的群体采取的保障,即一个人所掌握的技能会因为某些新技术的出现而失去价值,从而导致失业或收入减少。此时政府应该采取行动维持这些人的收入,保障这些人免受市场变迁所造成的贫乏的影响。

(2) 绝对的保障是军事性的保障,追求这种保障会引发一系列的问题。哈耶克指出,政府追求绝对保障会引发如下几方面的问题:第一,绝对的保障将为了使某些群体获得保障而减少他人的保障;第二,当权者专断的决定给予某些群体绝对的保障;第三,掌握收入分配的人将影响人们的择业观,使人们并不根据个人喜好选择工作;第四,计划经济中的企业领导者由于获得了经济上的保障而不敢做出风险较高的决策,只按照规定进行经营,从而导致工厂因循守旧,不敢大胆创新经营。哈耶克认为,这种绝对的保障使经济组织与军队类似,在对自由进行限制的同时还划分了人们的等级,因此这是一种剥夺了人民自由的保障。

(3) 政府给予一些群体的经济保障造成了另一些群体经济保障的损失。哈耶克认为,当政府不时给予某些利益集团有保障的特权时,会很快地造成一种追求经济保障的局面。如果政府通过设置行业进入壁垒使生产者免受竞争对手降价的威胁时，就会使未被保护的生产者受到排挤，无法在受到控制的行业中获得利益。当这些未被给予保障的行业所面临的需求下跌时，行业中的工人就会面临失业，这就是大规模失业的根源。哈耶克认为，在有幸运的保障者和不幸的无保障者之间已经形成了一条鸿沟。保障越具有特权的性质，无保障者所面临的危险越大，保障就越为人们所珍视，这条鸿沟使两个群体之间的对立日益变大。哈耶克认为这是有保障者阶级对无保障者阶级的剥削，是所有阶级剥削的最残酷的一种。

(4) 英国的价值观已经改变，人们为了获取保障而牺牲自由。哈耶克指出，由于受到反资本主义思想的影响，当代的青年人认为商业精神是有损名誉的，认为赚取利润是不道德的行为，将雇用工人视为剥削行为，视指挥人民为光荣行为。英国人为了获取保障，甚至都可以牺牲自由。其原因在于自由的代价太高，以至于人们要牺牲太多美好的东西才能得到自由。而此时人们感到如果没有经济保障，自由就失去了占有的价值。因此，很多人都情愿牺牲自由以争取保障。但哈耶克指出，那些愿意放弃基本自由来换得少许暂时保障的人，既不配得到自由，也不配得到保障。

11. 第十章，为什么最坏者当政

在该章中，哈耶克认为极权主义总是由最坏者当政，并分析了这一现象的原因，以及集体主义道德与个人主义道德的区别等问题。

(1) 极权主义总是由最坏者当政。哈耶克认为，极权主义政权是由流氓和杀人犯的集团建立起来的邪恶政权，人们不应该相信政府一定是由善良的人所构成的，也不应该相信极权主义政权会由好人来组成并为整个社会谋取福利。这是由于采取计划经济的政治家需要选择独裁权力或放弃计划经济，而极权主义的独裁者并不会选择放弃计划经济而会选择独裁统治。因此只有那些无耻和放荡不羁的人才会在一个趋向极权主义的社会中更有可能获得成功。极权主义政权由最坏者当政的原因基于以下三点。第一，由于极权社会运行的基本法则"精英淘汰制"，由于当人们所受的教育水准越高时，人的理智就会越强，其观点就会越独立和越多样化，因而就越不会轻易认同一个统一的意识形态和价值体系。此时大多数的公民就会形成最小的公分母，只有低级的道德准则才能被大多数人所接受，因此高度统一的观点和意志势必会降低团体的道德标准。只有这样的群体才便于被独裁者所控制，以达到其政治目标。第二，由于大多数人并不具备坚定的信念，容易被统治者所利用，政客通过强调敌我之间的划分增强团体的凝聚力，从而获得成功。第三，人们赞同一个诸如对敌人的憎恨或对富人的忌妒等消极的纲领要比赞同一个积极的任务更为容易。这就是在极权主义社会中坏人容易成功的原因。

（2）极权主义从严密的组织中获取支持。哈耶克指出，极权主义政党能够成功的原因的组织方式。由于人民对议会的无效率感到不满，因此依照军事方法组织起来的新型政党就会具有巨大的号召力。这种政党将从一个规模较小但组织严密的集体中获取支持的力量，政党领袖需要首先获得一批愿意服从某种纪律的人，并用强力将这种纪律强加于他人身上，从而将极权主义制度强加于全体人民。

（3）社会主义在付诸行动后就会变为民族主义，计划主义者都将成为好战的民族主义者和帝国主义者。哈耶克指出，虽然集体主义建立在从个人主义发展而来的人本主义道德基础之上，但其只能在一个较小的集团中才能实施。社会主义在理论层面上是国际主义，但其推广并付诸实施后就会变为强烈的民族主义。因此，自由社会主义只停留在理论层面，而社会主义一旦实施后就会变为极权主义。此外哈耶克还指出，一个集团对外界的所有接触都会阻碍其有效计划的实施，因此大多数的计划者对国际主义都采取了明确的敌对态度，他们也就变成了好战的民族主义者和帝国主义者。

在该章中，哈耶克还探讨了集体主义道德与个人主义道德的区别，他认为两者之间的区别主要包括如下几方面的内容。

① 道德准则的不同。哈耶克指出，个人主义的道德准则像形式法律一样具备一般性和绝对性，其规定或禁止的是一个一般性的行为，而并不针对在某一特定情况下最终目标的好坏。集体主义的道德中信奉目的说明手段的正当性这一原则，将整体利益作为道德判定的唯一标准。只要这个目标是有利于集体利益的或上级所命令的，即使这一目标与人的良心相违背人们都要将其执行。

② 对权力的看法不同。传统的个人主义的社会哲学家和当代社会主义者将权力视为首恶，而集体主义者将权力视为目标。当为单一计划服务的权力集中起来时，权力不仅被加以转移，还得到了无限的扩张。当这些权力被集中起来作为政治权力的一个工具时，它所造成的依附性将与奴隶制度没有太大的区别。

③ 关于美德的认识不同。哈耶克认为，由于在集体主义社会中绝不允许个人抵抗政府的命令，因此其成员所具备的品质很难称为道德品格，只可以称为"有用的习惯"。例如，德国人的品质包括勤勉、守纪律、认真、忠于职守、专心致志，拥有强烈的纪律与责任心，严格服从政府的命令，在危难面前表现出自我牺牲的决心和大无畏的精神等，这些品质将德国人造就成了能够完成任务的有效工具。德国人所缺少的个人主义美德则是包括宽容、尊重他人意见、独立精

神、正直的性格、坚持己见、对弱者的怜悯等。与之相反，个人主义的美德包括和蔼、幽默感、谦逊，尊重别人的隐私、对人友善、信任他人等。哈耶克认为这些个人主义的美德能够促进人与人之间互相交往，减少社会交往中的摩擦。个人主义的美德在任何个人主义式或商业式社会盛行的地区就会繁荣发展，而在集体主义式或军事式社会占优势的地区就会消失。

12. 第十一章，真理的终结

在该章中，哈耶克主要探讨了极权主义者通过宣传的方式对全民思想的控制以及强迫人民接受极权主义者所创造的道德标准问题，并指出极权控制已经深入进了科学领域。

（1）极权主义者的宣传使人们的思想被统一化，一切不利于政府的言论将被禁止。哈耶克指出，社会计划的目标是一个单一的目标体系，要使每个人为这一体系服务，就必须通过宣传的方法使每个人都相信这些目标并将这些目标看成是每个人自己的目标，这样人们不会感受到过多的压迫。与极权主义国家中的宣传相比，在民主国家中拥有很多宣传机构，由于这些机构间的相互独立及竞争使其做出不同立场的宣传；而在一个极权主义国家里，宣传的性质和效果都发生了改变，一切宣传都为同一个目标而服务，所有的宣传工具都被协调起来将人引导向同一个方向，造成了全体人民的思想"一体化"。政府要使人们相信其所实施的每一个计划都是正确的，并禁止对于政府行为表示怀疑和公开批评；传媒机构所传播的信息也都有利于政府对人民的统治，任何不利于政府统治的信息都无法传播。

（2）计划者强迫人们接受其所创立的道德准则，自由主义的道德准则将遭到破坏，对真理的认识和尊重将被侵蚀。哈耶克指出，当所有新闻的来源都被唯一的计划者掌握时，其就可以按照自己的选择来塑造人们的思想趋向。哈耶克认为，人们对计划经济中道德准则的一致认同是由计划者自行创立的，即使对于某些并不存在明确的道德准则的问题，计划者也会做出对这些问题提出自己的看法并将自己的看法通过某种方式强加于人民的意志之上，使人民相信这种看法的正确性。由于这些道德准则都是计划者自行创立的，其缺乏现实依据，为了使其被公众所接受，计划者就必须创造新的理论，对事实与事实之间的联系做出自己的判断。这些判断也就会成为统治学说中不可分割的一部分，而人们必须认同计划者所创造的计划经济价值观的正确性。在这里，哈耶克假设了两个例子用以说明计划者是根据自身感性的、伪科学的判断来决定其对某些人或事物的看法，并使这种看法成为指导人民行动的官方教条的一部分。假设犹太人可以在一个没有为计划者提供令其满意的地位的制度里获得成功,那么计划者可能就只会厌恶犹太人;假设计划者年轻时所读的小说里有一个魁伟俊美的"贵族"人物,那么计划者可能只会喜爱和羡慕魁伟俊美的人。计划者还必须以这些看法为基础,经过详尽的阐述使这些看法成为科学理论,以便证实计划者这种先入为主的见解的正当性。这种宣传毁灭了道德中的大部分人道主义的要素,即尊重人的生命,尊重弱者和普遍地尊重个人等,侵蚀了一切道德的基础——对真理的认识和尊重,其对于一切道德都是具有破坏性的。

(3)极权主义者对思想的控制已经深入到了科学领域。哈耶克指出,在极权主义国家的一切科学领域中,政府规定只允许传播有利于政府的言论,而不允许探索科学真理。这些学科已经成为制造官方神话的工厂,而统治者则运用这些学科所创造的神话来支配人民的思想意志。政府甚至在纯粹的自然科学领域中都加强了思想的控制,科学领域中的学术争论也演变为民族之间的政治纠纷。哈耶克认为,当科学不能为真理服务时,其必然会只为一个阶级、一个社会或一个国家的利益服务,而此时争辩和讨论的任务就成为辩护和传播政府的计划思想的工具,真理也将失去其原有意义,变为服务于统治者利益的工具,对真理的探索精神和对理性信念的信心也将不断消失。

13. 第十二章,纳粹主义的社会主义根源

在该章中,哈耶克主要讨论了纳粹主义和社会主义在德国兴起的问题,认为纳粹主义所持的国家社会主义主要源于社会主义。哈耶克指出,社会主义使国家社会主义有所发展,使国家社会主义最终得到大多数德国人的支持。德国的社会主义和国家主义之间拥有深厚的联系:国家社会主义和社会主义拥有相同的思想鼻祖费希特、洛贝尔图和拉萨尔;而自 1914 年以来,一些社会主义思想家将劳动者和理想主义青年变成了国家社会主义的信徒,此后国家社会主义的地位有所提高,并很快发展为希特勒的纳粹主义学说。由此可见,纳粹主义所持的国家社会主义发展主要受到了来自社会主义的支持。

随后,哈耶克论述了德国社会主义者的一系列思想言论,探讨了德国社会主义思想家对德国所发起的侵略战争的赞颂,英雄主义思想,德国的民族优越感和对自由主义的反对等问题。

(1)桑巴特的思想言论。桑巴特的主要思想特点是对英国商业文明观点的蔑视和对德国所发动的战争的赞同。他最初是一名马克思派的社会主义者,主要在德国传播马克思原理、社会主义及各种反资本主义的思想。桑巴特认为德英两国之间的战争是英国商业文明和德国英雄文化之间的一个不可避免的冲突,对英

国人的商业观点表示蔑视的态度。他认为，国家是一个人民的共同体，国家中的人民是只有义务而没有权利，个人对权利的要求始终是商业精神的一种结果，自由、平等、博爱的西方自由主义思想是典型的商业思想，除了保证个人的利益外没有任何其他目标。

桑巴特的英雄主义思想主要表现为他大肆鼓吹德国所发动的战争。桑巴特认为德国是骁勇善战的民族，是一个将一切活动都从属于军事目标的民族。他认为战争是光荣的行为，认为只有商业观点才把战争视为不人道及愚蠢的。桑巴特认为战争是英雄主义的人生观的顶点，反对英国的战争就是反对敌对的理想，即反对个人自由和英国人享乐的商业理想的战争。

（2）约翰·普伦吉的思想言论。普伦吉的思想主要表现在其对组织的看法，对本国的优越感和对英国自由主义的敌视。他认为组织是社会主义的本质，是19世纪初叶法国社会主义运动的根本。普伦吉对本国的优越感表现在他认为德国在思想领域中是一切社会主义梦想中最令人信服的代表，在现实的领域中是具有最高度组织的经济制度的最有力的建筑师；普鲁士民族是一个模范的民族，人类的生活目标将由德国的思想来确定；德国的生活理想取得了胜利，而英国的思想最终垮台。普伦吉还指出，在各民族战争时期，对社会主义最重要最紧迫的问题必然是：什么民族应得到高度的权力，因为它是在各民族的组织中模范的领袖。由此哈耶克认为，普伦吉的思想为希特勒的新秩序提出了辩护。

（3）保罗·伦施的思想言论。伦施是德国联邦议会的左翼社会民主党员，是一名积极的社会主义政治家。他同样反对自由主义思想，认为德国的工业集中化和卡特尔化的发展代表着工业发展的较高形态。伦施认为德国代表着先进的、高级的制度，承担着革命者的任务，而德国的对手英国则是反革命的。此外他还认为，德国工人阶级在国家的生活中的地位也要高于英国和法国的工人。

（4）施本格勒的思想言论。施本格勒以社会主义反对自由主义，主张社会主义中的命令和服从。他认为，自由、平等和共有代表着最后三个西方国家所追求的三种生存方式。其中，自由表现在自由主义的议会制度中，平等表现在社会的民主主义政治形式中，共有表现在极权主义的社会主义的政治形式中。德国人的本能是权力属于整体，每个人都有自己的地位。普鲁士民族的结构建立在命令与服从之间，一个人要么命令别人，要么服从别人，自由主义在德国是遭到鄙弃的。施本格勒同样对有计划的组织大加赞赏，他认为在普鲁士不能存在私人的概念，每个生活在体制中的人都是整体的一个环节。因此私人不能控制公共事业，每个负责的政治活动家都是一个公仆。

（5）缪勒·范·登·布鲁克的思想言论。缪勒·范·登·布鲁克的思想主要表现在其对自由主义的反对。他认为第一次世界大战是一场自由主义和社会主义之间的战争，战争的失败意味着社会主义反自由主义的战争失败了。他反对各种形式的自由主义，反对英国自由主义是使社会主义者和保守主义者结成一条共同战线的共同思想。

哈耶克认为，德国思想家的这种反自由主义的思想已经对自由主义形成了较大的威胁。目前英国占优势的思想倾向就是"保守的社会主义"，英国和美国的社会主义的左翼和右翼已经开始同时反对原有意义上的自由主义，这场以精神和经济组织为武器的反自由主义战争在真正的大战开始之前就已经获得了成功。

14. 第十三章，我们中间的极权主义者

在该章中，哈耶克论述了极权主义思想对英国的影响，指出了存在于英国人民当中的极权主义拥护者。哈耶克认为德国的思想早已传播到了英国，并使英国沿着德国的道路逐渐走向社会主义。哈耶克指出，目前英国的情况与二三十年前德国的情况愈发相似，已经出现了许多类似于德国当年的典型特征。英国政府中的左派与右派之间的经济观点也愈发的趋同，开始共同反对英国传统的自由主义，大多数的英国民众也对所有英国特有的政治观点感到很惭愧。例如，当代英国文献对俾斯麦表示认同，而对格莱德斯通所持的维多利亚时代的道德思想加以嘲笑。由此可见，英国人正在逐步接纳极权主义思想。

有组织的资本和劳工成为英国走向极权主义的主要推动力。哈耶克指出，有组织的资本和有组织的劳工两大既得利益集团通过共同且协调一致的政策支持工业垄断以实现自己的目标，这就会使英国走向极权主义。垄断者以让其他集团分享其利润或说服其他利益集团的方式使其他利益集团相信垄断的形成是符合公众利益的，而左派政府的宣传使这一趋势更加明显。在许多情况下，旨在反垄断的措施在实际上却加强了垄断的权力，而对垄断利润的反对容易产生新的既得利益，反而促进了垄断的扩张。例如垄断者通过向垄断企业中的工人支付的较高工资，使工人也从中分享垄断的成果，并使他们相信垄断有助于建立更公平更有秩序的社会，这就会使处于垄断行业中的工人由于能够得到较高的工资而赞成垄断，而使消费者和出于其他非垄断行业中的工人变得更加贫困，成为垄断的牺牲品。

另一方面，极权主义已经深入到科学家群体之中。哈耶克指出，近百年来德国思想发展的另一个特点是德国的科学专家和技术专家通过对社会施加影响而不断鼓吹将社会"科学地"组织起来，哈耶克将他们称为拥有着科学家身份的政治家们，认为他们对自由主义的影响是十分不利的。哈耶克还指出，这些拥护社会主义的德国学者和科学家们大多都乐于依从新的极权主义统治者，屈从于新的暴政统治，并以朱利思·本达所写的《知识分子的背叛》一书为例阐述了这些极权主义知识分子对几乎所有文艺复兴以来西方文明所具有的特点的憎恨及赞成使用迫害异端的观点。究其原因，哈耶克引用了沃丁顿博士的观点，即科学家不相信自由的存在。由此，哈耶克认为，极权主义思想已经深入到了科学家群体之中。

最后，哈耶克强调，即使是个人控制的垄断也要优于政府控制的垄断，不同的个人掌握垄断或寡头垄断市场也要优于政府单独管理的统一市场。在铁路、公路、航空运输、煤气、电力供应等自然垄断行业中，只要这些行业中的企业是由个人控制的独立垄断组织，消费者获得的福利依然高于由中央管理机构统一管理的垄断组织。其原因在于私人垄断难以做到完全而长期的垄断，寡头垄断企业之间也会相互竞争；而国家垄断的企业则由于受到国家所设置保护壁垒而获得了总能保障其地位的权力，使其能够有力地控制市场。当垄断机构等同于政府机构时，政府本身也会越来越认同垄断企业的利益而不是一般人民的利益。因此，哈耶克情愿忍受这种由于私人垄断所带来的低效性，也不愿接受一个有组织的垄断的控制。

15. 第十四章，物质条件与理想目标

该章主要探讨了集体主义在为每个人强行设定理想的生活目标后，每个人的自由将身不由己的问题。

（1）人类希望驾驭社会力量的道路是一条通往奴役的道路。哈耶克指出，当代英国人的信仰和抱负较过去任何时候而言都更加受到各种经济学说、英国经济制度的不合理性、潜在的丰裕、垄断的不可避免等观点的支配，将销毁积存原料或压制新发明的现象归咎于竞争，这些观点显然都是不正确的。由于目前的社会已经变得极其复杂，虽然人类已经在某些自然科学领域取得了巨大的突破，但在运用社会合作方面依然处于落后状态。哈耶克认为，如果人们认为必须像学会如何驾驭自然力量那样学会如何驾驭社会力量的话，那就意味着这是一条通向极权主义的、通向人类文明的毁灭的、必然阻碍未来进步的道路。

（2）在自由社会中，包括消除失业在内的任何目标都无法永久支配其他目标，解决失业的方案是使工人自由选择职业而不是宽松的货币政策。哈耶克认为，个人自由与整个社会都必须完全从属于某个单一目的的观点是不相容的。除了在战争和其他暂时性的灾难发生的情况下，自由社会绝不能从属于某个单一目的，因为即使是在战争时期服从单一的目标也是为了从长远的角度维护自由。哈耶克在本节主要批判的对象是为了消除就业而采取单一社会目标的行为。首先他阐述了战后发生失业的原因，即由于战争的需要，专业化工作岗位需要大量的劳动力，并能为劳动力提供较高的待遇。而一旦战争结束，这些行业将无法维持大量的就业岗位，而即使能够为劳动力解决就业，其收入水平也会有所下降，失业便由此产生了。哈耶克认为，在社会主义社会中，由于大多数工人不愿降低工资，因此会采取强力措施保障就业。在此过程中，政府采取的宽松的货币政策不能真正地解决就业问题，相反会造成大规模的通货膨胀，通货膨胀所引发的问题要比失业问题更为严重。哈耶克反对用宽松的货币政策解决失业问题，主张采用让工人自由选择职业的方法解决就业问题。虽然这种方法的见效可能较为缓慢，需要一定的时间完成劳动的再分配，但不会造成大规模的通货膨胀和劳动生产率的下降。因此哈耶克认为解决失业的最有效方案是使工人自由选择职业而不是宽松的货币政策。

（3）只有恢复经济增长才能推进自由主义的发展，收入分配的改革会导致极权主义的发生。哈耶克指出，英国人在战后需要投入更大的精力管理经济运行，英国文明的命运将最终取决于一切经济问题的解决。哈耶克呼吁人们应该设法增加收入的途径，而不是通过收入再分配的方式解决贫困问题，收入再分配会导致极权主义的出现。哈耶克认为，要避免极权主义的发生，就必须尽快恢复经济的快速增长，同时不能为某些群体提供绝对的保障，只能对所有人提供有限度的保障。因此只有不断提高普遍富裕的水平才能使英国发展，大规模降低生活水平或长时间阻碍经济发展是现代民主社会所不能接受的。

（4）英国的传统美德和政治理想正在衰落。哈耶克指出，在集体主义发展所形成的道德价值变化中，英国人所持有的那些诸如独立和自力更生、个人的首创性、不干涉邻人事务、宽容异端、尊重他人的风俗习惯和传统、对权力和权威的适度怀疑等美德所受到的尊重越来越少。这些使英国获得伟大成就的美德现在却正在遭到集体主义的发展及其集权主义倾向的毁灭，在英国国内也遭到了人们的鄙视。因此哈耶克认为，英国的这种美德及政治理想正在逐渐衰退。而这种衰退的原因在于来自英国本国的宣传，无效的宣传使人对英国文明的特殊价值丧失信心，宣传无效的原因又在于宣传者已经对英国文明的特殊价值丧失了信心。由于英国左翼知识分子崇拜外国思想，导致他们已经无法看到英国特有制度与传统的优点，从而使英国的传统美德和政治理想遭遇危机。

哈耶克最后指出，只有首先恢复对传统价值的信心，在道义上维护英国传统的自由主义理想才能取得思想战争的胜利。只有坚信英国人能够成为自由而正直、宽容而独立的人，才能赢得德国正派分子的支持，英国的政治理想才能有所发展。

16. 第十五章，国际秩序的展望

在该章中，哈耶克论述了将经济计划进一步扩展到国际范围时所产生的后果，并指出联邦制是未来国际政治机构的理想选择。

（1）国家之间的经济谈判会使国际摩擦升级。哈耶克认为，如果每个国家在采取行动时都只考虑其自身的利益，而不考虑其对于其他国家所带来的损害的话，各国就无法建立国际秩序并实现持久的和平。其原因在于，通过国家之间或有组织集团之间的谈判方式代替市场竞争实际上无法减少国际摩擦，而只会将个人之间的摩擦升级为国家之间的斗争。这种斗争是需要运用武力强权才能解决的，没有更高的法律能够对其实施约束。同时，各国之间的经济交易也将导致权力的相互冲突。世界范围内的民族社会主义还可能会在德国民族社会主义覆灭后产生更多的民族社会主义，这些民族社会主义相互之间将为了各自自身的利益而不断发生冲突。

（2）国际范围内的经济计划会带来更大的风险。哈耶克指出，在一个家庭或社区中实施计划的难度可能并不是太大，但如果将计划的范围扩展到国家甚至是国际范围内时，随着计划规模的增大，对各个目标优先顺序的意见就很难达到一致，这时就需要强制的力量实现决策目的。因此决策的范围越大，对决策的问题就越来越难以达到一致，就越发地需要运用强制力。另一方面，这种国际计划组织会带来更大的不公平。如果国际计划组织偏向于某一个国家的话，就会将最好的资源和市场调配到这个国家，而不允许其他国家拥有各种好的资源或市场，这就会引发国家间的不公平。因此，与在一个国家的范围内实行计划相比，在国际范围内实行计划只会导致强力统治。此时一个小集团将把计划者认为适合于所有人的标准强加于所有人身上，例如德国所希望的那种大区经济就是将德国产的目的和观念强加于其他民族之上。因此哈耶克认为，国际范围内的经济计划将带来更大的风险。

（3）世界性的计划会使各民族间的冲突继续存在，解决发展的唯一方法是让其自行发展而不是通过计划的手段。哈耶克指出，当实行国际性的计划时，各民族的工人阶级之间将同样会存在利益上的冲突，与一国内的不同阶级之间的冲突相比，这种冲突将更缺乏为各方所公认的公平解决基础。由于各国工资的不同，富有国家的工人要求通过最低工资立法免受来自贫困国家工人的低工资竞争，而这种要求相当于一国工人对另一国工人的剥削。另一方面，在一个国际性计划体系中，较为富裕的强大国家会成为贫困国家仇恨和猜忌的对象，那么如果将实现各民族或各国家之间的公平分配作为国际性计划管理者的责任时，那么社会主义理论的发展将演变为各国工人阶级之间的斗争。另一方面，哈耶克认为当在一个民族聚居区里实行由强制权力推进计划时，每一个民族都会由于民族优越感而采取武力行动，向能够决定这些民族命运的强国发泄他们共同的仇恨。因此哈耶克主张让较为贫困民族依靠自己的力量进行发展，其他国家只是起到帮助的作用；而如果有一个中央计划者来管理整个经济的话，这个计划者就不可能保持公正，也无法让人民按自己的意愿安居乐业。

（4）联邦制是未来国际政治机构的理想选择。哈耶克认为，人类社会需要一个能够制衡各种经济利益集团，并在这些利益集团之间发生冲突时保持公平公正的国际经济管理机构以及一个制止各民族做出损害其他民族的行动的国际政治主管机构。人民应该赋予这个国际主管机构一种维持国际和平关系的最低限度的权力，并通过法治严格限制这一国际主管机构所拥有的权力。这意味着只能把某些严格规定的权力交给一个国际机构，在其他各方面仍将由各个国家继续负责其国内事务。哈耶克将这种国际机构与国内机构共同管理国家的方式成为联邦制，并认为联邦制是将民主政治运用到了国际事务方面，是人类迄今发明的和平转变的唯一方法。联邦制赋予了政府明确的、有限权力的民主政治，是实现国际法理想的唯一途径。联邦制采取分权的原则，不仅限制了整体世界的权力，还限制了各个国家的权力。

（5）一个能够有效限制国家对个人权力的国际机构是对和平的最好保障。哈耶克指出，只要能够避免中央的集权控制，无论是小国还是大国的人民的生活都会变得更加幸福美满。这种超国家机构既需要具有一定的权力，又必须防止国际或国内政府成为暴政机构。哈耶克认为，人们的奋斗目标应该是由自由人组成的国家的共同体。但是，哈耶克也不主张只成立一个国际组织，因为这种国际组织会变得更为软弱。他主张成立一个更小的、更为强有力的联盟以维护世界的和平，例如在英国、美国及西欧国家之间的合作要比世界范围内的合作更为有利。但是，这种区域性联邦只能降低战争发生的危险，而不能彻底防止战争的发生。为了防止战争发生的措施可能会造成比战争更大的危害。因此哈耶克在本文最后强调，只要能够降低容易导致战争发生的风险，人类社会就能够达到理想的状态。

17. 第十六章，结论

在该书的结论中，哈耶克指出，人类目前面临的一项任务是建立一个成为未来长期发展基础的体制，而现在只是这一长期而艰苦的过程的开始。在这个过程中，所有人都希望能够逐渐创造一个与过去极权主义盛行的世界完全不同的新世界，而在现阶段上最重要的任务则是需要商定某些原则并从社会主义的思想中解放出来。人类需要创造有利于进步的条件，而不是采取计划的方式获得进步。

哈耶克还指出，如果人们需要建成一个更好的世界，就必须拥有从头开始的勇气，建立起社会的新秩序。与19世纪时一样，只有维护个人自由的政策是唯一的、真正的、进步的政策。今天人们有机会将19世纪自由主义的理想变为现实，即使屡次失败也要不断尝试，才能最终建立起一个自由主义世界。

三、简要评述

《通往奴役之路》是弗里德里希·奥古斯特·冯·哈耶克于1944年出版的作品，该书在经济学层面上论证了计划经济导致的经济的无效率，而生产资料的国有化导致了思想的国有化，国家给予某些群体的保障会造成更大的不公平等，唯有经济自由才能使人获得政治自由等思想。从这个角度来说，该书宣扬的是自由主义精神，突出自由、平等、以人为本的思想，强调市场经济体制中自由竞争的重要性和法治的重要性，指出只有在法治范围内的政府才是民主的政府等思想。

同时，我们也必须要看到，该书宣传了一些消极的资本主义思想。该书运用大量的篇幅诽谤和攻击社会主义，认为社会主义与纳粹主义都是极权主义。实际上，哈耶克的说法混淆了社会主义与极权主义。该书所批判的社会主义部分上是极权主义，并不是马克思所论述的真正的社会主义，这说明哈耶克没有真正理解社会主义的含义。

从经济思想史的角度来说，该书是20世纪最具影响力的著作之一，该书所主张的自由主义思想代表着西方传统的自由主义思想。在现阶段，我们要批评地借鉴经济思想，取其精华，弃其糟粕，为我国经济理论的发展和社会经济实践提供可资借鉴的理论基础。

根据 *The Road to Serfdom* [Friedrich Hayek, Routledge Press (UK)：University of Chicago Press (US), March 1944] 撰写。

7

熊彼特与《资本主义、社会主义与民主》

约瑟夫·阿洛伊斯·熊彼特（Joseph A. Schumpeter，1883~1950年）

一、作者简介

（一）生平

约瑟夫·阿洛伊斯·熊彼特（Joseph A. Schumpeter，1883~1950年），美籍奥地利人、现代著名的经济学家、美国哈佛大学教授。1883年，熊彼特出生于奥匈帝国的摩拉维亚省（今捷克境内）特例施镇一个织布厂主的家庭，幼年时，他随全家迁往维也纳。1901～1906年间，熊彼特进入维也纳大学法律系，学习法律和经济学（当时的法律系要求学生学习政治和经济）并于1906年获法学博士学位。在学习经济的时候，熊彼特曾经是奥地利学派著名代表人物庞巴维克的学生，从而深受奥地利学派经济理论的影响。在大学期间，熊彼特结识了德国社会民主党人希法亭和奥托·鲍威尔等人，并由此接触了马克思理论。奥国学派和马克思的经济思想，对他以后经济思想的发展都具有深远影响。

1906年，熊彼特在英国留学和访问，曾经求教于著名的经济学家马歇尔和艾奇沃思。1907～1908年，他在埃及开罗的国际混合法庭从事了短时期的法律工作。1909年回到维也纳，由庞巴维克推荐，任奥地利布科文纳省泽尔诺维茨大学教授。1911年改任葛拉兹大学教授。1913～1914年作为奥地利的交换者去纽约哥伦比亚大学访问，并被授予博士学位。第一次世界大战前夕，他回到了维也纳。

第一次世界大战结束后，奥地利成立了由社会民主党和基督教社会党组成的联合内阁。由当时政府的外交部长鲍威尔推荐，熊彼特以经济学家身份出任财政部长。1920年，他由于反对与德国结盟和反对工业国有化政策而被迫去职。1921年担任维也纳私营彼得曼银行的总经理。1924年，该家银行破产。

1925年，熊彼特受德国政府教育部邀请，赴波恩大学任教。任教期间，他曾经两次到美国哈佛大学讲学。1932年他移居美国，任哈佛大学教授，直至1950年与世长辞。

（二）著作

熊彼特一生著有15本书和200多篇文章。其主要经济理论著作有：《理论经济学的本质与主要内容》（1908年）、《经济发展理论》（1912年版，1924年第2版）、《租税国家的危机》（1918年）、《经济周期：资本主义过程之理论的、历史的和统计的分析》（1939年）、《资本主义、社会主义与民主》（1942年）。熊彼特去世以后，他所著的《从马克思到凯恩斯十大经济学家》和《经济分析史》，由他夫人、经济学家伊丽莎白·布迪·熊彼特整理后，分别于1952年和1954年出版。

（三）学术思想

熊彼特的主要学术思想是：（1）强调内在的因素对经济发展的决定性影响，提出了一整套的创新理论。创新是熊彼特理论体系中的一个重要因素，创新这个概念几乎贯穿在熊彼特一生的全部理论著作之中，在他《资本主义、社会主义与民主》中，人们可以强烈地感受到这一点。熊彼特的创新理论是他从经济体系内部寻找发展动力源泉的结果，他认为经济体系从一种均衡走向另一种均衡的发展，其根源就在于企业家的创新活动。（2）他强调重点应该研究经济的动态问题，而不应该满足于新古典经济学家们所热衷的静态一般均衡问题。熊彼特的经济动态理论是以经济发展理论为对象的，经济发展理论的核心概念是创新。熊彼特认为经济发展是经济本身的非连续性变化与移动，而经济的循环流转则是静态经济的过程。经济动态理论研究经济在实践过程中，离开原来的均衡状态再回到原均衡位置、或者达到新的均衡位置的过程与机制。（3）提出了经济周期理论。熊彼特的经济周期理论是他对西方经济学理论的重要贡献之一。他认为经济周期是指在资本主义市场经济制度条件下，经济现象依时间的变化而发生波动性变化。他的经济周期理论最大的特色就是强调创新活动的作用。（4）提出了资本主义崩溃论。熊彼特通过对资本主义的经济、政治、文化等各方面来论证资本主义必然灭亡，他认为资本主义必然会因为它的成就而走向崩溃。熊彼特指出了资本主义的发展前景是社会主义，但是他的社会主义与马克思的社会主义有着不同的含义。

二、原著导读

（一）历史背景

19世纪末资本主义的自由放任时代结束后，经济学家和思想家们都认识到了资本主义存在着很大的缺陷。最主要的缺陷是，它经常间隔一段时间就发生一次严重的衰退。人们为了能使资本主义长期增长，经济学家和思想家们开始寻找出路。熊彼特的此书，写于20世纪30年代经济大萧条接近结束之际，是他对社会主义这个主题几乎40年思考与研究的成果。《资本主义、社会主义与民主》是熊彼特社会演进思想体系成熟的奠基之作，是熊彼特社会演进思想体系成熟的标志。熊彼特运用历史的、统计的、理论的方法建立了社会演进思想体系，是对资本主义社会经济运行和社会体制演变的一种历史和逻辑的考察。

当时马克思主义思想也在世界各地盛行，熊彼特在《资本主义、社会主义与民主》一书中攻击了马克思的历史唯物主义、劳动价值论和剩余价值论。他提出了自己的观点，本书主题是就他所要论证的资本主义制度的成就破坏了它的社会制度，不可避免地创造出资本主义不能生存下去并强烈地指定社会主义为其继承人的条件。

（二）框架结构

本书除了导论和三版序言之外，主要有 28 章。熊彼特将它分为五篇。第一篇，包括前四章，主要讲马克思的学说。第二篇，从第五章开始到第十四章，主要讲资本主义能否存在下去。第三篇，从第十五章开始到第十九章，主要分析了资本主义能否行得通。第四篇，从第二十章开始到第二十三章，主要讨论了资本主义与民主的关系。最后一篇，从第二十四章开始到第二十八章，主要写了各社会主义政党史。各章主要内容如下：

第一篇：马克思的学说。本篇中，熊彼特认为马克思的学风和人格是毋庸置疑的，熊彼特一方面大力推崇马克思的学识，另一方面又反对从李嘉图到马克思的劳动价值理论。熊彼特认为"边际效用价值论"在许多方面要优越于"劳动价值论"。就分配论来讲，熊彼特提出了"创新利润、利息论"。关于利息的形成，熊彼特认为利息来自利润，最终来自创新，他不赞成马克思的利息学说，认为正常的利息不是剥削收入。

分析完马克思主义学说的各个部分之后，熊彼特对作为整体的马克思主义进行了分析。他认为马克思的理论是一种综合。这种综合是经济学与社会学的相互渗透。尽管熊彼特对马克思大加赞扬，但这并不意味着熊彼特同意马克思主义的整体分析思路，相反，他对马克思主义学说提出了许多批评。

第二篇：资本主义能存在下去吗？本篇中，熊彼特提出并回答了资本主义不能存在下去的问题。熊彼特认为，资本主义本质上是一种经济变动的形式或方法，它不仅从来不是、而且也永远不可能是静止的。熊彼特认为资本主义之所以存活不下去是由于企业家的创新职能日趋减弱，投资机会日渐消失所致。

最后，熊彼特归结说：资本主义企业由于它本身的成就使它的进步自动化，它倾向于使自己变得多余，被自己的成就压得粉碎，到最后它还会撵走企业家，剥夺作为一个阶级的资产阶级。社会主义的真正开路人不是宣扬社会主义的知识分子和煽动家，而是范德比尔特、卡内基和洛克菲勒这类人。

第三篇：社会主义行得通吗？熊彼特在本篇中定义了"社会主义"，并指出了社会主义行得通的原因，从而给出了从资本主义向社会主义过渡的合理模式。

熊彼特认为，社会主义社会是一种制度模式，在这个社会中，不是由私人占有和经营企业，而是由国家当局控制生产资料、决定怎样生产、生产什么以及该得到什么的那种社会组织。

熊彼特指出,从资本主义向社会主义过渡,可分为三种形式:成熟状态下的社会主义化;不成熟状态下的社会主义化;变法前的社会主义政策。在这三种形式中,熊彼特极力赞扬并主张成熟状态下的和平过渡,也赞同在变法前采用实质上是资产阶级国有化的所谓社会主义政策,而竭力反对所谓不成熟状态下的革命转变。总之,熊彼特认为,在资本主义体系内逐步社会主义化,不仅是可能的,而且是最明显可以期望的事情。

第四篇:社会主义与民主。关于社会主义与民主的关系问题。首先,熊彼特认为,民主是一种政治方法,即为了达到政治决定而做出的某种形式的制度安排。民主政治的原则仅仅意味着,政府的执政权应交给那些任何竞选的个人或集团获得更多支持的人。

其次,熊彼特认为当时在苏联所实行的社会主义是不民主的,现存的社会主义可能是民主的真正理想。

最后,关于社会主义与民主的关系,熊彼特得出的结论是:社会主义和民主之间并没必然的联系:两者之中任何一个都能够没有另一个而存在。同时,两者也不是互不相容的:在适当的社会环境状况下,社会主义发动机可以按照民主原则运行。

第五篇:各社会主义政党史略。熊彼特为了补充前四篇中提出的论点,在本篇中运用某些史实加以论证。

熊彼特指出,马克思终结了空想社会主义,但熊彼特更重视未成年期的社会主义见解,他认为他们的见解更具有现实性。

熊彼特论述了从 1875 年到 1914 年这段时期内,英国、瑞典、美国、法国、德国、奥地利和第二国际的无产阶级的发展状况以及各自的特殊性;但是在战争面前,社会主义事业被出卖了,他还指出了从斯大林专制统治开始,共产国际就成为俄罗斯的政策工具。因此他论证了社会主义者需要管理一个本质上是资本主义的世界,选择民主道路是唯一可行的;第二次世界大战后,熊彼特指出英国工党的胜利将使社会主义政党走得更远,未来美国的经济可能陷入停滞,而俄罗斯最终将走向帝国主义。

(三)著作内容简介

1. 初版序言(1942 年)

熊彼特认为,这本书是他几乎近 40 年来对社会主义这个主题的大量思考、观察和研究的结果,他把民主问题也放入文章中是因为陈述社会主义社会制度与政府的民主方法之间的关系。他把他收集到的材料分辑在五个中心题目之下：

第一篇概述了他对马克思主义学说的意见，他在开篇引入马克思的原因是要证明他这个非马克思主义者相信马克思主义道理具有独特的重要性，但它与他接受或拒绝它无关。第二篇中，他试图说明社会主义形式的社会将不可避免地从同样不可避免的资本主义社会的瓦解中出现。他用大量篇幅对毁灭资本主义的原因进行了剖析，这些论据涉及经济的和文化伦理的，也涉及带有规律性的方面。熊彼特认为社会主义是一个实践命题，因此在第三篇中考察有关可望社会主义秩序成为经济成功条件的许多问题，包括"过渡"问题在内的各种不同主题作了最接近均衡的论述。第四篇，"社会主义与民主"只论述原则问题，关于这个主题的事实和评论，分布在全书各处。第五篇是一个梗概，只阐明了他个人观察和极零星的研究得到的必须说出的一件，因此编入这一篇的材料是遗憾不完整的。

熊彼特指出本书的任何章节都没有出版过，有关第二篇论点的一份早期草稿，曾成为1936年1月18日在美国农业部研究院演讲的基础，由该院油印成册，经院务委员会主席的允许，将它的增订本收入此书，特表示感谢。

2. 第二版序言（1946年）

在本版的序言中，熊彼特指出，除了新增了一章之外（《第二次世界大战的后果》），其余的章节都是重印了1942年的原书。新增一章的目的是为了增强旧版本中论述的某些观点，并且表明目前的形势如何符合本书已略述大概的历史哲学。熊彼特之所以保留应该作文字改动的好些地方是因为本书中论述的问题，改变文字而不改变意思是不可能的。他指出了不论是过去4年发生的事实，还是评论文章中提到的批评，都没有影响他对形势的诊断和预测，相反，在他看来，这些业已出现的新事实完全证实了他的诊断和预测。

接着熊彼特回应了两个专业性质的批评。一是一位有国际声誉的杰出经济学家不同意他提出的作为社会过程的一部分，利润有消失的长期趋势。他认为它们之间不存在任何真正的分歧，他们是在用不同的含义使用"利润"这个名词。二是对本书的纯粹经济学论点的最频繁的批评，许多读者认为他是为垄断行为辩护。他认为大多数关于垄断流行的谈论只是激进的思想意识，没有事实根据。通过他的论述得出了：(1) 垄断定价的古典理论需要若干的假定，这些假定又是具有限制性的。(2) 当前的经济理论几乎都是管理特定产业机构的理论，比资本主义管理特定产业结构更为重要的是它创造产业结构的方式，而垄断要素必然进入这个过程，因此垄断问题具有一种全然不同的外貌，使对付垄断的问题的立法和行政问题大大不同。(3) 严厉攻击卡特尔和其他产业自治方法的经济学家认为任何事物本身都是正确的，但在加入限制条件后就不同了。

熊彼特指出本书不是政治书籍，他不想鼓吹什么主张（有人把"鼓吹外国集体主义"的意图加到他头上），他写作的目的就引导人们思考、分析问题，而不是通过推论得出不符合实际的主张。

3. 第三版序言（1949年）

熊彼特认为在这个新版本中，他可以根据本书的立场评论最近两年英国的发展状况。他指出了他的这些论述根本没有批评别国政策或者提出"忠告"的打算。在本版序言中，他阐述了以下几个主要方面：

① 不论从哪种立场来看，英国的发展图像是复杂的。它的主要特色被"一个社会的转变过程干扰了另一个转变过程，反过来前者又被后者（受抑制通货膨胀条件下的再调整过程）所干扰"这一事实弄得模糊不清。虽然这两个过程明显不同，但是他把它们进行了区分。

② 他将英国近几年的经济政策的成分解释成了"行动前的社会主义政策"。他指出对于英国的这种社会化或国有化纲领到底是否应该成为社会主义，他容许分歧存在，但是可以确定的是，没有任何实际已做的事情可以成为社会主义。他还指出了英国两年里发生的所有事情中沿社会主义方向前进途中遇到的抵抗很微弱。

③ 在他看来，这样的形势足以证明他在1942年提出的诊断是正确的，并证实了他做出诊断所根据的论点的正确性。

④ 如果不发生另一次世界大战，社会主义虽将有挫折，但不会很严重或持续时间很长的挫折。私人企业会重新得到它失去的一些地盘，但不是很多。熊彼特认为上述情况只适合英国。

⑤ 在英国形势的脆弱特征里，他没有把配给制和对消费者与生产者行为的详细规定包括在内，因为这些仅仅是抑制通货膨胀的方法，当达到目的时就会取消。他还指出了英国要想获得持久的成功，需要使其经济在再次生产它国内消费需要的商品和生产设备支付它进口商品所需要的商品和劳务的同时，还能生产为国内外投资所需要的真正净盈余，但其满足条件是不可能达到的。

⑥ 在衡量上述目标时，人们应当了解它所包含的政治问题的重要性。要达到目标不论是什么，必须在无数问题上运用困难的策略达到它。他预测，在任何地方，成功不会超出绝对最小的程度。

熊彼特在第三版中还加入了《大步进入社会主义》这一章，其中把社会主义定义为：不是由私人占有和经营企业，而是由国家当局控制生产资料、决定怎样生产、生产什么以及该得到什么的那种社会组织。因此，大步进入社会主义就是把人民经济事务由私人领域转移到公共领域。

4. 第一篇，马克思的学说

（1）第一章，先知马克思

熊彼特对马克思的个人修养和马克思专业研究素养都大加赞赏，他这样描述到，大多数智力或想象力的创作，经过短的不过饭后一小时，长的达到一个世纪的时间就永远消失的。但是有一些创作却不一样，它们几度隐没，复又重现，它们不是作为文化遗产中不可辨认的成分而重视，而是穿着自己的服装，带着人们能看到的、摸到的自己的瘢痕而出现。

但是熊彼特认为马克思主义的宗教性质从正统马克思主义者对反对者的特别态度上也看得出来。对于他，如同对于任何宗教信徒一样，反对者不仅犯了错误而且犯了罪。不但从理论上驳斥他，而且从道德上责备他。一旦真理昭示，反对者不能得到宽恕。因此熊彼特指出马克思主义是一种世俗的宗教。他指出，马克思主义之所以成功，部分原因是马克思主义的宗教性。马克思主义能够得到社会认可与人们的信仰，并不完全在于马克思主义的科学性，而很大程度上在于马克思主义给人们提供了一套最终目标以及如何达到目标的指导。

另外，熊彼特认为马克思创造了一套有别于别的理论的话语体系，这些话语是作为武器为马克思主义总的目标服务的。熊彼特指出，"为了铸造社会斗争舞台上使用的那种武器，马克思有时不得不歪曲或偏离从他理论体系逻辑地引申出来的主张。"熊彼特认为，马克思主义理论的目的性是第一位的，科学性是为其服务的，马克思有时为了目的甚至不得不牺牲其理论的科学性。

（2）第二章，社会学家马克思

该章中，熊彼特主要讨论了马克思的哲学和阶级分析理论。

熊彼特认为马克思主义的哲学在任何地方都没有背叛实证科学去玩弄形而上学。而他的论据在任何地方都以社会事实为根据，他的主张的真正来源，没有一个出自哲学领域。但是他又分析指出，马克思的哲学不比黑格尔的哲学更加唯物主义，他的历史理论也不比任何其他运用经验科学方法说明历史过程的尝试更加唯物主义。

熊彼特否定了马克思主义哲学的唯物主义彻底性。熊彼特认为马克思主义理论的核心问题，即唯物史观，熊彼特批评马克思，认为他几乎不理解它们的全部含义。他称唯物史观是对马克思主义的一种误解，正确的说法应该是经济史观。人们可以选择的行动路线不是受环境的客观事实直接强制决定的，但他们根据他们的立场、观点和癖好来进行选择,他们的立场、观点和癖好并不构成另一组独立的事实根据,它们本身都是由那套客观事实根据构成的。社会的结构、类型和态度像不容易融化的铸币。它们一旦成形,会持续下去,可能长达数世纪之久,因为不同的社会结构和类型显示不同程度的这种生存能力,所以我们几乎总会发现,一个集团和一个民族的实际行为与我们应该期望的根据生产过程主要形式推断的行为有或多或少的距离。

关于阶级分析方法,他认为马克思并没有形成成熟的阶级理论,也从来没有系统地阐述过处于马克思主义理论核心地位的阶级理论。他认为,马克思的阶级理论不正确的一个集中表现是用不成熟的、未加科学化的理论去分析社会历史问题。他指出,主要为资本主义社会条件设想出来的阶级理论扩充到它的封建先辈身上——犹如资本主义经济理论的许多概念一样。某些最棘手的问题被偷偷丢到封建的院落里,然后以已经解决的状态、以可靠事实的形式,重新出现于资本主义模式的分析中,封建剥削者不过是由资本主义剥削者来替代罢了。

熊彼特认为企业和个人的成功与社会中的地位没有必然的联系。因此熊彼特反对马克思用阶级分析法来解释资本主义原始积累。他十分看重个人的素质,认为过人的智慧和精力十有八九是事业成功特别是成就事业的原因。

熊彼特在进一步分析马克思为什么用如此不成熟的理论分析社会历史时,指出了这是因为他自己分析的需要。如果阶级斗争是历史的主题,也是带来社会主义曙光的手段,如果必定要刚好有两个阶级。那么它们的关系在原则上必须是对抗性的,否则在他的社会动力体系中的力量就会失去。

(3) 第三章,经济学家马克思

该章主要分析了熊彼特对作为经济学家的马克思的评述。总的来说,熊彼特对马克思在经济领域的成就表现出了极大的尊重并给予了极高的评价。熊彼特认为,他是个诚实的读书人和不倦的工作者。他很少遗漏有意义的文献。他读什么消化什么,仔细考虑每一个事实或每一个论点,热情地深入细节,这对于一个目光习惯地环绕整个文化和长期形势发展的人来说是极不寻常的。不论是批判、反对,或是接受、同意,他总要把每一个问题理解彻底。对他强大的智力来说,对作为问题来研究的兴趣是相当重要的,是不由自主的;不管他把他研究的最后结果的意义看得怎样大,当他工作时,他主要关心的是他那个由时代科学所提供的分析工具,解决逻辑上的困难,和在这些成就的基础上建立起在性质和意向上都是真正科学的理论,不管它有什么缺点。

然后熊彼特对马克思经济学说中的核心观点逐一进行了分析评价。熊彼特认为,马克思是师承于李嘉图,不仅从李嘉图的命题出发,更重要的是从李嘉图那里学来了推理的艺术,他使用的分析工具是从李嘉图那里学来的。熊彼特不同意李嘉图乃至马克思的劳动价值理论,提出了两条反对的理由:一是在完全竞争以外的情况下它完全不起作用。二是即使在完全竞争的情况下,除非劳动是生产的唯一要素和所有劳动都是同一性质,否则它绝不会顺利地起作用。

熊彼特对边际效用论是十分推崇的,认为边际效用理论,一方面适用于垄断和不完全竞争的情况,另一方面也适用于存在其他要素和存在许多不同种类、不同性质劳动的情况。

熊彼特对马克思的剥削理论也提出了质疑。熊彼特认为,在资本主义条件下,工人得到了他们潜在劳动力的全部价值。因此他不同意马克思所说的,在资本主义条件下,剥削与资本主义制度相伴而生,是不可避免的和完全不以人的意志为转移的客观事实。他提出了两条反对的理由:第一,既然工人不是和机器一样是在合理成本计算下生产出来的,那就没有正当理由假定劳动力的价值与"生产"劳动力所花费的人工小时数成比例。第二,在全部资本家雇主都能取得剥削收益的形势下,不可能存在完全竞争的平衡,而这正是马克思理论分析的假定前提。

针对马克思的积累理论,熊彼特认为,资本主义的积累并不是来自于资本家对工人的剥削所得,而是在竞争的压力下企业家的创新。

熊彼特还对马克思的贫困化理论和经济周期理论提出了批评。熊彼特指出,因为工资和薪金在总收入里相对份额逐年变化很小,长期来看明显地不变——肯定不会显示出任何下降的趋势。关于经济周期理论问题,熊彼特认为马克思没有单纯意义上的经济周期理论。他把这一点归咎于马克思所处的历史条件。

(4) 第四章,导师马克思

在分析完马克思主义学说的各个部分之后,熊彼特对作为整体的马克思主义进行了分析。尽管熊彼特对马克思大加赞扬,但这并不意味着熊彼特同意马克思主义的整体分析思路;相反,他对马克思主义学说提出了许多批评。

熊彼特认为,用单一的包罗了每一件事物的解释性的图式去分析社会历史现象,有简单化的趋向。在这方面,效力方面的损失很可能与在活力方面的收获一样多。熊彼特指出:马克思主义者宣称,他们的体系解决了非马克思主义经济学解决不了的重大问题;事情确实是这样,但他们是用阉割它们的方式做到的。他认为,在马克思主义的综合体中,马克思仅仅把历史事件(战争、革命、立法变化)和所有的历史制度(财产、契约关系、政府形式)看作数据资料,没有对它们进行必要的解释,而只是分析它们的作用和后果。在熊彼特看来,马克思有必要预先对这些材料进行研究分析,如果不这样做,那么研究成果的有效性就值得怀疑了。

因此根据熊彼特的逻辑，马克思的综合分析的结果以及由此得出的关于未来社会发展的判断必定是错误的。

熊彼特还批评了马克思的方法论。从马克思主义的帝国主义理论到国际政治理论，他都提出了自己的批评意见。对于马克思主义的国际政治理论，他指出，把国际政治分解为一方面是垄断资本集团之间彼此斗争，另一方面是每一个垄断资本集团和它自己的无产阶级之间的斗争，事情会变得非常糟糕。事实上，大企业——从富格尔家族到摩根家族这一类金融资本家——施加于外交政策的影响微乎其微。资本家集团对他们国家政策的态度主要是适应性的而不是成因性的，在今天比以往任何时候更加如此。

5. 第二篇，资本主义能存在下去吗

（1）第五章，总产量的增加率

该章主要讨论对资本主义经济秩序评价。经济成就的第一个检验标准是总产量，即一个单位时间内生产的全部商品和劳务产量的总量。熊彼特指出了一些经济学家试图从一系列指数来衡量总产量数量的变化，他反对这种做法，因为资料和编制这种指数的可靠性极弱。

在对用于投资项目的物品的较高增长率做出调整之后，得到1870～1930年美国的平均经济增长率为2%。但有人会认为，关于总货币收入的分配应该加上附加条件，熊彼特认为在他使用资料所涉及的范围内以货币表示的收入的金字塔结构，工资加上薪金的相对份额实质上始终不变。因此得出，如果资本主义从1928年起到1978年，将会是按现在标准称为贫穷的东西绝迹，甚至包括最底层的人民。

他又指出，国民收入的相对份额在过去一百年里一直保持实质上的不变，但是如果用实物衡量，相对份额会发生有利于低收入阶层的变动。如果从"每次的长波"（产业革命）来看，这种现象就更加明显，对它的分析能把资本主义的性质和机制看得比什么都清楚。因为这些革命引入了新的生产方法、新的商品、新的组织形式、新的供应来源、新的贸易路线和销售市场等。这些成果每次都表现为永久加深与拓宽实际收入流的消费品的剧增，并增加工资美元的购买力。

此外，熊彼特对经济秩序的评价又从其产生的文化成就和政治形态两个角度进行：

一是社会性立法。部分立法是先前资本主义（资本主义企业先前创造的财富）的先决条件。社会立法产生和普及的许多东西是很早就由资本家阶层本身

行动首先提出来的。只是争取社会立法斗争的技巧和气氛模糊了事实。

二是失业问题。人们普遍认为失业是资本主义最重要的问题之一。熊彼特认为失业不是资本主义本生所固有的。超过正常的失业是紧跟每次革命带来繁荣阶段之后的适应时期的特色之一。他也不同意失业从长期来看是上升的。他指出，战争的影响、国外贸易的混乱、工资政策、某些制度的变更也是失业激化的原因。他认为，真正的悲剧不是失业本身，而是失业加上不可能适当地为失业者提供救济而又不损害进一步发展经济的条件。熊彼特指出了资本主义能够使上述悲剧消失。

（2）第六章，似乎合理的资本主义

熊彼特指出在上一章的论证似乎对他不利，但他强调，他使用的外推法并不是打算预测未来的实际产量。因此该章主要弄清上章中总产量增加率到底在什么意义上真正衡量了过去的成就，然后才能讨论资本主义能否重复它过去的成就。

在探讨资本主义有无可能重复它过去的成就之前，我们必须弄清楚，观察到的产量增长率在什么意义上真正测定了它过去的成就。因此必须证明：（1）资本主义制度与所观察到的总产量的增加率之间有一种可以理解的关系。（2）如果这种关系可以肯定，增加率实际上是来自这种关系，而不是由于和资本主义无关的某些特殊有利条件。

他以资本主义的现实模型为论述的起点，探讨了下述问题：

① 和封建领主不一样，商业和工业资产阶级以事业成功而升起。在资本主义的框架内，社会秩序是非常有效率的。而且首先赚钱进入实业阶级而后在这个阶级里也是一个能干实业家的人，很可能他的能力越强，赚钱就越快。

② 古典经济学家反对地主利益，他们坚信，在资本主义制度构架中，工厂主和商人争取最大成就的自我利益对全体人民有利。他们把总产量的增长率归因于相对自由企业和利润动机。事实是，赚钱必然使生产背离它的社会目标。

③ 马歇尔和威克赛尔提出的命题：在完全竞争情况下，生产者对利润的关心倾向于使利润达到最大限度。若资本家为了努力达成最大限度的生产成就，则这种经济体系是完全竞争的，在完全竞争图式下，属于这纯粹经济模型的商业和工业资本家靠营业起家，而资本主义制度的内在属性，会使资本主义最有效地运转，从而不断增加总产量。

④ 若资本家为了获取最大的利润，从资本主义的现实来看，最终整个经济体系并非是完全竞争，而是垄断竞争或寡头垄断的。垄断竞争或寡头垄断图式的特性使得最后的总产量的增加率并不会按前50年的增加率而增长，而是会降低。从而得出了该章提出的第三个问题（为什么资本主义发动机在今后40年间

不能像它过去那样增长）的答案。

（3）第七章，创造性毁灭的过程

熊彼特认为，资本主义本质上是一种经济变动的形式或方法，它不仅从来不是而且也永远不可能是静止的。开动和保持资本主义发动机运动的根本推动力，来自资本主义企业创造的新消费品、新生产方法或运输方法、新市场、新产业组织的新形势，也就是创新活动。他反对把技术发明看作是独立于资本主义秩序以外的外生因素，他强调创新活动所导致的这种产业上的突变过程，把那种所谓不断地从内部使这个经济结构革命化，不断地破坏旧结构，不断地创造新的结构，并说这个创造性破坏的过程就是资本主义的本质性的事实。他还比喻说，在建立理论体系时，如果忽视了资本主义的这种本质要素，也会像没有丹麦王子的《哈姆雷特》。由此可知，熊彼特把资本主义的经济发展过程看作是一个创造性的毁灭过程，而这个过程的基本动力来自创新活动。因此可以说，熊彼特所指的资本主义，是生产力变革或技术变革的一种形式或方法，他所谓的作为资本主义的本质因素的创造性的破坏过程或产业突变，也只是生产技术的变革过程。

创新活动引起经济增长的具体机制，也可以用创造性的毁灭过程来概述。带来额外利润活动的竞争，也就是占有成本上或质量上决定性优势的竞争，这种竞争打击的不是现有企业的利润边际和产量，而是它们的基础和它们的生命。这种竞争和其他竞争在效率上的差别，犹如炮击和徒手进攻间的差别。因此，按其通常意义来考虑竞争能否更敏捷地发挥作用，就变得比较不重要了，长时期内扩大产量降低价格的强有力的杠杠，无论如何总是通常用竞争以外的其他材料制成的。这个竞争过程中，许多新资本投入了，同时那些适应能力差的企业被淘汰了、毁灭了。创新所掀起的风暴，通过创新生产要素的新组合，推进了经济增长，同时也造成了对旧资本、旧企业的毁坏。

（4）第八章，垄断的做法

该章主要论述和垄断、垄断的做法有联系的事实与问题。主要内容有：

熊彼特指出完全竞争的假设是一个不现实的假设。资本主义在本质上是一个创造性的毁灭过程，在这种变化的过程中，完全竞争不利于刺激"创新"活动。同时，在完全竞争时，各企业的内部效益要小于垄断企业。此外，完全竞争的行业比垄断行业更易受到萧条的打击。因此，完全竞争状态并不是创造性毁灭过程所依存的理想环境。

熊彼特认为，垄断行为，如专利权、长期合同、限制产量、刚性价格等等，在静态经济条件下，确实造成完全竞争时不会出现的对消费者利益的损害，但在创造性毁灭的过程中，它们都是经济进步的推进剂。这些行为，实际上都是针对不确定的未来而设立的一种保险机制，没有这种保险机制，"创新"活动是大受阻碍的。他分析刚性价格和技术垄断指出，从创造性毁灭的过程看，刚性价格并不像人们通常想象的那么坏，因为：新产品的出现、质量的提高，是无法从衡量价格刚性的指标上反映出来的；刚性价格通常是短期的，因为就产品中终究要为新产品所代替；刚性价格措施，是大企业为了避免季节性、不规则、周期性的价格波动给自己造成伤害而采用的保护性措施。

谈到技术垄断时，熊彼特强调，人们对大企业的阻碍技术进步的职责忽略了一个事实，这就是大企业有能力、通常也极为愿意建立研究机构，研究新技术、开发新产品。大企业暂时不用新技术的现象是存在的，但这是出于其他方面的合理考虑，主要是对成本，对保持旧有资产价值的考虑，而只是新技术导致的全部未来成本低于原有技术的相应成本的话，大企业是不会拒绝新技术的。

熊彼特还进一步指出，新产品的独家生产者是不能称作垄断者的，因为他面临着就产品生产者的竞争，没有自己既定的需求表，需要创立自己的需求表。他们的垄断性质，为"创新"者争取到了发展所需的时间和市场空间。这些人所获得超额利润，实际上是资本主义颁给革新者的奖金。他进一步肯定说，大规模上生产也无法形成。也就是说，垄断利润不是以往人们所说的那样一种剩余价值的报酬，而是一种刺激"创新"的功能性报酬。

熊彼特所赞成的垄断主要是那些与大规模生产同时出现的垄断，对于缩小规模的垄断，例如不完全竞争条件下的垄断现象，他是持否定态度的。但他认为，不完全竞争只是一种短期现象，不是资本主义的本质的稳定现象，创造性的毁灭过程会通过"创新"活动来扫除这种现象。而对于寡头，他却认为，虽然从短期来看，寡头的限产和维持刚性价格等做法是损害消费者利益的，但以创造性毁灭过程为背景来看，却可以得出相反的结论。

总结：在创造性的毁灭性过程中，完全竞争在现代产业条件下几乎是不可能的，而大的实业单位（垄断企业）却被接受了下来，它已成为经济进步的最有力的发动机，尤其已成为总产量长期扩大的最有力的发动机。

（5）第九章，禁猎期

该章指出前面对竞争的分析说明了，资本主义秩序（结构特色）和经济成就的总产量增加之间存在着一种可以理解的关系。而这种关系在资本主义发展到垄断阶段仍然成立。这是资本主义制度模式本身所决定的。

在资本主义制度模式以外，对这种经济成就的讨论可以归结到以下五种候选的例外情况：

① 政府的行动。虽然熊彼特十分同意马克思认为的政治和政策不是独立的

要素，而是正在分析的社会过程的成分，但就这场议论的目的来说，可以把政府的行为看作是经济界之外的要素。从1870年到1974年的这段时期，虽然有种种束缚和负担，如社会立法，加了上来，但是没有人认为这些因素是1914年前经济形势中的重大因素。

② 黄金。他认为1890年前后开始爆发的新黄金过剩事实包含的一大堆问题是不必要研究的，黄金生产不管对经济的繁荣和衰退起过什么作用，它在资本主义成就中不可能是一个重大因素。货币管理情况也同黄金一样，因为当时货币采取的是适应性的类型而不是进取性的类型。

③ 人口增长。他认为不管是经济进步的原因还是结果，它在经济局势中肯定是一种占支配地位的要素。但是，根据事实断定，较多的有收入的就业人数，不论在什么样的社会组织中，总比较少人数生产较少东西。因此，如果选择人均产量来衡量资本主义成就，那么可见的增加是容易使人低估实际成就的。

④ 新土地。新地域的存在提供机会的重要性是毫无疑问的，但是由于开发新地域是一步一步通过工商企业完成的，工商企业为开发它提供了全部的条件，因此新增土地是资本主义成就的一部分，与其余要素完全相等。

⑤ 技术进步。他认为生产技术革命化的一系列革新是实业家追求利润的主要行为，是资本主义过程的机能。

因此熊彼特最后的分析结果认为：它们都不是资本主义成就的重要因素。

(6) 第十章，投资机会的消失

该章的论点是不论是马克思主义学说还是非马克思的理论都可以以我们将使用的不言自明的短语非常清楚地表达出来：正在消失的投资机会的理论。这个理论主要讨论三个性质截然不同的命题：

① 投资机会消失的必然性。在社会世界中任何东西都不是永远存在的，既然资本主义秩序本质上不仅是经济过程的构架，而且也是社会变化过程的构架，所以它也不会有什么不同。

② 由投资机会消失理论所提供的力量与机制是不是应该强调的力量和机制。

③ 投资机会消失理论所强调的力量和机制本身，足以用来证实资本主义过程存在着最后一条走向死路的长期趋势。但并不能据此推定过去十年的盛衰变化是由于这种趋势的存在，也不能据此推定，今后40年，相似的盛衰变化一定会持续下去。

对三个问题的讨论，证明了人们关于最近将来成就的悲观预测完全是正确的，以及据以否定资本主义过去成就可能再现的观念的那些因素分为三组：

第一，环境因素。资本主义生产过程产生的一种政治权力分配和一种社会心理态度，他们敌视这个过程，并可望积聚力量最终阻止资本主义机器的运行。

第二，资本主义发动机本身。现代大型企业表现了僵化的资本主义形式，在这种形式中，限制性的做法、刚性价格、唯独重视保存现有资本值等特色是自然固有的。

第三，向新企业、新投资开放的机会。即成为供资本主义机器滋养的"原料"。

投资机会消失理论十分强调第三个因素，该理论坚决认为私人企业和私人投资的机会在消失的理由是：投资饱和、人口、新土地、技术上的可能性以及许多现有投资机会属于公共范围而不是属于私人投资范围的环境。

(7) 第十一章，资本主义文化

该章主要讨论资本主义经济的文化方面——社会心理的上层建筑。

熊彼特指出农奴或封建领主俱以野兽般的精力维护他们的自身利益，但是资本主义发展了理性，资本主义利用货币单位和现代科学精神这两种互相连接的方法增添了理性的新锋芒：

① 将货币单位提升为计算单位。资本主义实践把货币单位转变为合理的成本—利润计算的工具，计算的最高成就是复式簿记。使它成了计算成本、利润和收入易于理解的工具。而成本—利润计算法做到数字上的具体与明确，又强有力推进企业的逻辑性，从而为经济部门确定内容和数量。于是这种逻辑强制性地决定了人的工具和哲学、医药实践、宇宙观、人生观，以及包括他的审美观、正义感和精神抱负。

② 科学，在类似定量的基础上，生产出最终的理性——逻辑。理性不仅产生科学态度，也产生了发动并保持进步的人和资源。即上升的资本主义不但产生现代科学的心理状态，提出某些问题并以某种方式进行答复的态度，而且产生人和手段。

资本主义经济的合理性产生了资本主义合理的文化，主要表现在：理性科学有充分的成长，它主要应用在飞机、冰箱、电视等诸如此类的东西上；现代医院，也是资本主义的产物；资本主义艺术和资本主义生活方式；个人主义民主；社会性立法，即为群众利益而进行的制度变革，并不仅仅是为缓和穷人日益加深苦难而形成的不可避免的必要性强加给资本主义社会的东西，而是资本主义过程除了以他自动效用来提高群众生活标准外，它还为社会立法提供手段和"意愿"。

因此，熊彼特认为资本主义经济的合理性形成了理性化的、反英雄主义的合理文化，这两种主义是连在一起的。但他指出，对于资本主义成就的价值判断，不论是肯定的还是否定的都没有什么意义，因为人们没有选择的自由，他也不会以资本主义的成就来争辩说资本主义的插曲可能会延长下去，相反，他正准备做出截然不同的推论。

（8）第十二章，倒塌中的围墙

该章讨论资本主义在经济上的成功使它在制度方面发生一些变化，从而为资本主义的灭亡埋下了祸根。主要内容有：

① 企业家职能的颓废。企业家的职能是创新，熊彼特认为企业家创新活动使资本主义经济不断取得成功，经济增长中最具有能动性与创新精神的企业家要素，事实上它直接规范了他所处时代的社会经济发展的性质。但是终有一天生产技术臻于完善，需求近似完全满足，创新不再成为可能，当经济进步使得企业家的创新活动本身降为"例行公事"的一种常规时，企业家将随着创新职能的消失而失去存在的意义。既然资本主义企业由于它自身的成就使进步趋于自动化，它趋向于使自己成为多余的东西，它自己被自己的成就压得粉碎。

② 保护阶层的毁灭。在熊彼特看来，比起政治上的成功，资产阶级更喜欢经济上的成功。这可能与资产阶级是由金钱铸造的本质有关，也可能与资产阶级同封建王权的斗争中表现出的妥协性和不彻底性有关，如果没有非资产阶级这个保护伞，资产阶级就在政治上就会孤立无助，就无法实现经济上的追求。与非资产阶级积极共生，是资产阶级赖以生存的基本模式，但是资本主义的发展却破坏了这个保护层，动摇了这个基础。

③ 资本主义社会制度结构的毁坏。资本主义过程不可避免地打击了小生产者和小商人的经济立足点。随着资本主义的纵深发展，私有财产和契约制度遭到破坏。中小企业生存的空间越来越狭小，竞争的主体和形式发生质变，资本主义崇尚财产私有、契约自由的精神受到摧残，经济上、政治上进而是精神上、肉体上的剧烈滑坡，不但动摇了资本主义的财产制度、契约制度和法律制度，还影响了财产所有人，进而影响到一般公众的心理态势。作为资本主义体制重要组成部分的财产和自由契约制度退之幕后导致了资本主义社会体制的最后崩塌。

（9）第十三章，日益增长的敌意

从前两章的分析中，能够看出资本主义过程怎样产生对它自己社会秩序的普遍的敌意。马克思和其他的通俗作家对上述情况的原因解释甚少，因此熊彼特进行了详细的描述。

① 资本主义的社会气氛。熊彼特指出引起崩溃的主观因素是资本主义的成功所导致的充满敌意的社会气氛。

资产阶级堡垒在政治上变得没有防御能力之后，就会招来侵略，尤其是其拥有大量财物时就更加如此。侵略者将逐步设法使这种敌意变得合理化，最后侵略者发现他们拥有一切时，就连暂时的收买也失效了。另外政治性攻击主要产生于不满，而提出正道理由避开攻击是不可能的，资本主义的成绩不再重要，理性的争论无法平息不满和批评。赞成资本主义的理由太复杂，超过了大多数人甚至经济学家的分析和长期思考。人们有了更多的闲暇来对生活中的不满进行抱怨。

② 知识分子的社会学。资本主义不像其他类型的社会，资本主义不可避免和由于它文明的逻辑造就、教育和资助一个在社会骚动中有利的既得利益集团——知识分子集团。

知识分子不是一个社会阶级，他们来自社会的所有角落，他们的大部分活动在于彼此打斗，在于形成不是为他们自己的阶级利益的先锋，但他们逐渐形成集体态度和集体利益。资产阶级由于其自身的规则条件，不愿意也没有能力控制它的社会中的知识分子。知识分子有批判的特性，会对资本主义社会的基础吹毛求疵。高等教育机构的扩大，导致了知识分子的失业和不满意就业，增加了知识分子的不满。最后对资本主义的敌意经过了知识分子的升华，比知识分子的敌意更加重要，工人运动虽然不是知识分子创造的，却由他们操纵。在知识分子的影响下，政治家和官僚失去了对资本主义的忠诚，反而将矛头指向了资本主义。

从某种意义上来说，资本主义沿着挫败传统社会的成功之路，自然而然地培育了自己的反对者。每当它在运作中发生某种障碍和摩擦，以知识分子为代表的激进文人就会用尖锐的批判在全社会中煽起普遍的怨愤和敌意，资本主义最终在这种怨愤和敌意中彻底崩溃。

（10）第十四章，解体

该章主要讨论资本主义解体的原因。主要内容是：

① 企业家和资本家的作用停止。面对周围日益加剧的敌意和由那种敌意产生的立法、行政和司法措施，接受资产阶级生活方式的整个阶层，最终将停止发挥作用。其中的"内部原因"是财产实体的蒸发，指股份制和现代公司制使资产阶级的思想社会化了，从而就缩小了资本主义推动力的范围，最终将毁坏资本主义的根基。

② 另一个重要的"内部原因"就是资产阶级家族的瓦解。在现代资本主义社会的男女们看来，现在家庭生活和双亲观念的意义不如过去重要了，因而作为行为规范的力量大不如前。一旦男人女人学会了功利主义这一课，由于把成本计算体系引入了私人生活领域，使生育观发生了嬗变，人们觉得家庭生活所享有的收益与其昂贵的成本费用相比得不偿失，他们就知道在现代条件下由家庭纽带尤其是取得父母身份会给他们带来沉重的个人牺牲，因此不愿生育，使家庭在许多人看来已成为"过时的和不经济的生活方式"。资产阶级家庭的舒适比起它的负担来已经不那么明显了。

③ 反储蓄态度的出现，没有储蓄，资本主义无法生存。资本主义制度把长期的社会利益托付给资产阶级上层，实际上，长期利益是托付给在那个阶层里起作用的家庭动机，随着由家庭动机提供的推动力的衰弱，企业家的时间视界缩小了，他逐渐形成了反储蓄心态，并越来越乐意接受作为短期哲学标志的反储蓄理论。这样一来，由于家庭动力的削弱使资产者不再愿意去实行赚钱、储蓄和投资的职能，资产阶级的进取心下降，也就不再关心资本主义制度的兴衰成败。

当特殊的资本家利益集团和整个资产阶级面对直接攻击时，没有人认为自己是资本主义的捍卫者。他们不会放弃每一个妥协的机会，资产阶级体制不再对资本家有意义，在进攻面前，他们会表现谦虚，让步并放弃战斗。总之，在熊彼特看来，"在资本主义内部有一种固有的自我毁灭的趋势"。资本主义的衰败就是由于它的成功，由于它提供的经济发展的动力图式和它所创造的经济奇迹。盛极必衰，资本主义也逃不脱这一辩证的历史规律。

此外，在该章的结尾，熊彼特也明确地指出，在今后的关于将来可能出现的社会主义的性质方面，我们还一无所知。鉴于马克思以及其信徒提出的社会主义是一个确切的东西这一说法是错误的。其二，关于可以期望社会主义来到的确切道路，我们同样也是一无所知的。最后，在我们试图描绘的这个趋势的各种不同的成分虽然到处辨认得到，但是没有一个地方全部显露。

6. 第三篇，社会主义行得通吗

（1）第十五章，准备行动

熊彼特认为，社会主义必然取代资本主义，资本主义向社会主义过渡是由于资本主义的经济发展和技术进步造成的。熊彼特认为资本主义能够行得通需要满足两个假定：第一，必要的工业发展阶段已经达到。第二，过渡问题能够成功地解决。

他所指的社会主义是这样一种制度模式，在这个模式中其生产手段和生产本身的控制权都授予中央当局，社会的经济事务属于公共范围而不是属于私人范围。但他所定义的社会主义不包含基尔特社会主义、工团社会主义和其他类型的社会主义。

但是熊彼特所指的社会主义，并不是指中央当局必然是专制独裁的，也并不是意指企业高级人员的积极性完全来自中央当局的中央集权主义。在他看来，中央集权没有绝对的权力，也没有排除行业或企业经理们的某些行动自由。中央集权的计划要提交议会或者国会审议，或者接受审计机关的监督、审查。

在关于社会主义的定义中，他避免使用自然资源、工厂和设备的国家所有或财产权这些名词。在他看来，社会科学中的某些概念，具有太强的制度气息，不能随便把它们从一种制度移植到另一种制度中，以免产生误会。所有权、财产权、税收等就是商业社会的名词，而骑士、采邑就是封建社会的名词。

社会主义意味着一个崭新的文化世界。人们可以赞同由社会主义代表的经济要求，但由于文化理由而憎恶它。社会主义瞄准比塞饱肚子更高的目标，正如基督教的意义远比关于天堂和地狱的带点享乐主义的价值要高。

但社会主义的文化上是不确定性的东西，根据他以及大多数其他人的定义，一个社会可能是完全和真正的社会主义，但仍然受一个专制统治者的领导，也可以以最民主的方式组织起来。

(2) 第十六章，社会主义蓝图

该章主要讨论社会主义的生产和分配问题。熊彼特认为中央集权的社会主义能够做出生产什么和怎么生产的决策。他认为社会主义和商业社会之间的最主要的区别就是生产和分配问题。以资本为典型的商业社会，生产和分配是同一过程的两个方面。但是社会主义的生产和分配是在逻辑上的分离过程，分配的原则将取决于人们的偏好。

在他的社会主义模式中，只有商品生产，人们有消费选择自由。发给每个人一定数量的过期就会失效的分配券，各种消费品有一定的"价格"，这些消费品的价格同数量乘积的综合等于所有分配券持有者对各种消费品要求权的总和。

熊彼特假定全部生产资源由中央当局控制，且数量是固定的。中央当局的任务就是按照某些规则来进行生产资源的配置。他假定中央当局按照以下规则来决定生产要素的价格：一是对品种相同质量相同的生产要素规定单一价格，二是价格要能够使全部生产要素正好出清，既无剩余亦无短缺。中央当局还将规定各产业部门经理获取任何数量的生产要素需要遵守：生产必须尽可能地节约；必须按照所获取的生产要素的价格和数量获取生产资料；各部门都应该做到价格等于边际成本。因此，只要中央当局根据既定个人收入分配方式下形成的消费者需求，确定各种消费品和生产要素的价格，并为各产业部门的行为规定相应的规则，那么每一个产业经理局的任务，就被出色地决定了。

熊彼特还指出，上述只是在没有技术进步的静止状态下经济运行的机制，如果考虑技术进步，所引起的问题不仅仅是资源的重新配置问题，还有创新者的动力问题以及如何在技术进步中保存就资本价值的问题。他认为社会主义中的创新者的动力问题是不成问题的，同时政府也将像资本主义社会那样给创新一定的时间和空间上的保护。除了考察技术之外，熊彼特还对社会主义动态条件下的投资问题做了分析：一是追加的生产要素如何生产出来，二是投资所需的资金如何筹集。他认为如果社会可用资源已全部用于供给一定消费水平时，追加的生产要素职能靠超时工作和限制储蓄来生产出来。对于资金的筹集，熊彼特认为社会主义可以从利润中提取或者信用创设的办法等来解决。

熊彼特认为，在社会主义中将仍然保留地租。地租可以使土地资源得到合理的利用，但是属于资本主义范畴的地租却不再存在。他还指出，商业经济和社会主义经济之间的家族相似性，因为两者都具有价格、成本、工资、利润这样的范畴，但是他强调，家族相似性并不意味着社会主义从资本主义借用了什么东西，上述那些范畴不是只能为资本主义所具有。

因此熊彼特认为，社会主义不仅在理论上和逻辑上行得通，而且在实践上也是行得通的。

（3）第十七章，几种蓝图的比较

该章主要讨论不同蓝图之间的比较，最后得出了社会主义是可取的。

① 熊彼特认为各种蓝图之间的文化方面无法比较，尤其是商业社会和社会主义社会之间。他认为社会主义文化是不确定性的东西，即使社会主义文化只有一个确定的模式，但每一个文化都自成一体，不能与其他任何文化相比较。

② 熊彼特将不同蓝图的经济比较归结为生产效率的比较，他反对在福利方面进行比较，因为福利除了受到生产效率的影响外，还会受到分配因素、价值偏好因素的影响。如果两种制度在同一时点上具有相同的人口数量、质量、年龄结构和偏好，那么在长期中以每一个相同的时间单位生产出更多的消费者货物的那个体系称作较有效率的体系，从客观上讲，比较的结果将会是社会主义是有效率的。

③ 社会主义蓝图优于资本主义是因为，社会主义能够缓和经济波动，将大大减少失业人口，消灭经济萧条的后果；计划经济使社会主义的经济决策有很高的效率，避免资源的浪费，生产部门可以依靠法令对每一种改进进行推广新技术、新工艺，而资本主义则需要较长的时间来推广；社会主义将合理利用人才，做到人尽其才；社会主义中央局这个官僚机构更容易实现干预行动的成功，可以妥善解决私人领域和公有领域之间的摩擦或对抗，消除了人力、财力、物力的浪费，避免由于斗争产生的成本和损失。

（4）第十八章，人的因素

该章开篇指出，那些反对社会主义者提出只要社会主义制度中有神人指导社会主义机器，天使长为他配置成员，那么他们就接受社会主义是行得通的，但是问题在于，社会主义没有神人和天使长的帮助，因此，那些反对者认为资本主义替代物连同它的动机模式以及它的责任模式和报酬的分配方式，毕竟提供了虽然不是最好的合乎想象的安排，但不失为最好的合乎实际的安排。

熊彼特认为用不着神人来指导社会主义机器，因为一旦过渡时期的困难渡过之后，要解决的任务，比起现代世界工业界首领面对的任务都更加容易。他认为天使长象征一个著名的主张，即社会主义形式的存在，必须有道德水平为先决条件，像现在这样的人，不能期望他们达到这个水平。

他强调合理地使用资产阶级的人才是社会主义政权最困难的问题，要解决这个问题需要有一定的乐观主义精神，社会主义者必须承认问题的重要性和以合理的心态来解决它。首先要允许资产阶级人才去做他的才能与传统有资格做的工作，因而选择经理人选采用的方法要以胜任为原则，不可歧视以前的资产阶级人士。官僚政治对民主政体不是阻碍，而是不可避免的补充，也是对现代经济发展不可避免的补充，而在社会主义国家中它比任何时候更为重要。虽然官僚主义经营企业的办法以及这种方法散布的精神气氛，会对最积极的人施加消极影响，但是把资产阶级出身的人安插在机器的适当的位置上并改造他们的工作习惯并不困难。

熊彼特对节约和纪律进行了讨论。虽然节约是资产阶级，尤其是它的上层履行的职能，但他认为中央当局可以通过直接配置部分国家资源用于建造新工厂和新设备，能够做到现在由私人节约所做的一切，而且效率更高。此外社会主义制度中有两件事有助于建立更严格的自我纪律和集体纪律：一是社会主义制度大概将得到人们越来越不愿给予资本主义的忠诚，二是社会主义制度的一个主要优点在于，它能无误而清晰地显示经济现象的性质，而在资本主义制度中，经济现象的表面罩上利润利益的面具。

熊彼特认为，虽然社会主义社会能有更多的自我纪律和集体纪律，但是社会主义还是需要权威性纪律的。因为自我纪律和集体纪律是权威性纪律提供的过去训练的结果，要是权威性的纪律训练中止了，那么自我纪律和集体纪律就不存在了。还有就是社会骚动中还存在既得利益，因此权威性的纪律存在是十分必要的。社会主义是可能是恢复社会纪律的唯一途径的形势。熊彼特认为，不管俄国在其他方面做得如何失败，但是在权威性的纪律这方面来看是相当成功的。

（5）第十九章，过渡

根据资本主义制度向社会主义过渡时所处的阶段和采取的方式不同，熊彼特将社会主义的实现途径分为三种，即成熟状态下的社会主义化、不成熟状态下的社会主义化和立法前的社会主义化。

① 成熟状态下的社会主义化是指是以和平的方式通过修改法律并不破坏其连续性而进行的。在这种状态下，经济的发展过程趋向于使本身社会主义化，社

会主义在经济上、政治上、组织上、技术上和心理上都已准备就绪，通过和平地修改宪法能够实现。在过渡的过程中资本主义为社会主义塑造了从物质层面到精神生活层面的一切，即使采取立法手段、行政手段也只不过是一种形式。没有流血牺牲、没有暴力冲突的最理想的过渡方式是熊彼特极力赞成的。资产阶级对之是理解、接受并积极配合的，能使人力物力的损失和对文化及经济价值的伤害限制在最低程度。

② 不成熟状态下的社会主义化，是指在物质条件、精神条件尚不具备的情况下，社会主义者通过夺取资本主义国家政权建立社会主义国家政权。熊彼特极力反对这种方式，认为它使用了暴力，破坏了法律，牺牲了较大多数人的利益。

③ 立法前的社会主义化，是种特例，指虽然没有达到成熟状态下社会主义化的条件，虽然不能实现和平过渡，但却可以实行广泛的国有化纲领，采取社会主义政策，在不干扰其他利益集团的情况下向社会主义迈进。熊彼特也赞同在变法前采取实质上是资产阶级国有化的社会主义政策，实现向社会主义的隐性过渡。这种模式熊彼特特指英国。尽管英国的工商业结构尚未达到进行成功的一鼓作气的社会化，公司控制的集中程度还远远不够，个人主义还有很强的生命力，有很多人还不愿接受社会主义，可是英国的企业家们开始松弛，重要行业由政府领导和控制，工人阶层组织得很有条理。在这种情况下，通过在重点行业实行"国有化"政策，可以实现向社会主义过渡。

7. 第四篇，社会主义与民主

（1）第二十章，问题的背景

熊彼特在该章开头首先讲述了马克思的民主理论。他论述了马克思的民主就是以经济平等为基础的、普遍参与的、人的全面自由；在阶级社会里，民主是一种政治形式，具有阶级性，与专政相伴而生。社会主义与民主是不可分割地结合在一起的。但熊彼特反对马克思的看法，他认为社会主义与民主二者之间并没有必然的联系，它们一方可以脱离另一方而存在。他还指出了现存的社会主义可能是民主的真正理想，但社会主义者在实现社会主义时，却不总是那么讲究方法，革命和专政这些字眼出现在圣书中使我们感到刺目。他觉得社会主义革命的目标是民主，只有通过民主的方式才能实现。

一俟我们检查各社会主义政党的记录时，对它们所说的其一贯拥护民主信条这句话的真实性就难免要有所怀疑了。熊彼特认为苏联所实行的社会主义不是民主的。苏联有一个庞大的社会主义共和国，是属于少数人的一个政治统治，在西欧的社会主义团体看来（西欧的社会主义一贯坚持民主信仰），苏联不是真正的社会主义。

熊彼特认为，民主是一种政治方法，是为了达到政府立法与行政的决定而做出的某种形式的制度安排。民主同其他任何政治方法一样，其本身不能是目的。

对民主的合理忠诚的两个先决条件：一是超理性价值的图式；二是限定一定时间、地点和局势。

在熊彼特看来，民主是一种政治方法，是为了达到立法的或行政的政治决定而做出的某种形式的制度安排。他把民主当作是实现政治目的的一种方法或手段。如果把"决策"和"统治"结合起来，我们才可能得出民主的定义是民治。他还指出，人民主权理论代替君权神授成为最高权威，补充了国家和社会学与社会哲学，产生了功利主义。功利主义提出了国家性质的理论和国家存在的目的：最大多数人的最大幸福。管理国家和达到这些目的的唯一正确的政治方法：民主。

(2) 第二十一章，民主政治的古典学说

该章主要对古典学说进行了批评以及简述了古典民主政治继续存在的理由。

18世纪的民主哲学定义的民主方法是：为现实共同福利做出政治决定的制度安排，其方式是使人民通过选举选出一些人，让他们集合在一起来执行它的意志，决定重大问题。熊彼特认为不存在全体人民能够同意的共同福利。即使有一种充分明确的共同福利——譬如功利主义者提出的最大经济满足——证明能为所有人接受，这并不意味着对于每个具体问题都有同等的回答。共同福利既然不存在，那么人民意志也就不成立了。

熊彼特认为，古典民主学说推崇人民意志的一个重要原因是它乐观地相信人民具有某些不可缺少的美德和才智，从而能够正确地观察和解释政治现象，并恰当地实施政治行为。但是熊彼特指出个人意志通常是非理性、狭隘、自私的。典型的公民一旦踏进政治领域，就会跌落到精神生活的低水平上去，在群集影响下的人类行为不仅难以显现那种令人尊敬的道德尊严，而且特别容易受非理性因素的传染，以致造成责任感和思考力的急剧下降。主要表现在：对当地事务，公民比较关心；对于全国性问题或者国际性事务领域漠不关心。

他还指出，典型公民进入政治领域的两种结果：一是往往会听任超理性或不合理的偏见和冲动的摆布。二是职业政客，经济利益的代表，理想主义者或者只是对上演政治戏剧和控制政治表演感兴趣的人们，在很大限度上改变甚至制造人民的意志。

该章最后熊彼特指出古典学说还有继续存在的理由：集体行动的古典民主学说得到与宗教信仰有关思想的有力支持；古典民主政治的形式和言辞在许多国家

利于它们的历史中的事件和发展相联系,这些形式已经在国民意识中生根;在有些社会模式里,古典学说之确实适合于事实达到足够近似的程度;政客们喜欢既能讨好群众又能提供极好机会来逃避责任和用人民名义压倒对手的辞令。但是熊彼特指出,虽然民主制度安排在还有继续存在的理由,但是这种合理性只是实现某种理想化的人民统治,一种制度性的安排,一种选择政治领导人的方法。

(3) 第二十二章,民主的另一个理论

该章主要论述了熊彼特的新思路解决民主有效运转的问题。

古典理论的困难集中于这样的命题,即"人民"对于每一个问题持有的明确而合理的主张,在民主政体中,人民以挑选能保证他们意见得以贯彻得"代表"来实现这样的主张。民主是把决定政治问题的权力授予全体选民。而熊彼特提出了新的思路:把选民决定政治问题放在第二位,把选举做出政治决定的人作为最初目标。民主方法就是那种为做出政治决定而实行的政治安排,在这种安排中,某些人通过争取人民的选票得到作决定的权力。即人民的任务是产生政府,或产生用以建立全国执行委员会或政府的一种中介体。

熊彼特指出,新的民主理论实质就是竞争领导权。民主的程序方法提供了相当有效的标准,可以用来辨别民主政府和非民主政府;这个理论留有我们为恰当认识领导权这个极端重要的事实所希望保有的充分余地;这个理论不会忽视实际上存在的真正的集体表示的意志。领导权竞争理论澄清了存在于民主政体与个人自由之间的关系。

熊彼特以民主国家政治机器的结构和运行的较为重要特征验证上述理论。在民主政体里,选民选票首要作用是产生政府。在议会制度下,产生和罢免政府的职能落在议会身上。他还分析了内阁的性质和作用:首相指定内阁,并请求议会任命,议会有权力影响首相的选择。内阁成员被派到政府部门中,是为了使领导集团能够控制官僚机器。内阁与人民意志没有联系。他还指出,议会除了有建立和推翻政府的职能外,还有立法、行政,并制定预算。

(4) 第二十三章,结论

该章主要对第四篇的主要内容作了总结,主要内容有:

社会主义与民主之间并没有必然的联系:两者之中任何一个都能够没有另一个而存在。而两者也不是互不相容的:在适当的社会环境下,社会主义发动机可以按照民主原则运行。民主的真正意思只能是:人民有接收或拒绝将要来统治他们的人的机会。他指出在庞大而复杂社会里,民主的行政效率会受到损害。此外他还指出要注意民主选举出来的领导人的品质问题。

熊彼特接着还指出了民主成功的条件:第一,人的政治素质,领导和管理政党机器的人，选出来进入议会和上升担任内阁职务的人应该有足够优秀的水平；第二政治决定的有效范围不应该扩展太远；第三，现代工业社会里的民主政府为了做好国家事务领域所包括的所有事务，必须有能力支配一个赋有强烈责任感和同样强烈责任感集体精神以及有良好名望和传统的训练有素的官僚机构的工作；第四，民主自制。

他还分析了资本主义与民主的关系。现代民主政治是与资本主义同时兴起的，并和资本主义有因果关系，民主政治主持了政治和制度的改革过程，资产阶级利用这个过程重新塑造它占优势前原有的社会和政治结构，并依照自己的观点加以合理地改造。现代民主是资本主义过程的产物。

此外，他还强调了社会主义与民主的关系。他指出了经典社会主义思想意识是资产阶级思想意识的后裔。按照指出的方式实行社会主义民主是一项全然无希望的任务。除非这个社会有能力以民主的方式建立起社会主义制度，和一个有充分能力和经验的官僚阶层。社会主义经济的有效管理，意味着工厂内对无产阶级实行专政而不是由无产阶级专政。在此情况下，社会主义民主最终将证明比资本主义民主更加虚伪。

8. 第五篇，各社会主义政党史略

(1) 第二十四章，未成年期

该章熊彼特论述了马克思终结的空想社会主义，并提出了自己的看法：一是托马斯·莫尔爵士的《乌托邦》，乌托邦直到19世纪上半叶一直被广泛阅读、称赞甚至抄录，它向人们展示了一幅朴素、高尚和平等社会的图画。熊彼特认为在某些方面它并不比现时田园式的社会主义更少实际可能性。因为它正视权威性问题，坦率地接受较低的生活标准的前景，还把低标准称道为美德。二是罗伯特·欧文的社会主义，熊彼特指出，欧文是一位制造商和实际改革家，他不满足于想象小型自给自足社会的思想，在那种社会里人们根据共产主义原则生产和消费自己的生活资料，他实际上在着手去实现自己的想法；三是圣西门，熊彼特指出，在圣西门的著作中，我们可以发现理智与责任心结合成强大的分析力，他所设想的目标也并不荒唐也不虚幻，欠缺的只是方法。

熊彼特认为如果人们同意他上述的分析，那么结束社会主义未成年期的巨大转折，就是卡尔·马克思《共产党宣言》的发表（1848年）或者第一国际的成立（1864年）。但是熊彼特认为马克思的这个成就只是总结了几个世纪未成年期的发展，这个成就以特殊的方式使这些发展公式化。正统的社会主义对未成年期一些人的判断必须在某种程度上予以修正。

马克思坚持认为，工人阶级是社会主义者可以开发的唯一源泉，因此马克思的学说根据工人利益为中心而形成。马克思使一个现存的工人运动合理化。但熊彼特更重视未成年期的社会主义见解，他认为他们的见解更具有现实性。

（2）第二十五章，马克思面对的形势

马克思在1847年喜欢用"共产主义"胜过使用"社会主义"是因为社会主义这个时候带有资产阶级体面社会地位的气味，但是熊彼特认为不管这是不是事实，都有充分理由将社会主义解释为资产阶级智力的产物，马克思和恩格斯本人是典型的资产阶级知识分子。资产阶级出生和传统的背叛者，这个定义确切地说明了马克思的思想和他提出的政策与策略。熊彼特认为马克思之所以背叛自己的阶级和思想是因为：

第一，马克思——这位被赶出家园的知识分子，带着1848年永远烙印在他整个灵魂里的形成他性格的经历，抛弃了他自己的阶级，也被他自己的阶级所抛弃了。

第二，他被赶出家园之后，在情感上自然就成为国际主义者。熊彼特指出了这就意味着任何特定国家的问题和盛衰，甚至是某个国家无产阶级的问题和盛衰，不是他主要关心的，始终放了他感兴趣的范围的外缘。

第三，不管他的学说怎么教导人，这位被赶出家园的资产阶级知识分子的血液里有民主精神。这说明他相信以民主为中心的那部分资产阶级价值观，但马克思宣称只有社会主义民主是真正的民主。这是马克思的政治先验论。

熊彼特分析了在马克思的先验论立场他所面对的政治条件：首先，马克思所写和所想的庞大的产业大军，也只存在于英国的一个地方，即使那里，在他找到他的方位的时候，宪章运动已经偃旗息鼓，工人阶级也越来越现实主义和保守。其次，马克思和恩格斯当时所处的环境和所属的类型，他们绝不会挺身而出按照他们自己的想法来组织工业无产阶级或这个阶级中的任何特殊集团，希望工会领袖和工会官僚机构组织工业无产阶级或者各界集中的任何集团。工会运动应该改宗阶级斗争的教义。

熊彼特还指出，马克思所提出的那种理论背景和策略形式使马克思遇到了两个难题，这两个问题是每个追随者或未来追随者肯定会提出来的：一是对待资产阶级政党政策的态度问题。二是当前实行的政纲问题。

在熊彼特看来，马克思在1864年第一国际的开幕词已经对非马克思主义观点做出让步。他认为建立一个以各国有组织的无产阶级为基础的、向着目标大步前进而不丧失它的革命信念的、在前进道路上永葆朝气的成分纯洁的政党，是极端重要的任务，其他一切都无足轻重。

(3) 第二十六章，从 1875～1914 年

该章主要论述了从 1875 年到 1914 年间各国社会主义的发展状况。主要内容有：

① 英国的发展和费边主义精神。熊彼特指出自从欧文派的全国团结总工会 1834 年垮台以来，英国的劳工运动不再产生任何坚决的敌对行动，英国无产阶级是经历较长时间才具有阶级觉悟的。

费边主义者出现于 1883 年，他们来自边沁和穆勒学派，费边社是最完整的表达其目的与方法的团体。他们施展影响的最重要途径是接触"要人"。他们强调合作而不是敌对，他们以同样的实事求是的进步理论，努力为理性的重要与改善而工作。

熊彼特认为，费边主义者是真正的社会主义者。他们的目标在致力于社会的根本性重建，最终使经济管理成为公共事务。在阶级斗争问题上，费边主义与马克思主义站在对立面。

② 一方面是瑞典另一方面是俄罗斯

熊彼特认为，每个国家有它自己的社会主义，但在那些对人类文化价值宝库做出与其他国土大小不相称的惊人贡献的大陆国家——特别是尼德兰与斯堪的纳维亚国家——中，事务与英国的范例并没有多大的不同。熊彼特以瑞典为例进行了分析。

瑞典的社会主义和社会主义者与其他国家迥然不同的原因在于瑞典民族性和均衡的社会结构。瑞典社会主义政党的两个特征：一是几乎总是干练而认真领导的社会主义政党；二是它和十分正常的社会过程合拍的缓慢成长，并不试图走在正常发展前面，不为对抗而对抗。

另一个是俄国，这个几乎纯粹是马克思主义的、因此具有全部马克思主义色彩的、但不难从其环境加以理解的社会主义。他指出了使党分裂为布尔什维克和孟什维克的那次不可避免的冲突所具有的意义，要比两个集团名字所暗示的仅仅是有关策略的分歧严重得多。两个集团保留的马克思主义辞令把它们从一个集团已经无可挽回地从经典马克思主义分裂出去的事实弄个含糊不清。熊彼特认为列宁的帝国主义时期的社会主义这点意味着背离了马克思主义学说的最核心的意义。

③ 美国的社会主义团体。熊彼特指出，美国农业社会是反社会主义的力量；美国的工业部门因为资本主义的迅速发展没有产生举足轻重的社会主义政党；19 世纪结束前，美国没有就业不足和饱受挫折的知识分子。中产阶级对铁路、公用事业和大企业的普遍敌视吸收了几乎全部"革命的"精力。

7 熊彼特与《资本主义、社会主义与民主》

他认为，美国的工会采取行会原则，他们只关心工资率和工作时间，并选择非暴力手段维护利益。美国社会党只存在短暂的时间就消失了。

④ 法国的状况：工团主义分析。法国是典型的农民、工匠、职员和小食利者国家，他们在经济上十分保守，他们建立的激进的社会主义政党既不激进也不是社会主义的。法国知识分子就业不足的情况也不是很严重。基于以上原因法国发展严肃社会主义的余地很有限。

工团主义厌恶政治和反对政治，它反对知识分子。它诉诸工人的知觉，鼓励工人占有他工作的工厂，以肉体的暴力去占领，最后以总罢工去占领。工团主义没有理论基础，它崇尚暴力的反智力活动。

⑤ 德国党和修正主义：奥地利社会主义者。最初君主制度下的德国允许工会活动，德国的文官实际上扮演了社会主义改革者的角色。1878～1890 年俾斯麦颁布法令，试图镇压社会主义运动。后来可以参与政府社会主义政党在爱国主义的背景下，并不反对政府，而是一心一意扩大它们的得票数。党内出现了不同的声音，认为马克思主义信条需要调整，阶级斗争需要被与资产阶级之间的合作所代替。

奥地利社会主义政党。发展缓慢，并且形成以知识分子为核心的犹太人小圈子。他们对马克思主义做出大量贡献，沿着正统路线前进，在做法上有所改变，并固守革命的意识形态。这种结合了马克思主义和改良主义实践的做法收效令人满意。他们与奥地利政府相互利用。

⑥ 第二国际。第二国际的成立（1889 年），它的实质性成就等于零。第二国际通过允许分歧的充分自由实现了激进的和保守的各国社会主义政党间的合作。第一个十年里，他们的讨论集中到外交事务，希望呼吁各国工人阶级努力争取和平，但是依然没有阻止一战的爆发。

（4）第二十七章，从第一次世界大战到第二次世界大战

该章主要论述了两次世界大战对社会主义事业的影响，以及社会主义事业的出路。

熊彼特开篇以"大叛变"指出了，作为第二国际的成员，社会主义政党为了防止战争，做了它们能做的一切事情，但是当战争爆发时，它们迅速重新集合到了它们的民族事业下。马克思主义结构最重要的支柱在 1914 年断裂。国家命运比社会主义目标更重要。在德国，考茨基和哈泽离开了多数派，于 1917 年组织独立社会民主党，虽然该党大多数重要党员在 1919 年回到原来的党。列宁宣告第二国际业已死亡，社会主义事业被出卖了。但是他指出这样的妥协立场事实上大大缩短了 1914 年前横亘于社会主义政党与每个政党自然目标之间的间

隔——官职，以合作的方式参与政府政治。

第一次世界大战对欧洲社会主义政党前途的影响：德国和英国的社会主义政党获得了政权。德国社会民主党在外交上的成就：只有社会民主党人才在道德上有条件接收合约，以及旨在实行条约规定的政策；他们控制群众十分有力，足以使这种态度有政治上的效果；他们在与国外政治舆论的关系中处于有利地位；社会民主党与其他国家相应政党从第二国际年代起就有长期接触。之后，熊彼特指出，第三国际虽然被恢复了，但是团结的障碍依然存在。1919年和1920年为恢复国际举行的最初几次会议只能取得有限的成功，第三国际的出现，它所具有的吸引力证明是世界劳工政党和社会主义政党团结的严重障碍。

俄罗斯的共产主义发展的三个阶段：第一阶段，布尔什维克1917年取得政权前：专制主义与马克思主义；第二阶段，1917~1927年，布尔什维克在俄国掌权到托洛茨基被布尔什维克党的中央委员会开除：布尔什维克获得国家的统治权；第三阶段，从开除托洛茨基开始：斯大林专制统治的开始，共产国际成为俄罗斯的政策工具。熊彼特分析了其他国家共产党接受俄罗斯领导的原因有：一是共产党基于自身的性质，不会从人道主义考虑反对斯大林政权；二是共产主义者以"热月政变"为据，就几乎没有理由反对。三是对于其他国家的共产党来说，只要保护他的权力绝对公正，苏联党在本国内做什么并无头等重要性。他指出，俄罗斯的共产主义对革命社会主义特性和命运可能发生的作用：俄国的专制主义将向欧洲扩张，全世界共产党将变为俄国的警卫部队，或者俄国在这个过程中失败崩溃，或者在伸展到其他国家时他取得与这个国家更加适宜的特性。

他还指出，社会主义者需要管理一个本质上是资本主义的世界。在这种情况下，选择民主道路是唯一可行的。他以英国和德国的经验分别作了说明。英国的经验：第一次世界大战后，社会主义者和工党联合起来。工党出色的政治领导对社会主义事业是一个贡献。熊彼特认为麦克唐纳领导的工党是民主政治历史上最好成就之一，是根据经济和社会形势的正确理解而负责任的决定行动的最好例子之一。德国的经验：德国社会民主党一旦参政与英国社会主义政党从事相同的工作——管理资本主义。社会民主党选择与其他政党组建执政联盟。总的来说，联合政府的政策有利于稳定。

最后他指出，社会主义政党的未来：一是实行列宁纲领的可能性大大增加；二是德国的社会民主党和英国的工党型的正统社会主义有好多机会在欧洲大陆生存下去。当前的战争将意味着趋向社会主义迈出一大步。

(5) 第二十八章，第二次世界大战的后果

熊彼特在该章中主要论述正统社会主义和劳工主义的地位，特别论述英国的

形势。他分析了，不计俄国的因素，第二次世界大战对欧洲社会局势的影响和第一次世界大战的影响相似，只是更为强烈。其中最重要的就是英国工党的胜利，工党的胜利将使社会主义政党走得更远。

熊彼特指出要最终消灭私有企业需要注意的三个地方：一是政治行动与社会及经济形势事实的一致性；二是不需要破坏资本主义制度的法律体制，只使用诸如税收和工资政策这种非激烈革命手段就可能征用资产阶级的社会政治结构；三是如果工党在下次大选中获得多数选民支持，将在社会主义改革方面走得更远，其障碍在于工会的社会化。

其次熊彼特论述了美国引人瞩目的工业成功可能产生的影响。他指出了在现代条件下，通过税收和工资政策可以从资产阶级抽走大部分马克思所说的剩余。美国有可能朝向基尔特社会主义发展。

美国面临巨大经济的可能性，但要实现需要满足三个条件：一是整个国家行政机构合理化；二是节约并有效利用国家财富；三是政治活动和官僚机构必不可阻碍我们达到这个目标。同时美国也应注意面临过渡问题时，要采取措施防止通货膨胀的威胁。

最后论述了俄罗斯政治成功的可能影响。他认为俄罗斯的胜利和斯大林个人的专制统治将来的形势发展在于美国的态度。他指出了欧洲大陆正处于衰竭、饥饿状态，而法国共产党是俄罗斯的卫队，英国也只是单枪匹马。但美国孤立主义的传统影响其外交政策。

熊彼特指出了国际事态发展趋势。他认为今后若干年内都不会有战争，俄国将不受干扰地开发它的资源，重建它的经济，建立起全世界从未见过的最强大的战争机器。俄罗斯的麻烦不在于它是社会主义，而是在于它是俄国。斯大林政权本质上是军国主义专政政权。这样一个政权向整个欧亚扩展的可见趋势就是帝国主义。因此熊彼特认为俄罗斯将走向帝国主义。

三、简单评述

《资本主义、社会主义与民主》是经济学家熊彼特生前发表的最后一本著作，于1942年在纽约和伦敦出版。

如他所述，这本书是把几乎40年来他对社会主义这个主题的大量思考、观察和研究写成的一本易读读物的努力结果。熊彼特一方面师承近代资产阶级经济学大师庞巴维克、瓦尔拉、马歇尔等人的理论，另一方面又与早期的社会党人有密切的联系。因此他一方面站在资产阶级的立场，为他们辩护，同时又使他的学说和主张带有一些社会主义的色彩。这在《资本主义、社会主义与民主》中得到了很好的体现。

本书全面综合地表述了熊彼特在哲学、政治学、经济学等方面的思想观点，是论述资本主义与社会主义问题的一部具有广泛影响的著作，它以创新理论为基础，将经济学和社会学结合起来，研究社会制度形态问题，得出了资本主义存在不下去，社会主义行得通，资本主义可以自动过渡到社会主义的结论。该书出版后，由于其适应着当代资产阶级的需要，在资产阶级经济学界曾广为流传，受到了资产阶级经济学界的热烈赞扬，但同时也遭到某些资产阶级学者的反对。本书出版之后，1946 年译成了德文和西班牙文出版，之后又译成了法、意、日文出版。当然，书中宣扬和传播的某些观点还颇具争议，并引起了很多学者的批评与抨击。

根据 *Capitalism, Soclalism and Democracy* [Joseph A. Schumpeter, George Allen & Unwin (Publishers) Ltd, 1976 年] 撰写。

8

弗里德曼与《资本主义与自由》

米尔顿·弗里德曼（Milton Friedman，1912～2006年）

一、作者简介

（一）生平

米尔顿·弗里德曼（Milton Friedman，1912～2006年），美国人，1912年7月31日出生于美国纽约市，父母是俄罗斯犹太移民。1932年获罗格斯大学学士学位。1933年获芝加哥大学硕士学位。1946年获哥伦比亚大学博士学位。曾在哥伦比亚大学、威斯康星大学、明尼苏达大学任教。从1946年起，在芝加哥大学任经济学副教授、教授，讲授价格理论和货币理论等课程，指导各种经济学专题的研讨会。

他是美国芝加哥学派的领袖,主张经济自由主义,被认为是西方最保守的经济学家之一,曾当选美国经济学会会长。同时,他还是剑桥大学、加利福尼亚大学洛杉矶分校和夏威夷大学的客座教授。在公共政策领域中,他曾经担任过美国总统候选人巴里·戈德华特及尼克松总统与里根总统的非正式顾问。1977年在芝加哥大学退休后,又到斯坦福大学胡佛研究所任高级研究员。20世纪80年代曾三次来中国访问,受到当时中国最高领导人的接见。1951年,弗里德曼获号称小诺贝尔奖的克拉克经济学奖。1976年获诺贝尔经济学奖。1988年获得美国国家科学奖章与美国总统自由勋章。在美国国内,弗里德曼于50年代提出的低税、教育券和负所得税等主张,得到了人们的广泛赞同;在国际上,许多发展中国家接受了他的"自由市场经济"理论,从而放弃了延续多年的中央集权计划经济,因而在学界被誉为20世纪同凯恩斯并驾齐驱的最具影响力的经济学家。

(二)著作

弗里德曼的主要著作有:《实证经济学论文集》(1953年);《消费函数理论》(1957年);《资本主义与自由》(1962年);《价格理论:初稿》(1962年,1976年);《美国货币史:1867~1960年》(1963年);《资本主义与自由》(1962年);《自由选择》(1980年)等,以及许多篇文章和小册子。

(三)学术思想

弗里德曼的主要学术思想是:(1)提倡经济自由主义,反对凯恩斯的国家干预主义。弗里德曼作为芝加哥学派的代表人物,信奉和倡导经济自由主义,反对凯恩斯主义的国家干预。其代表作就是《资本主义和自由》;其基本观点是,在社会经济的发展过程中,市场机制的作用是最重要的。市场经济具有达到充分就业的自然趋势,只是因为价格和工资的调整相对缓慢,所以要达到充分就业的状况可能需要经过一定时间。如果政府过多干预经济,就将破坏市场机制的作用,阻碍经济发展,甚至造成或加剧经济的动荡。他特别反对凯恩斯倡导的财政政策。弗里德曼认为,在货币供给量不变的情况下,政府增加开支将导致利率上升,利率上升又会引起私人投资和消费的缩减,从而产生"挤出效应",抵消政府增加支出的作用。因此,货币政策才是一切经济政策的重心。但是,弗里德曼并不主张无政府主义。他所提倡的是从国家积极干预经济的道路上转变方向,政府只应扮演规章制度的制定者和仲裁人的角色,只应在反对技术垄断和克服市场的不完全性等方面发挥作用。(2) 赞同并提倡实证经济学的方法论。弗里德曼认为,实证经济学在原则上不依从于任何特别的伦理观念或规范性的判断。它是类似于任何一种自然科学的客观的科学。它的最终目的是创立一种能对现象提出正确的、有意义的预测的理论或假说。在实证经济学方法论的指导下,弗里德曼明确地提出"持久性收入假说"。他指出,消费者不是根据他们的现期收入,而是根据长期的或已成为惯例的持久性收入,来安排自己的支出。(3) 创立现代货币数量论。现代货币数量论是弗里德曼整个理论体系的基石和货币政策的依据。在现代货币数量论的基础上,他进一步提出了"名义收入货币理论",用于考察货币数量变动与名义国民收入水平之间的关系。(4) 提出"自然失业率"假说。弗里德曼在批评传统的菲利普斯曲线时,提出了"自然失业率"假说,试图解释通货膨胀与失业并存的问题。弗里德曼的理论是一个完整的体系。其中,自由主义理论是他的哲学思想基础,对货币理论的研究是他实证主义方法的具体运用,而消费函数则是其研究领域的具体成果。

二、原著导读

(一) 历史背景

20 世纪 50 年代末 60 年代初,美国的经济还没有完全走出 30 年代经济大萧条的阴影。同时,伴随着第二次世界大战结束而出现的冷战却在逐渐升温。在这种情况下,总统约翰·肯尼迪和德怀特·艾森豪威尔,继续奉行经济大萧条时形成的"新政",致使政府在国防、社会福利和公共建设等领域的开支急剧增长。国内两大政党民主党和共和党都支持增加政府开支。国内绝大多数知识分子在思想上接受了凯恩斯主义的政府干预理论,也支持政府扩大开支。传统的自由放任理想大多被抛弃了。弗里德曼认为,资本主义社会一切活动的最终目的是达到经济自由,经济自由是政治自由得以实现的基础。国家集权对经济生活的干预是弊多利少。因此,他不赞成凯恩斯主义的政府干预思想,极力反对政府集权和滥用权力。为了宣传自己的经济自由主义思想,他撰写并出版了《资本主义与自由》。需要指出的是,弗里德曼在这里所说的资本主义,是指私有产权基础上的自由市场经济。本书的主题,实际上是论述市场经济和自由的关系。

（二）框架结构

本书除了2002年版序言、1982年版序言和原版序言外，共有13章。前五章主要阐述基本理论问题；从第六章开始讨论基本原理在各项具体政策和措施中的应用，以此来补充和证实基本原理的可靠性；最后一章是全书的一个总结。

（三）著作内容简介

1. 2002年版序言

弗里德曼认为，在1980年前后，舆论气氛（指知识分子对经济自由主义的看法）已经发生了变化。在1989年柏林墙倒塌和1992年苏联瓦解后，这种变化继续朝着同一方向发展。这使得两种可供选择的组织经济的方式在约为70年间的试验中得到一个戏剧性的终结：究竟应该从上到下还是从下到上，即中央计划经济还是私有制的市场经济，更通俗地说，是社会主义还是资本主义。事实表明，中央计划经济的确是"通往奴役之路"。

这些试验包括：（1）中国的香港、台湾对照中国大陆，西德对照东德，韩国对照朝鲜。（2）美国和英国之外的其他西方发达国家，由战后最初几十年中爆发式的社会主义过渡到爬行式的或停滞的社会主义。（3）在中国，邓小平发动的改革，引进了更多的市场成分，因而除了政治以外，各个方面都更为自由了。（4）许多拉丁美洲及亚洲国家，甚至少数非洲国家，也开始选择市场导向的发展途径，并逐渐减少了政府干预。

弗里德曼认为，本书有一个巨大之点需要修改，那就是以经济自由、公民自由和政治自由的三分法，来替代经济自由和政治自由的二分法。从这个角度看，本书的一个重大缺陷似乎是对政治自由的作用存在着不恰当的论述。

2. 1982年版序言

在本版序言中，弗里德曼分析了两个问题。

（1）知识分子思潮发生了重大变化

弗里德曼指出，在25年前讲授本书时，凯恩斯主义是主流经济思想，主张扩大政府对经济的干预；他们这些经济自由主义者是少数派，受到绝大多数知识分子的围攻，被认为是思想古怪的人。甚至在1962年本书第一次出版时，经济自由主义的观点仍然远离主流思想，致使本书出版后没有得到任何国家级专业刊物的评论。然而，到了本书再版的 1982 年时，人们的看法发生了变化：一是在 18 年中，本书销售了 40 万本以上；二是继承本书观点的《自由选择》在 1980 年出版时受到重要刊物的长篇评论，被译成 12 种文字，当年就销售 40 万本硬面书，还发行了大量平装本。

弗里德曼认为，知识分子思潮之所发生变化，不是因为论述原理的著作有说服力，而是因为经验现实给出了证明。这些事实是：苏联的计划经济已经失败；英国的费边主义深深陷入困境；美国政府空前膨胀，但其干预计划正在变为空中楼阁。弗里德曼还指出，这些事实还可以解释，为什么巴里·戈德华特在 1964 年遭遇压倒一切的失败，而持有相同纲领和观点的罗纳德·里根却在 1980 年获得压倒一切的胜利。

（2）本书的作用

弗里德曼认为，本书有两个作用：一是为饭后茶余的闲谈提供一个主题。人们可以通过闲谈，激发思考，并最终改变偏好。二是为现有的政策提出另一些可供选择的替代办法，即提供政策备选方案，当条件成熟时供人们选择。

3. 序言

这是本书第一次出版时的序言，主要说明本书的成书过程，并对支持本书撰写和出版的人表示感谢。弗里德曼指出，1956 年 6 月，福尔克尔基金会在瓦巴西学院举办了一个讲座，由约翰·范·西克尔和本杰明·罗格主持，他应邀在这个讲座上作了一系列演讲。本书就是这些讲稿经过长期拖延后的产物。后来，他又多次在不同的场合讲演。每次演讲的内容，都包括本书阐述原理的第一和第二两章，以及把原理应用到具体问题上的其他章节。

4. 绪论

在绪论中，弗里德曼首先讨论了公民和国家之间的关系。弗里德曼在引述了肯尼迪总统的一句经典"不要问你的国家能为你做些什么——而要问你能为你的国家做些什么"后断言：这句话中的前后两部分，都不能正确说明"自由社会中的自由人理想的公民和政府之间的关系"。前半句"你的国家能为你做些什么"是"家长主义的"，"意味着政府是保护者而公民是被保护者。这个观点和自由人对他自己的命运负责的信念不相一致"；后半句"你能为你的国家做些什么"，则"意味着政府是主人或神灵，而公民则为仆人或信徒"。弗里德曼指出，对自由人而言，国家是组成它的个人的集体，而不是超越在他们之上的东西，"他们把政府看作一个手段，一个工具"，自由人既不会问国家能为他做些什么，也不会问他能为国家做些什么,他问的会是:"我和我的同胞们能通过政府做些什么",以便尽到我们个人的责任,以便达到我们各自的目标和理想——其中最重要的是:保护我们的自由。弗里德曼还指出,历史已经证明,对自由最大的威胁是权力的集中。通过政府这一工具,我们可以行使我们的自由;然而,由于权力集中在当权者的手中,它也是对自由的威胁。

其次,弗里德曼讨论了人们怎样做,才能既从政府的有利之处取得好处,同时又能规避政府对自由的威胁问题。他的观点是:首先,政府的职责范围必须具有限度。即政府的主要作用要限定为:保护法律和秩序,保证私人契约的履行,扶植竞争市场。此外,政府还应当以比我们单独做时低的费用提供公共物品。第二,政府的权力必须分散。原因有二:一是只有分散其权力,政府才能更有效地"保存自由"。这是"保护性原因"。另一个是"建设性的原因"。因为不管是建筑还是绘画,科学还是文学,工业还是农业,文明的巨大进展从没有来自集权的政府。历史上的所有创新,都是个人天才的产物,是强烈坚持少数观点的产物,是允许多样化和差异化的产物,而政府永远也不可能采取像个人那样多样化和差异化的行动。

第三,弗里德曼阐明了本书的主要论点和篇章结构。他指出,本书的主要论点是:竞争的资本主义——通过在自由市场上发生作用的私有企业来执行我们的部分经济活动——是一个经济自由的制度,并且是政治自由的一个必要条件。本书的次要论点是:政府在致力于自由和主要依赖市场组织经济活动的社会中,应当发挥的作用。

本书的结构:前两章"在抽象的水平上论述这些问题。后面几章则把这些原则应用于各种特殊的问题",也就是说,前两章与后面若干章是理论与应用的关系。

第四,弗里德曼界定了自由主义的含义。弗里德曼指出,对本书所阐述的政治和经济观点加上一个名称是非常有用的。正确和适当的名称是自由主义。不幸的是,在今日之美国,自由主义和它在19世纪以及和在今天欧洲大陆大部分地区的含义很不相同。在18世纪后期和19世纪早期,自由主义思潮把自由强调为最后目标,而把个人强调为社会的最后实体。在国内,它支持自由放任主义;在国外,它支持自由贸易;在政治事务中,它支持代议政体和议会制度的发展,减少国家的至高权力和保护个人的自由权利。而在今日之美国,自由主义逐渐和很不相同的主张联系在一起。例如,主要依赖于国家,而不是依赖于私人自愿安排来达到目标被认为是较好的办法。它用福利和平等替代自由,把真正的自由主义者谴责为反动派。

弗里德曼指出，由于自由主义这一概念的滥用，本来意义上的自由主义现在常常被称为保守主义，或新自由主义—保守主义，贵族政治—保守主义。事实是，19 世纪的自由主义者是经济改革和政治改革的激进派别，与保守主义正好相反。因此，弗里德曼坚持用原来意义上的自由主义这个名词作为有关自由的人的学说。

5. 第一章，经济自由和政治自由之间的关系

弗里德曼指出，本章的论点是：人们普遍相信的政治和经济可以分开，而且基本上互不相关的思想，是一种错觉；在政治和经济之间有着密切的联系；政治和经济的安排只可能有某些有限的配合方式；特别是一个社会主义的社会，在保证个人自由的意义上不可能是民主的。

弗里德曼重点讨论了经济安排对自由社会的促进作用。他认为，这种促进作用有两个方面。首先，经济安排中的自由本身就可以被理解为自由的一个组成部分，或经济自由本身就是一个目的。例如，第二次世界大战以后，英国公民因为外汇控制不能去美国度假，同美国公民因为政治分歧不能去苏联度假一样，是经济管制限制了个人自由。再如，美国公民迫于法律使用大约 10% 的个人收入购买政府经营的某种特殊退休合同时，其个人自由也部分地被剥夺了。还有，公民因为职业执照限制不能就业，因为外贸限额不能购买进口商品，因为价格垄断不能购买价格更低的商品，农民因为管制不能自由选择产量等，都是对自由的剥夺。弗里德曼由此得出结论，经济自由本身就是整个自由的一个极端重要的部分。

其次，经济自由也是达到政治自由的一个不可缺少的手段。弗里德曼指出，政治自由和经济自由之间的关系是复杂的。19 世纪初期，边沁和哲学的激进主义者倾向于把政治自由看作经济自由的一种手段。而哈耶克则强调经济自由是实现政治自由的手段。弗里德曼倾向于后者的观点。他明确指出，直接提供经济自由的那种经济组织，即竞争性资本主义，能够把经济权力和政治权力分开，使一种权力抵消掉另一种，因而也促进了政治自由。

弗里德曼先进行历史考察。他发现，人类社会典型的情况是：专制、奴役和痛苦。只有 19 世纪和 20 世纪早期的西方世界是例外。他由此得到结论：政治自由是随着自由市场和资本主义制度的发展而到来的。希腊的黄金时代和罗马时代的早期政治自由也是如此。

弗里德曼接着进行逻辑分析。他指出，个人自由或家庭自由牵涉到人和人之间的相互关系，涉及社会如何组织起来的问题。就组织千百万人的经济活动来

说，仅有两种方式：使用强制手段的中央指挥和个人自愿的结合——市场的方法。市场方式的主要特征是：当事人之间的合作，完全是个人的和自愿的，进行交易的双方都可以从中获利。因此，在大多数情况下，它能避免一个人对另一个人的干扰。例如，消费者可以避免来自销售者的强制性的压迫；销售者可以避免来自消费者的强制性的压迫；雇员可以避免来自雇主的强制性的压迫，等等。另外，市场上不存在着一个集中的权力机构。尽管自由市场经济也需要政府制定规则，并充当解释和强制执行规则的裁判者，但是，市场所做的是缩小用政治手段解决问题的范围，从而降低政府直接参与竞赛的程度。

弗里德曼最后指出，政治自由意味着一个人不受其他人的强制性的压制。对自由的基本威胁是强制性的权力，不论这种权力是存在于君主、独裁者、寡头统治者或暂时的多数派。只有在最大可能的范围内排除这种集中的权力和分散那些不能排除掉的权力，人们才能保持自己的自由。通过使经济活动组织摆脱政治当局的控制，市场便排除了这种强制性的权力的泉源。它运用经济力量来牵制政治力量，而不是加强政治力量。

在本章中，弗里德曼把"自由的私有企业交换经济"定义为"竞争的资本主义"。这与人们通常所理解的资本主义不完全相同。

弗里德曼还讨论了政治安排和经济安排之间的结合方式。他指出，资本主义只是政治自由的必要条件，而不是一个充分条件。例如，法西斯的意大利、法西斯的西班牙、过去70年间不同时期的德国、两次世界大战以前的日本、第一次世界大战前几十年中的沙皇俄国，尽管私有企业是其经济结构的主要形式，但都不应当被称为是政治上自由的社会。这表明，资本主义的经济安排和没有自由的政治安排有可能同时存在。

6. 第二章，自由社会中政府的作用

本章主要讨论市场经济中政府的作用。在具体阐述这些作用前，弗里德曼先讨论了目的和手段之间的关系。他指出，对一个自由主义者而言，达到目的的合适手段是自由讨论和自愿合作。理想的情况是：在自由和充分讨论的基础上，具有责任心的个人之间取得一致的意见，而不是使用任何的强制方式。

问题是，对国防费开支一类的公共物品来说，要达成完全一致的意见是不可能的。这就需要使用政治渠道来调和人们之间的差距。其中，一个权宜之计就是某种形式的少数服从多数办法。至于在多大程度上采用少数服从多数办法，以及有效的多数达到何种比例，这取决于所涉及的问题的严重性质。

① 作为规则制定者和裁判员的政府。弗里德曼指出，在现实生活中，自由

不是绝对的。因为，各个人的自由可能相互冲突。当出现冲突时，就需要政府采取适当行动，通过限制一部分人的自由，来保护另一部分人的自由。具体地说，政府的基本作用在于"提供我们能够改变规则的手段，调解我们之间对于规则意义上的分歧和迫使否则就不会参加游戏的少数几个人遵守这些规则"。其中比较重要的有两点：一是界定和保护财产权；二是承担维持货币制度的责任（第三章将专门讨论）。总之，政府应当为自由经济活动创造前提条件，即必须提供法律和维护秩序，以防止一人受到另一人的强制行为；强制执行自愿参与的合同；界定并保护财产权；建立健全货币机构。

② 政府由于技术垄断和邻近影响而采取的行动。弗里德曼认为，有些业务，如城市里的电话业务，有可能形成"技术的"垄断（即自然垄断），具体有三种情形：私人垄断、国家垄断或公共调节。弗里德曼认为，所有三种情况都是不好的。因此，人们必须从中选择害处最少的一种。美国学者亨利·西蒙斯的看法是，国家垄断害处较少，而德国学者瓦尔特·欧肯则认为公共调节害处较少，弗里德曼的观点是私人垄断可能是害处最少的。理由是当社会迅速改变时，后两者做出的反应相对较少。同时，弗里德曼还指出，如果技术垄断源于某种必要的劳务或商品的强大垄断力量，那么，即使是短期的，公共调节或国家垄断也可能危害较少。

弗里德曼还考察了"邻近影响"与政府行为。他指出，有些活动有"邻近影响"，即教科书上所说的外部性问题。例如，污染"对单独行动的个人来说，要想自愿交换或取得应有的补偿是不可能的"。公路、公园等公共设施的收费，也有类似问题。这就需要政府调节。但是，政府调节也有可能产生外部性问题。

③ 政府根据家长主义理由而采取的行动。弗里德曼指出，只有对负责任的个人而言，自由才是可以维护的目标。自由主义者不主张给疯子和儿童以自由。这意味着：对那些不负责的人来说，家长主义是不可避免的。但是，家长主义者实际上承认了一个原则：某些人可以为别人做出决定。对此，自由主义者是持反对态度的。

④ 结论。弗里德曼首先简单总结了政府应当做的事，接着对美国政府对社会过多的干预提出了批评，最后开列了14件政府不应当做的事，并且强调"这个清单是远远不够全面的"。

7. 第三章，货币的控制

从本章开始，运用前面提出的理论，分析某些特殊问题。本章主要讨论国内货币政策。

弗里德曼认为，20世纪30年代的经济大萧条，是由于政府管理不当，尤其是联邦储备系统管理不当造成的，而不是由于私有制经济的任何固有的不稳定性。同样，今天政府的不当举措，构成了美国经济增长的主要障碍。因此，为了经济稳定和增长，国家迫切需要的是减少而不是增加政府的干预。

① 商品本位。弗里德曼指出，对于建立一个自由社会的货币制度安排而论，自动调节的商品本位既行不通又不是解决问题的办法。它之所以不理想，是因为生产货币商品需要消耗大量的费用。它之所以行不通，是因为使它能生效的神话和信念并不存在。

② 有斟酌运用权力的货币权威。弗里德曼指出，经济稳定性的差异，确实应归因于货币机构的不同。例如，在第一次世界大战中和刚结束后，至少1/3的价格上升应归因于联邦储备系统的建立。再如，20世纪30年代的经济收缩，应直接归因于联邦储备系统的成立和官方当局的疏忽。这表明，凡是赋予少数人如此大的权力和如此多的伸缩余地以致其错误能有如此深远影响的任何制度，都是一个坏制度。联邦储备系统正是这样的制度安排：它赋予少数人这样的权力而没有对它施加限制的政治机构。因此，"独立的"中央银行制度是一个坏制度，不能由它来管理货币。

③ 用规章来代替官方当局。弗里德曼指出，为了达到我们的目标，而又不依赖于完全自动调节的金本位，也不给予货币管理当局以广泛的处理问题的权力，唯一有希望的方法是成立法治的政府来代替人治的政府，用规章来执行货币政策。关于应当采用的规章，弗里德曼的主张是，由立法机关制定规章，指令联邦储备系统，使货币数量的总额逐月甚至逐日地按照年率为3%～5%之间的比例增长。这里所定义的货币量，是指包括商业银行以外的流通中的货币，加上商业银行的全部存款。最后，弗里德曼自信地说，上述规章是当前唯一可行的办法。它能够使货币政策转变成为自由社会的一个支柱，而不是对自由社会基础的威胁。

8. 第四章，国际金融和贸易安排

本章讨论国际货币安排问题和国际贸易问题。主要内容是：

① 国际货币安排对经济自由具有重要意义。弗里德曼认为，当今对美国经济自由最严重的短期威胁，是用经济控制的办法"解决"国际收支平衡问题。因为这种方法会不可避免地导致对进口的定量配给、对使用进口货的国内生产加以控制或对进口货的代用品的国内生产加以控制，如此等等无穷无尽的越来越恶化的连锁反应。这将逐步使市场经济转变为集权主义，这些控制手段比美国面临

的经济问题本身更严重。

② 黄金在美国货币制度上的作用。弗里德曼认为，黄金主要是一种其价格受到维持的商品。但是，政府控制黄金价格和自由经济是不相调和的。

③ 目前的支付和资金外流。弗里德曼认为，对于美国当时面临的支付和资金外流危险，解决的办法就像一家商业银行所做的那样，必须争取一个足够大的收入账目，以防止存款者失去信心，突然挤兑而使银行倒闭。

④ 取得国际收支平衡的另一机制。弗里德曼指出，如果出现了某种事态，导致美国国际收支平衡表中出现了"赤字"，可以采取以下办法：一是减少美国外币储备或增加外国的美币储备；二是可以迫使美国国内价格做出相对于外国价格的降低；三是通过汇率的变动来实现，主要是通过浮动汇率制；四是政府通过对贸易的直接控制或干预，减少美国企图花费的美元和扩大收入。弗里德曼认为，在上述四个办法中，直接控制的方法是最不好的，因为它对一个自由社会具有最大的摧毁性。遗憾的是，由于缺乏任何明确的政策，美国曾逐渐被引入于依赖这种或那种形式的直接控制。

⑤ 作为自由市场解决办法的浮动汇率。弗里德曼指出，他赞成采用自由浮动汇率办法，但这"并不意味着赞成不稳定的汇率"。因为，汇率同基本的经济政策和条件是联系着的。不稳定的汇率，不过是经济结构不稳定的征兆。试图通过行政办法冻结汇率，不仅不能从根本上解决问题，反而会增加解决问题的难度。

⑥ 发展黄金和外汇自由市场所需要的政策措施。为了发展美国的黄金和外汇自由市场，弗里德曼提出了7项具体政策措施。

⑦ 排除美国对贸易的限制。弗里德曼认为，浮动汇率制度能使美国有效地和直接地走向物品和劳务的完全自由的贸易。所以，美国应当解除对贸易的限制。美国应当对世界其他地区说：我们能在平等的基础上向你提供完全的合作。我们的市场向你们开放。在这里，你可以出售你能出售和愿意出售的东西。使用售货款来购买你愿意买的东西。以这种方式，个人之间的合作可以遍及全世界而同时又是自由的。

9. 第五章，财政政策

本章的主题是批判凯恩斯的平衡器原理和乘数理论。

① 关于平衡器原理问题。弗里德曼指出，那种扩大政府开支就可以增加就业机会的观点，已为理论分析所否定，也在更大的程度上为实际经验所否定。然而，最近又有人把它作为一个平衡器。不幸的是，这个平衡器本身就是不平衡

的。因为，当萧条出现时，政府忙着制订支出方案，等到方案开始执行时，衰退已经过去。所以，政府增加开支会恶化而不是缓和衰退。并且，使用联邦预算作为一个平衡器也是不正确的。因为，在战后时期，国民收入最不稳定的组成部分就是联邦政府的开支，而这个不稳定的开支根本没有处于抵消其他开支变动的方向，远不是抵消波动的其他因素的平衡器。联邦预算本身的特点就是扰动和不稳定的主要源泉。弗里德曼强调指出，平衡器原理的主要危害不在于它一向未能做到的抵消衰退，不在于它经常做到的把通货膨胀的倾向带入政府政策，而在于它继续不断地扩大联邦一级政府活动的范围，并且使联邦赋税的负担不能减少。

② 关于乘数理论。弗里德曼先举了一个有关乘数的例子：政府开支增加100美元，乘数为3，这样，政府开支会使收入增加为300美元。弗里德曼指出，"这种简单分析确实是非常吸引人的。但是，这种吸引力是虚假的"。因为，一是这里存在着挤出效应：政府开支使私人开支减少。二是乘数原理并没有说明政府的100美元花费在什么地方。若"花费在私人本来就想购买的东西上"，比如公园门票，这样仅使人们省下了100美元，而并未增加任何人的收入。三是这种分析没有说明政府所花费的钱来自何处。进行了一些理论分析后，弗里德曼给出了他和学生合作研究的结果，"实际的结果更接近于货币数量论的极端，而不是凯恩斯主义的极端"。所假设的100美元的政府开支的增加，平均大致增加了100美元的收入。所以，相对于收入的政府开支的增加，在任何意义上"都不是扩展性的"。

10. 第六章，政府在教育方面的作用

在美国，正规学校教育是由政府投资并管理的。其理由有二：一是"邻近影响"；二是对孩子们和其他对自己行为缺乏负责任能力的个人的家长主义的关怀。弗里德曼认为，对于公民的一般教育和职业教育，其邻近影响和家长主义关怀具有不同的含义，需要分别讨论。

① 对公民的一般教育。弗里德曼认为，大多数公民具备最低限度的文化和知识，接受共同的价值准则，是民主社会存在和稳定的前提条件。教育在这两个方面，都能做出贡献。例如，儿童接受一般教育，不仅有利于儿童及其家长，而且对其他社会成员也有好处。因此，这种教育存在着相当大的"邻近影响"。对这类教育政府应当给予津贴。为了提高津贴的使用效率，政府可以把这笔钱以票证的方式发给家长们。这样，家长们就能自由地使用这种票证，再加上他们愿意追加的金额，向他们所选择的"被批准的"教育机关购买教育劳务。教育劳务可以由以营利为目的的私营教育机关或非营利的教育机关提供。政府的作用仅限

于保证被批准的学校的计划，必须维持某些最低标准，就像目前对饭馆的检查，要求保证最低的卫生标准那样。

弗里德曼还讨论了教育国有化问题。他指出，主张教育国有化的理由有二：一是邻近影响，认为如果没有国有化，就不可能提供被认为是对社会稳定所必要的共同的价值标准。二是"技术垄断"，认为在小乡镇和乡村地区，只适合举办一所一定规模的学校。弗里德曼反对教育国有化。他指出，从原则方面考虑，教育国有化和保存自由本身发生冲突。虽然为了稳定社会，需要公共的社会价值标准，但对受教育者灌输思想，会妨碍思想和信仰的自由。至于"技术垄断"的影响，在近几十年间由于交通运输的改善和人口急剧地集中于城市而大为削弱。

在批评教育国有化的同时，弗里德曼主张发展私立学校。他指出，对初等和中等教育来说，近乎合理的安排是公立和私立学校的联合。凡选送孩子进私立学校的家长将得到一笔款项，相当于在公立学校培养孩子的估计费用。这种安排将促使学校相互竞争，推动所有的学校健康发展，提高办学质量。

② 学院和大学水平的学校教育。弗里德曼认为，用邻近影响或技术垄断来解释高等教育的国有化是"软弱无力"的。政府把大量津贴用于公立大学，对私立大学是不公平的。私立大学虽然希望保持脱离政府的独立性，但迫于财政压力又不得不去寻求政府的援助。因此，弗里德曼主张，政府对于大学的补助，应当直接发给受教育者个人，并由他们自由选择学校。这种安排的好处是有助于各种不同类型的高校相互竞争，并提高其资源利用效率。同时，还有利于消除私立高校的财政压力，从而保持其完全的独立性和多样化。它的附带好处是：可能考查到补助的使用是否符合给予补助的目的。

③ 职业和专业学校教育。弗里德曼认为，职业教育是对人力资本进行投资的一个方式，其"功能是提高人类在经济上的生产力"。职业教育的收益是受教育者将来有可能得到的较高的劳动报酬，其成本主要是在训练期间未拿到的收入、由于推迟挣钱的时期而损失的利息（机会成本）和接受训练所需的特殊费用。如果额外报酬超过了额外的费用，人们就会进行职业教育的投资。市场的不完全性导致了对人力资本的投资不足。但是，弗里德曼不赞成对职业教育进行补助。因为，政府用其一般收入的款项补助职业或专科学校教育，会使得个人的投资减少而无法达到前面所说的均衡点。

11. 第七章，资本主义和歧视

弗里德曼认为，"对歧视给出一个定义或加以解释时，存在着真正的问题"。例如，假使某个人愿意付出较高的代价倾听一个歌手而不是另一个歌手唱歌，就很难界定是不是歧视。如果把歧视定义为市场上人们对于某种有形或无形商品的偏好，那么，在一个以自由讨论为基础的社会中，适合的办法是设法说服他们，使他们认识到他们的口味是不好的，从而，应该改变他们的观点和他们的行为，而不要使用强制的力量，把我的口味和我的态度强加于人。

弗里德曼还认为，歧视是有代价的。例如，反对从黑人那里购物的人，必须为他购买的东西支付较高价格；不愿意与黑人并排工作的人，会限制自己的选择范围，或为他的工作取得较低报酬。

① 公正就业的立法。为了防止在就业过程中由于种族、肤色或信仰的原因而受到歧视，美国的许多州都建立了公正就业实施委员会。弗里德曼不赞成这种立法，理由是这种立法实际上破坏了契约自由，干预了自愿订立契约的个人自由。弗里德曼举例说，假如有一家食品铺有一个店员的职位空缺，而适合于这个空缺的第一个申请店员职位的人恰好是个黑人。根据公正就业的法律，这家商店必须雇用这个黑人。但附近的居民非常不愿意从黑人店员那里购买东西。结果，这家商店的生意受到了影响，还有可能出现亏损。如果这家店铺关门了，附近的居民则必须由于该食品店停业而支付较高的价格。

② 劳动权利法。在美国，有些州通过了"劳动权利"法，禁止把加入工会作为取得就业职位的一个条件。弗里德曼认为，劳动权利法与公正就业实施委员会所牵涉的原则是相同的。两者均干预就业契约的自由；一种情况规定，特殊的肤色或信仰不能被当作就业条件；另一种情况则为，工会会员的资格不能被当作就业条件。因此，弗里德曼对该法持反对态度。根据是，在竞争条件下，只要存在很多雇主，具有各种特殊需要的雇员将有可能在相应雇主那里找到工作来满足他们。弗里德曼的结论是："劳动权利法律仅就它本身而论，不会对工会垄断力量有任何巨大的影响"。

③ 学校教育的种族隔离。学校教育的种族隔离有其特殊性。因为在目前情况下，学校教育主要是由政府经营和管理的。这意味着，政府必须做出明确的选择：是强制执行种族隔离，还是种族同校，二者必居其一。弗里德曼认为，二者都不是好的解决办法。恰当的解决办法是解除政府对学校的经营，允许家长按自己的意愿把自己的孩子送进想去的学校。

12. 第八章，垄断以及企业和劳工的社会责任

弗里德曼对垄断的定义是："当一个特殊的个人或企业，对一个特殊的物品或劳务具有足够的控制力，能够在很大程度上决定其他个人获得物品或劳务的条件时，垄断就存在了"。他认为，在自由社会中，垄断会引致两类问题。第一，垄断减少了个人能够选择的办法，从而限制了自愿的交换。第二，垄断会引起垄断者的"社会责任"问题。

① 垄断的范围。弗里德曼认为，垄断有三种类型：企业垄断、劳工垄断和政府垄断。

企业垄断。G. 沃伦·纳特和乔治·J. 施蒂格勒认为，企业可以分为垄断的、有效竞争的和政府经营或监督的三类。在1939年，美国经济的大约1/4可以被视为政府经营或监督的。在剩余的3/4中，至多1/4或许少到15%能被视为垄断的，而至少3/4或许多至85%能被视为竞争的。弗里德曼认为，人们对垄断的规模和影响有高估的倾向。原因有四：一是把绝对的大小和相对的大小混淆起来。二是垄断更具有新闻价值，从而使得人们对它比对竞争更加注意。三是过分强调在大与小对立中的大的重要性的一般偏见和趋向。四是过分强调制造业在经济部门中的重要性，因为垄断在制造业中比在其他经济部门中更为流行。

劳工垄断。弗里德曼认为，在劳工方面，也存在着类似的对垄断的重要性的过高估价。他指出，工会包括大约1/4的劳动人口。许多工会是完全不起作用的。甚至于强大有力的工会对工资结构也只能发生有限的影响。据他研究，由于工会的存在，在10%~15%之间的工作人口得到10%~15%之间的工资率的提高。这意味着85%~90%之间的劳动人口的工资率减少了大约4%。其他学者的研究结果也大致如此。

弗里德曼认为，工会扭曲了劳动的正常使用方式，损害了整个社会和工人的利益；同时，它还通过减少条件最差工人可能有的机会，使工人阶级的收入更不均等。

政府和政府支持的垄断。在美国，邮局、电力生产、公路设施、城市供水和类似的工厂等，属于政府的直接垄断。同时，联邦政府还是很多企业和整个行业产品的唯一购买者。此外，政府还支持私人企业建立卡特尔。州和地方政府也发展了一些私人垄断组织。政府授予发明者的专利权和作家的版权，虽然也有垄断特点，但更多的属于财产权的范畴，因而不同于政府支持的其他垄断的类型。

② 垄断的来源。弗里德曼认为，垄断有三个主要来源："技术"方面的原因、政府的支援和私人之间的相互勾结。

技术方面的原因。技术创新可以导致某种程度的垄断。遗憾的是：并没有解决技术垄断的好办法。只存在着三个坏的可供选择的办法：不加控制的私人垄断、国家控制的私人垄断以及政府经营。弗里德曼认为，在可以容忍的限度内，坏处最少的是不加调节的私人垄断。幸运的是，技术创新使垄断成为可能或现实的领域是相当有限的。

政府直接和间接的支援。垄断力量的最重要来源也许是政府的直接和间接的支援。其中，关税、赋税以及有关劳工纠纷的强制性的法律和立法，是三个最明显的例子。它们都在某种程度上限制了潜在的竞争者。

私人的勾结。垄断的最后的一个来源是私人勾结。在自由经济中，相互勾结或私人卡特尔的安排时有发生。然而，除非它们能取得政府的支援，它们一般是不稳定的，持续的时间也比较短暂。

反托拉斯法的主要作用是制止私人勾结。因为，反托拉斯法使相互勾结的代价更为昂贵，而且它们重新肯定了习惯法的原则，即：为了限制贸易而进行的联合在法律上是无效的。

③ 政府应有的政策。在政府政策的范围内，第一个和最迫切需要的，是消除那些直接支持企业或劳工垄断的措施。除此以外，减少垄断力量的最重要和有效的步骤便是广泛地改革赋税法。公司税应该取消。对个人所得税，主要是大量地减少偏高的税率以及消除已经在法律里体现的逃税方法。

④ 企业和劳工对社会的责任。弗里德曼指出，在美国，有一种得到广泛接受的观点，即公司和劳工组织的领导人应当承担超过自己的股东和会员利益之上的"社会责任"。弗里德曼不赞成这种观点。他说，在自由经济中，企业只有一种社会责任，即在法律和规章制度许可的范围之内，利用自己的资源，从事旨在增加其利润的活动。同样，劳工领导人的"社会责任"是为工会会员的利益服务。

弗里德曼用一个例子来说明他的观点。假设某一时期出现了通货膨胀。每个企业家和劳工领袖都接受了消除膨胀的社会责任，并且确实把价格压下去了。结果会是什么呢？显然是产品短缺、劳工短缺、半黑市和黑市。同时有压力要求政府分配这些短缺的物品，要求政府执行工资政策和调拨与分配劳工的措施。最后会导致自由企业制度的毁灭，而被中央控制制度所代替。

弗里德曼还指出，在一个自由企业社会中，要求企业以承担社会责任的名义，出钱支持慈善事业，尤其是支持大学，是不合适的。正确的做法是，由我们社会中最终的财产所有者个人来捐赠。

13. 第九章，职业执照

① 政府对人们从事经济活动的限制普遍存在。执照是人们从事某种生产、经营活动的书面凭证，一般由国家的特定机关颁发。执照形成了垄断，限制了自由竞争。所以，弗里德曼对执照持反对态度。

在美国，职业执照是非常普遍的。弗里德曼转述盖尔霍恩的说法，"到1952

年，除了'个体经营的业务'，像旅馆和出租汽车公司以外，有80多个职业被法律规定发给执照。"弗里德曼指出，在设法说服立法机构制定这类执照要求的争论中，总是把保护公共利益作为辩护的理由。然而，对立法机构颁发职业执照的压力，总是来自该职业的成员本身。同样，发给执照的安排几乎总是受到有关执照的行业的成员的控制。颁发执照，牵涉到他们自己的直接经济利益。他们倾向于用执照来排除竞争。

弗里德曼指出，执照制度似乎起源于中世纪的行会制度。颁发执照实质上是重新建立起了中世纪行会的制度。在决定谁该获得执照时，人们考虑的问题所涉及的事情往往和专业能力没有任何关系。因为少数几个人在决定其他人是否可以从事一种职业时，有些无关的条件有可能被加进来。例如，有些州把从业资格与其是否信仰共产主义联系在一起，这是荒唐的。弗里德曼注意到，很多执照的颁发关注的往往是政治上的便利，而非消费者的经济性考虑。所以，他主张应当"建立一般性的行动原则来反对国家从事某种活动"。

② 执照引起的政策问题。同执照控制有关的控制有三种情形：第一，注册；第二，证明；第三，发给执照。注册是指个人从事某些活动时，在某种官方登记簿上记下他们的名字。其必要性在于：注册可以有助于达到其他的目的；帮助收税；保护消费者免于受骗。证明是指政府机关确认某一个人具有某些技能。执照是指个人为了从事某项职业，必须从一个被认可的机关获得一个执照。弗里德曼认为，不管是注册、证明、还是执照，在经济上都是没有必要的，而且造成了明显的社会代价：这些措施的任何一个几乎都不可避免地要成为牺牲其他公众利益而取得垄断地位的特殊生产者集团手中的工具。在实际生活中，结果总是由某一职业的成员们自己对加入该职业的人数加以控制，并建立起垄断地位。

③ 行医执照。弗里德曼指出，发给执照是医疗职业界能对医生数量进行控制的关键。美国医学协会或许是美国最强大的一个工会。它可以通过控制进入医学院的学生的数量来实现控制医生人数的目的。因为，在美国人们必须取得执照才能开业行医，而为了得到执照，他必须是一个美国医学协会批准建立的学校的毕业生。这是双重的控制。这种控制造成了沉重的社会代价，对开业行医的人如此，对于购买医疗服务的公众也是如此。另外，执照的颁发并没有像他们所宣称的那样保证医疗服务质量。恰恰相反，这种控制减少了医疗服务的数量，抑制了创新精神，从而降低了医学领域中知识增长的速度。那么，如何解决医疗服务的质量问题呢？弗里德曼给出的建议是引入竞争机制，建立公司制，同时个人诊所也应当继续下去，"医生将建立个人的信誉，而某些病人会喜爱个人诊所的易于保密和私人友谊。某些方面的疾病会由于牵涉的方面很小而不适合于医疗集体来

加以治疗，如此等等"。

14. 第十章，收入的分配

收入分配涉及两个问题：第一个是规范分析方面的：国家应该干预分配吗？第二个是实证分析方面的：干预分配有效果吗？

① 分配的道德标准。弗里德曼认为，在市场经济社会中，收入分配该当遵循的道德原则是，"按照个人和他拥有的工具所生产的东西进行分配"，即按产品计酬。他也注意到，人们的能力、态度和风险偏好等是不同的，因而按产品计酬有可能造成收入不均等。但是，他认为，大部分的收入不均等还是来自天赋，来自先天赋予的能力和财产。这是在伦理讨论中真正引起分歧的部分。例如，有人认为，由于个人能力差异，或个人自己所累积的财富的不均等造成的收入不均等，是合适的，而由于继承财富的不均造成的收入不均等就是不合适的。弗里德曼指出，这种两分法是站不住脚的。因为，根据这种认识，就要求分享别人已经积累的财富，而普遍的"分享财富"会使文明世界荡然无存。

② 根据产品进行分配的有效作用。弗里德曼认为，在市场经济社会中，按产品计酬的有效作用，主要的不在于收入分配而在于资源分配。因为，市场经济的核心原则是通过自愿交换的合作。为了交换，人们必须最有效地使用自己的资源。在这里，弗里德曼不赞成马克思关于劳动者被资本家剥削的观点。他认为，只有接受资本主义的道德标准，它在价值判断上才能说得通。但是，如果接受社会主义的"各尽所能，按需分配"，则不应当把劳动者所生产的和其所得相比，而应和他需要的相比。另外，弗里德曼还认为马克思混淆了所有合作的资源的总产品和边际产品的概念。他说，按照马克思主义者所说的："现在和过去的劳动生产了全部产品。现在的劳动只获得产品的一部分。"那么，合乎逻辑的结论应该是："过去的劳动受到了剥削"，而其在行动上的含义为：过去的劳动应该获得较多的产品。

③ 收入分配的事实。弗里德曼指出，在资本主义社会，确实存在着相当程度的收入和财富不均的特征。人们往往据此认定资本主义比其他制度造成了更大范围的不均等。弗里德曼认为这是一种误解。实际情形是，资本主义的扩大和发展，不仅不会扩大收入不均等，相反，会减少不均等。他指出，一个国家越是资本主义化，来自资本部分的收入越少，用于支付给人类劳务的部分越大。例如，在印度和埃及等不发达国家中，大约总收入的一半是财产的收入。在美国，大约1/5是财产收入。他认为，资本主义的巨大成就不是财产的累积，而是它为人们扩大、发展和改进其能力提供了机会。弗里德曼还认为，资本主义的发展还大大

地缩小了不均等的范围。仅以西方国家而论，国家愈加资本主义化，在任何意义上的不均等看来是越少：英国少于法国、美国少于英国。从时间上看，伴随着资本主义的发展，收入分配的不均等也大幅度地缩小了。弗里德曼还指出，人们的误解，同现行的统计方法和统计资料不完善有关。

④ 采用政府措施来改变收入分配。在美国，政府主要用累进的所得税和遗产税来调节收入分配。弗里德曼认为，这些措施虽然不是完全没有作用，但在缩小收入差距方面确实作用很小。原因有二：一是它们的一部分影响只是使税收前的分配更为不均等。二是逃税、避税、偷税和漏税。他提出的建议是："个人所得税的最好的结构是在收入的一定的免税额以上抽取固定比例的税，而其中收入的含义应该非常广泛，并且为赚取收入的开支，规定减免税款的优待办法。"他还认为"纳税减免额可能是累进的一种合理的办法"，"用统一税率的所得税来代替累进的税率结构"等。

15. 第十一章，社会的福利措施

本章对一些具体的社会福利措施进行了分析，主要有：

① 公共住房。有人认为，住房具有较大的邻近影响，所以应当由政府提供公共住房。弗里德曼认为，如果住房确实有外部性的话，应当对它收取较高赋税，使私人成本和社会成本相等。也有人认为，建议公共住房的理由不是邻近影响，而是作为帮助低收入人们的手段，还有人以家长主义为理由。家长主义的理由是：被帮助的家庭"需要"住房比"需要"其他东西更为迫切。弗里德曼不同意这些观点，他提出的政策建议是对贫穷家庭采取现金补贴。

② 最低工资法。弗里德曼不赞成这个法律。他说："如果最低工资法有任何影响的话，那就是，它们显然地增加了贫穷"。因为，"很难要求雇主按照最低工资雇用所有以前在最低工资率以下被雇用的人。这样做显然是不符合雇主利益的。因此，最低工资的影响是使失业人数多于没有最低工资时的情况"。

③ 农产品价格的支持。弗里德曼认为，政府支持农产品的价格完全出于政治意图。这种制度使得储藏仓库和设备的供应者往往成为主要的受益者；同时对消费者也不利，消费者要付两次款；价格支持方案还是执行外交政策的一个主要障碍。为了维持高于世界市场的价格的国内价格，就必须对许多项目的进口施加限额，政策的反复无常对其他国家具有严重的不利影响。

④ 老年和遗族保险。弗里德曼指出，老年和遗族保险的内容可以分解为三部分：一是要求人们必须购买养老金；二是必须从政府那里购买养老金；三是对收入进行再分配。弗里德曼认为，在自由市场经济中，没有必要把这些内容合并

起来。例如，完全可以要求个人支付自己的养老金；也可以允许个人从私人公司购买养老金；同时还可以要求个人购买具体规定的养老金。政府也可以从事出售养老金的事务而又不强迫个人购买具体规定的养老金，并且要求这项事务收支相抵。此外，政府显然能够并且已经从事收入的再分配，完全不需要使用养老金的办法。

关于收入再分配，弗里德曼指出，老年和遗族保险方案涉及两种主要的再分配：一种是从该方案的受益者到其他受益者的再分配，另一种是从一般纳税人到该方案的受益者的再分配。这两种再分配都是没有道理的。关于养老金机构的国有化，弗里德曼认为国有化的唯一优点是有助于强制执行养老金的购买。但是，如果引入竞争，个人的自由选择和私人保险企业之间的竞争，会促进现有的各种养老金契约不断改善。关于强制购买养老金，弗里德曼认为，"它剥夺了我们对我们相当大部分的收入的控制"。它阻止了出售养老金和发展退休安排的竞争。它造成了巨大的官僚机构，它让社会承担了很大的代价，是不值得的。

16. 第十二章，贫穷的减轻

在过去的两个世纪中，西方国家经历的快速经济增长和自由企业收益的广泛分配，使人们的绝对收入大大增加了，从而相应地减少了贫穷。但是，贫穷是相对的，即使是在西方国家，也总有一些人生活在贫穷之中。减轻贫穷的办法之一，是私人慈善事业。但是，在政府福利活动不断扩展的情况下，私人慈善活动相对萎缩了。弗里德曼的政策建议是实施负所得税。

负所得税的基本思想可用如下公式表达：$S = N - t \times I$。其中，S是纳税人从政府领取的补贴（缴纳的负所得税），N是基本生活费用，t是所得税的税率，I是纳税人的收入。

假定每人每月$N = 285$元，$t = 30\%$，则有下列计算。

从计算中可以看出，当纳税人的收入为0时，它不仅不需要缴税，反而可以向政府申请285元的生活费。当纳税人开始有工资等收入时，他的补贴随之减少，但并不是按照100%隐含税率减少，而是只减少30%。当他的收入达到950元时，他从政府所领取的补贴减少到了零。这时的收入，也称为转折收入。

转折收入（Ib）的计算公式是：$Ib = N \div t$。

在本例中$Ib = 285 \div 0.3 = 950$。当纳税人的收入达到转折收入以后，他就不能再领取补贴，而是要向政府缴纳个人所得税了。

在具体实施中，负所得税可以采用与正所得税同样的办法来计算应税所得，即个人和家庭可以用他们的所得之和，减去他们的豁免和扣除。如果结果是负数，它们就有权从政府那里领取税收补助。

负的所得税可以采用等级税率，比如从 30% 开始，逐级上升，甚至到 100%。但是为了征管方便，负所得税应该采用单一税率。

弗里德曼认为，这一安排是专门针对穷人的；是一般性的；显示了社会负担的费用；在市场之外发生作用的。其唯一的缺点是政治上不大受欢迎，政客有可能丢失选票。

最后，弗里德曼还讨论了自由主义和平均主义的关系，认为两者之间是会发生冲突的。因此，人们不可能既是平均主义者，又是自由主义者。

17. 第十三章，结论

在本章中，弗里德曼首先总结性地指出，政府实施的各种干预方案，都没有达到预想的效果。同时，他称赞自由市场推动了美国不断进步：它的公民吃得更好、穿得更好、住得更好，并且出行也更方便，阶级和社会阶层的差距已经缩小；少数人的集体变为在较小的程度上处于不利地位；一般文化水平快速提高。令弗里德曼忧心的是，主张限制政府的作用和主张自由企业的人，仍然处于消极地捍卫其观点的状态，自由的保存和扩展正在受到来自两个方面的威胁。一个威胁是来自克里姆林宫的外部威胁（社会主义国家苏联的经济建设所取得的巨大成就）。它迫使美国将资源的大部分用于国防。另一个则是来自希望改造我们的那些具有良好意图和愿望的人们（以凯恩斯为首的国家干预主义经济学者）的内部威胁，它强调扩大国家干预。而且，这两种威胁正在相互加强。但是，弗里德曼相信，美国将能保存和扩大自由。因为在知识分子的流行思想中，已经出现了明确的变化。这是一个有希望的预兆。

三、简单评述

《资本主义与自由》是米尔顿·弗里德曼 1956 年 6 月在一些大学的演讲稿，经过其妻罗丝·弗里德曼的整理，由芝加哥大学出版社于 1962 年以英文首次出版发行的。

该书全面阐述了弗里德曼的自由主义思想，完整地表达了他的哲学观点，并提出了一系列独特的经济和社会政策主张。其核心思想是：第一，资本主义社会一切活动的最终目的是达到经济自由，经济自由是政治自由得以实现的基础。第二，国家集权对经济生活的干预是弊多利少。

该书出版后，引起了巨大反响和轰动效应，在理论界掀起了一场思想革命。该书阐述的自由经济思想，逐渐深入到经济学界的每个角落，也为政治家提供了决策参考。尤其是关于货币政策与财政政策的研究，以及对各种具体经济措施的考察，都给当时的社会带来了重要影响。该书提出的某些主张已经付诸试验并且获得了成功。例如，在斯洛伐克实行的所得税制度、国际间采用的浮动汇率制，以及美国政府以教育券补助难民学生的制度等。但是，更多的提议还没有被政治家接受和采纳，例如终结执照制度、废止公司所得税等。尽管政治家们口头上常常宣称反对贸易保护主义，赞成该书提倡的"自由贸易"，但是，从来没有人准备将他所提议的于10年内废除所有关税的计划付诸实施。但不管怎么说，弗里德曼确实传播了许多之前在经济学界外极少为人所知的理念，从而使他成了家喻户晓的人物。The Times Literary Supplement 文学评论杂志称这本书为"战后所发行的最具影响力的书籍之一"。本书还被 Intercollegiate Studies Institute 列为20世纪最好的50本书之一，并且在 National Review 杂志整理的20世纪最好的100本非小说书籍列表上排名第10。当然，书中的许多观点，至今依然被视为相当激进（或者如同批评者所言的：反动）而且颇具争议性。

根据 *Capitalism and Freedom*（Milton Friedman, Chicago：The University of Chicago Press，2002年版）撰写。

9

科斯与《企业的性质》和《社会成本问题》

罗纳德·科斯（Ronald Coase，1910~ ）

一、作者简介

（一）**生平**

罗纳德·科斯（Ronald Coase），1910年出生于英格兰，1932年获得伦敦大学学士学位，1951年获得伦敦大学经济学科学博士学位。1937年科斯发表了《企业的性质》一文，开创了新制度经济学研究的先河。1991年，由于他的先驱性贡献，科斯获得了诺贝尔经济学奖。

（二）著作

《企业的性质》（1937年）；《社会成本问题》（1960年）；《经济学中的灯塔》（1974年）。

（三）学术思想

罗纳德·哈里·科斯是产权理论的创始人，代表作是两篇著名的论文。一是1937年发表的《企业的性质》，该文创造性地讨论了产业企业存在的原因及其扩展规模的界限问题。在这篇论文中，科斯创造了"交易成本"（Transaction Costs）这一重要的范畴来予以解释。另一篇著名论文是1960年发表的《社会成本问题》，该文重新研究了交易成本为零时合约行为的特征，并论证了在产权明确的前提下，市场交易即使在出现社会成本（即外部性）的场合也同样有效。施蒂格勒（1982年诺贝尔经济学奖得主）将科斯的这一思想概括为"在完全竞争条件下，私人成本等于社会成本"，并命名为"科斯定理"。科斯被认为是新制度经济学的鼻祖，1991年科斯被授予诺贝尔经济学奖。

二、原著导读

（一）历史背景

1937年科斯在《经济学》新系列十一号上发表了《企业的性质》这篇论文，开创了将交易费用分析方法引入经济学研究的先河。然而，当时新古典经济学在微观经济领域处于无可争辩的主流地位，新古典的研究方法也日臻完善，科斯这篇具有标志性意义的经典论作并没有引起人们的注意。在当时的主流经济学看来，市场是唯一的资源配置机制，追求自身利益的个人依据既定的技术和偏好，受观察到的价格和成本的引导，协调他们的消费活动和生产活动。市场通过价格机制这只"看不见的手"终究能够将社会经济生活组织成为一个完美的有机整体，自发实现生产与消费、供给与需求等方面的多元化与均衡化发展。即使经济生活中出现一些不和谐的状态或因素，价格机制也能够迅速、准确且无成本地加以克服,并使之回归应有的秩序。企业不是被看作一种组织,而是一个由技术变量决定的关于投入与产出关系的生产函数。企业为什么会产生?决定企业规模与企业内部结构的因素又是什么?这些问题并不在主流经济学的研究视野之内,主流经济学的主要研究方向,是把亚当·斯密关于经济可以通过市场价格体系协调这一命题具体化和精确化。

(二) 框架结构

《企业的性质》全文由引言和五部分主体内容构成。科斯在引言部分主要阐明本文研究的目的及意义在于界定"什么是企业"以及企业边界判定的基本标准。此外,科斯还在引言部分重点说明,他的研究方法依然沿用了传统主流经济学的边际替代分析方法。

论文的第一部分,科斯首先对传统新古典主义传统的基本结论提出质疑:既然价格机制的运行如此完美,为什么还存在着企业这样一种区别于市场机制,以科层结构和行政命令作为主要特征资源配置方式?对此,科斯分别从环境不确定性、人的差异性、交易成本、税收成本等方面,解释了企业存在的理由。并且,在第二部分中,科斯进一步以"交易成本"作为度量维度,提出了判断企业规模扩张界限的标准,即企业规模的临界点在于企业内部边际交易成本等于市场或其他企业内部边际交易成本。在第三部分中,科斯进一步阐述了前文所提及的由于人的差异性所产生的劳动分工问题。科斯认为,在现实的经济过程中,有的人习惯于从事创造性的工作,具有决策才能,而有的人乐于处于服从地位,从事常规性工作。这种基于不同个人的差异性,产生了企业的内部分工。第四部分科斯则解释了不同市场环境下企业规模决定的不同情况。科斯认为,前文关于企业边界决定原则的判断标准只适用于完全竞争市场,而在不完全竞争市场条件下,情况将有所不同。在论文的最后一部分,科斯讨论了企业内部雇主与雇员之间的关系之后,对企业规模边界问题做了一个小结。

(三) 著作内容简介

在《企业的性质》一文中,科斯对新古典经济学构设的理想世界提出质疑:既然价格机制如此完美无缺,那么现实经济生活中为什么还存在企业这种区别于市场的经济组织方式呢?科斯的解释是,价格机制的运作并非没有成本,恰恰相反,有时这种成本是如此之大,以致使市场机制失去作用,无法使资源的配置达到最佳状态。科斯认为，企业组织的本质特征是作为市场机制的替代物，在经济生活中，有些因交易费用过大而无法由价格机制进行组织的方面，通过企业方式配置资源，在一定的范围内能够起到减少交易费用的作用。在1937年《企业的性质》这篇论文中，科斯利用交易费用对市场与企业并存的现实的经济事实做了解释，将新古典经济学单一的市场生产制度体系，拓展为彼此之间存在替代关系的市场与企业二元制度体系。交易费用分析方法首先在企业理论上取得突破性成果，此后许多经济学家正是沿着科斯所开拓的思路，将企业理论的研究不断推进。

为了更好理解《企业的性质》、《社会成本问题》以及科斯新制度经济学的基本理论观点，我们首先需要了解新制度经济学关于经济行为主体的基本假定以及科斯经济理论所依据的经济绩效准则。

1. 新制度经济学关于经济行为主体的基本假定

古典和新古典经济学的"经济人"假定，在一定意义上有利于经济学家们对经济问题作深入的分析，因为理论的假定前提越是简单，就越容易绕过复杂情况的干扰。但很显然，将人性理解为是纯粹利己，并可以获得充分信息和进行完全准确的判断，这种假设与参与现实经济活动的人的行为特征相去甚远。进入20世纪以来，经济生活中经济危机、"滞胀"状态频繁出现，也引发了传统经济学在解释力上的危机，许多思想家也开始对古典和新古典经济学赖以建立的人的行为基本假定进行反思。

新制度经济学吸纳了西蒙、纳尔逊、西尔伯格等人关于人性的重新理解，对作为经济学分析前提的人的行为特征做出再解释。新制度经济学创始人科斯指出："当代制度经济学应该从人的实际出发来研究人，实际的人在由现实制度所赋予的制约条件中活动。"[①] 新制度经济学另一个代表人物诺思也认为："制度经济学的目标是研究制度演进背景下人们如何在现实世界中做出决定和这些决定又如何改变世界。"[②] 从"实际的人"出发，新制度经济学家们对人的行为特征做出新的解释。首先，新制度经济学认为，个人只能获得不完全的信息。在现代市场交易中，由于参与者众多，所涉及的各种要素复杂且多变，人们面临的是一个不确定的世界，每个人所获得的信息总是有限的。其次，人只能具备有限理性。现实的个人对环境的判断和评估能力有限，不可能无所不知。最后，人具有非财

---

① R. 科斯：《企业、市场与法律》，上海三联书店，1990年版，第255页。
② 道格拉斯·C. 诺思：《经济史中的结构与变迁》，上海三联书店，1991年版，第2页。

富价值取向。在某种情况下，人们的行为并不必然表现为对财富的追求，诺思认为，利他主义、意识形态和自愿接受约束等一些非财富动机也应当出现在个人的预期效用函数中。尽管如此，在有限理性的个人之间经常发生的还是损人利己的机会主义行为。

新制度经济学对人的行为特征进行重新界定后的一个重要结论是：由于逐利的个人只具备有限理性，并存在机会主义行为倾向，因此人们追逐私利的行为常常伴随着"外部影响"，即存在数额巨大的交易费用，致使个人的成本、收益与社会成本、收益之间无法保持一致性。因此，新制度经济学所关注的问题并不在于证明个人与社会利益的统一性及其具体形式，而在于探讨如何通过适当的制度设置或选择，使交易费用最小，从而实现个人利益与社会利益偏离程度的最小化。

包括新制度经济学在内的整个西方经济学传统都带有浓重的唯心主义社会历史观背景。从亚当·斯密的"经济人"开始，"趋利避害"就被假定为人之本性，是人们一切经济行为的目的所在，因此，在西蒙等人看来，所谓"理性"是一种基于利益目的的行动方案选择，是人们对追求最大化的利益或规避更大利益损失的分析与判断能力，西蒙认为："经济学家一般用理性一词表示靠抉择过程挑选出来的行动方案的属性，而不是表述抉择过程的属性。"因此，"理性是指一种行为方式，它适合实现制定目标。目标可假定是效用函数期望值在某一区域上极大化的形式。"① 理性支配着人们的行动，是人们具体行动方式的依据所在，人们根据自身的这种主观认知结构，遵循"认识—动机—反应—行动"的逻辑进行决策和活动。尽管新制度主义等现代经济学流派在一定程度上也考虑到约束着人们行动的现实因素，并对"理性"的作用与功能范围作了一定程度的限定，但并没有超越用主观认知结构说明人们的行为选择这一基本立场。

西方经济学中对人的理解具有抽象性和一般化特征，在古典和新古典经济学理论中，每一参与经济生活的个人都变成了同一面目、竭尽全力张扬理性以追逐私利的"经济人"，丰富现实生活中活生生个人之间存在着的人格个性和行为特点差异不见了。依照古典和新古典对人的完全理性假设，任何一个参与经济生活的人都可以获得充分完整的信息进行决策，都可以形成准确无误的决策过程，完全理性假定甚至还包含着个人可以对他人的决策以及决策的行动结果进行准确预期，并将其作为自我决策的依据。可想而知，由此构建而成的资本主义经济社会模式当然是美轮美奂的。相对于古典和新古典经济学而言，新制度经济学对"人"的理解更加贴近实际，比如科斯、诺思等人就多次强调要从人的实际出发

---

① 西蒙：《现代决策理论的基石》，北京经济学院出版社，1989年版，第4页、第3页。

来研究人,因此,现实性特征也是新制度经济学具有较充分的解释力,因而近年来发展迅速,引起经济学界普遍关注的主要原因。但是,新制度经济学对人的理解仍然停留在"抽象"层面上,尽管通过不完全信息、有限理性、"满意准则"等范畴对传统的"经济人"假定进行了修正,这一修正逼近了现实,但新制度经济学"从实际出发来研究人"的目标也只是走到这一步,而并没有进一步深入分析更为实际的人与人之间在不完全信息占有结构上的差异,以及个人理性约束条件上的区别。因此,新制度经济学仍然是从"普遍性"、"共性"上理解参与经济生活的个人,着力于说明每个人"都是"具有不完全信息和有限理性,"都在"追求价值财富和非价值财富,个人行为方式差异以及造成这种差异的社会生活因素并没有纳入新制度经济学的理论分析视野。

在包括新制度经济学在内的整个西方经济学发展历程中,关于人性的理解并没有从根本上走出"霍布斯丛林",西方经济学传统将根本的人性定位于"利己",理性的作用也是服务于人的一己私利。尽管新制度经济学某些经济学家认为应当将正义、利他等因素纳入个人的效用函数,但由于缺乏可操作性定义,在他们实际的经济模型分析中——比如在研究外部影响、机会主义行为时——被考虑到的也仅仅是利己主义。这种对人性的狭隘单调界定所必然导致的理论逻辑结果就是将现实中人与人之间的关系仅仅理解为是处于对立状态下的交易关系。在新制度经济学理论中,现实中每个人的最大化行为(不论是追求财富价值还是非财富价值),必然产生人与人之间在要素、信息等稀缺性资源的占有、使用方面的紧张,在信息不完全和非对称情况下,个人机会主义行为的张扬使人们之间的各种交往关系以一种对抗性的方式产生,导致普遍的利益损失,因此有必要通过制度创设或调整以提高经济绩效和减少交易费用。尽管他们也承认每个人除了共同的利己之心以外还存在其他方面的属性,但新制度经济学家们认为其他方面的人性特点只是派生的,他们并不强调分析这些具体的差异性,因为只要确立不完全信息、有限理性等普遍人性,就可以确证机会主义和交易费用存在的必然性,从而为制度的产生、性质、功能、变迁等方面的论证提供必要的理论支点,所以没有必要分析现实中每个人具体行为上的差异究竟表现在哪些方面,而这恰恰是马克思经济学理论分析的着力点。

2. 科斯经济理论中的绩效准则

通过《企业的性质》,我们看到,科斯的研究依然是建立在新古典经济学的绩效准则之上,也是以完全竞争条件下市场机制充分发挥作用时所达到的理想状态为衡量经济绩效的参照标准。但科斯的研究更为接近现实,他将交易费用这一市场运行的"摩擦力"纳入传统规范分析，研究现实世界与无摩擦"科斯世界"理想状态的偏离，进而说明企业生产方式形成的必要性和必然性。因此，为了能够较为准确地把握科斯和其他新制度学派经济学家关于企业性质的理解，我们首先需要讨论他们的研究赖以建立的绩效准则。

帕累托最优是新古典经济学关于价格机制充分运行所达到的理想资源配置状况的描述。在经济活动所涉及的社会范围内，如果既定的资源配置状态的改变使得至少有一个人的状况变好，而同时没有使任何人的状况变坏，那么这种资源配置状态的变化就是"好"的，新古典经济学将这种资源配置状态的优化称为"帕累托改进"；如果对于某种既定的资源配置状态，所有的帕累托改进均不存在，也就是说，在该状态上任意资源配置方式的改变都不可能使至少有一个人的状况变好，而同时又不使任何人的状况变坏，那么这种状态就是资源配置绩效上的帕累托最优状态。反之，如果对于某种既定的资源配置状态，还存在着帕累托改进的可能，也就是说，还可以通过某种或某些改变使至少一个人的状况变好而不使任何人的状况变坏，那么这就意味着这种既定状态还存在优化调整的空间，因而就不是帕累托最优状态。

帕累托最优状态是新古典经济学微观经济理论的效率准则，它所描述的是一种个人与社会相统一的状态。帕累托改进是在其他人效用不变的情况下的个人效用增进，因此个人效用的增进程度与社会效用的增进程度是一致的。也正是在这个意义上，我们可以发现，这种最优状态模型的建立依赖于一个隐含的假定：单个消费者或生产者的经济行为对社会上其他人的福利没有影响，即不存在所谓"外部影响"，经济生活中每个人所得到的效用量都是相互独立的，个人效用量的大小或变化并不会对其他人的行为或效用产生影响。

在帕累托改进和帕累托最优中，单个经济单位从其经济行为中产生的私人成本和私人利益被看成就等于该行为所造成的社会成本和社会利益。然而，新制度经济学分析方法相对于传统经济学的突破，其中很重要的一点就在于此，正如科斯所指出的，在实际经济生活中，传统经济学关于私人成本收益与社会成本收益的一致性假定往往并不能够成立，现实经济生活中"外部影响"是无法避免的。有时，某个人（生产者或消费者）的一项经济活动会给社会上其他成员带来好处，但他自己却不能由此得到相应的补偿，此时这个人从其活动中得到的私人利益就小于该活动所带来的社会利益，这种性质的外部影响被称为"外部经济"；相应的，如果个人为其活动所付出的私人成本小于该活动所造成的社会成本，那么这种外部影响则被称为"外部不经济"。

在传统经济学的规范研究中，外部影响几乎完全被忽略了，因而市场机制这只"看不见的手"总是能够实现资源的最优化配置。但实际上，各种形式的外部影响不仅存在，而且在影响程度上足以使市场资源配置偏离帕累托最优状态。即使假定市场仍然是完全竞争的，不存在垄断等因素，但由于资源配置受外部影响的扭曲，也不可能达到帕累托最优状态。"看不见的手"在外部影响面前失去了作用。

3. 科斯定理

20世纪初，英国著名经济学家A.庇古注意到了外部影响对市场机制的扭曲问题，并力求用一种源自市场外部的力量加以解决。庇古指出，市场失灵现象发生于私人净收益和社会净收益发生偏离的时候，据此庇古主张通过国家行为来纠正外部影响所造成的市场失灵现象。具体办法是对造成损害的一方征税，由此提高个人成本，使外部效应"内在化"，从而重新恢复社会成本和收益相等的最优边际条件。

科斯也注意到了外部影响所造成的新古典经济学危机，但科斯并不认为国家干预能够恰当地消除各种外部影响，相反他认为国家行为往往扰乱了市场机制的正常作用。1960年10月，科斯在《法学与经济学杂志》发表了《社会成本问题》一文，将"产权"引入对外部问题的经济分析，开拓了一条与庇古完全不同的解决思路。在这篇文章中，科斯指出：只要财产权是明确的并得到充分保障，并且其交易费用为零或者很小，则无论在开始时将财产权赋予谁，市场均衡的最终结果都是有效率的，这个结论后来被概括为"科斯定理"（Coase Theorem）[1]。

科斯定理的出现并不是否认市场机制的有效性，而是进一步强调了"看不见的手"的作用。按照这个定理，只要那些假设条件成立——即①财产权利明晰，并得到充分保障且可以自由转让；②市场交易费用为零，或者很小——那么即使在经济生活中存在较为严重的外部影响，也不可能导致资源配置不当，或者说，只要具备这些条件，市场力量就依然足够强大，足以使外部影响"内部化"，从而仍然可以实现帕累托最优状态。

为什么科斯认为财产权的明确性和可转让性具有如此重要的作用呢？根本原

---

[1] 这只是关于科斯定理的一般含义，科斯本人并没有，也一再拒绝给出关于科斯定理的完整且规范的表述。另外，"科斯定理"并不是科斯本人命名的，而是诺贝尔经济学奖获得者、美国芝加哥大学教授G. 斯蒂格勒（G. Stigler）在其1966年出版的《价格理论》一书中最先提出的，他把该定理概括为"在完全竞争条件下，私人成本将等于社会成本"。

因就在于，如果财产权利明确且可自由转让，那么市场机制的作用就可以使得私人成本（或收益）与社会成本（或收益）趋于一致。具体地说，将财产权明确赋予某人，并假定该权利可以自由买卖，那么财产权对所有者来说就是一件有价值的特殊"商品"。财产权利不论是生产者从市场上买到的，还是其自身原来拥有的，作为商品它也和资本、劳动力一样，是一种有价值的"生产要素"，是生产成本的一部分。财产权利明确且受到有效的保障是生产者能够消除各种外部影响，并按照自己的意愿自由组织生产的重要条件，因而也是市场机制"看不见的手"能够灵动地操纵生产者，充分发挥其作用的关键。

我们可以通过一个具体的例子说明科斯经济学中关于财产权利及其可转让性的重要意义。假定有一条河流，在其上游有家造纸厂，河流的下游分布着几家养鱼场，造纸厂的污水排放一定程度上影响了养鱼场鱼苗的生长，造纸厂生产行为的私人成本低于它所造成的社会成本，而各养鱼场经营者的私人成本则高于社会成本，造成这一现象的原因就在于造纸厂侵犯了养鱼场所有者的财产权利。如果养鱼场的财产权利不可侵犯且受到严格保护，那么造纸厂就必须为自己对养鱼场所施加的外部影响负责。在养鱼场的财产权利可以转让的情况下，造纸厂可以通过支付一定数额的货币向养鱼场所有者购买"鱼场财产不受侵犯"这一权利。这样一来，造纸厂的生产行为可以继续，但此时它的生产总成本提高了；另一方面，养鱼场由于出让了部分原本归属于自身的财产权利并由此得到了相应的补偿，因而由污染所造成的私人成本下降了。由此可见，如果将"财产权利"视为一种特殊的商品并可以自由交易，那么在市场机制充分发挥其作用的条件下，一切外部影响终将被内部化，从而使私人成本（收益）与社会成本（收益）相一致，最终还是可以达到帕累托最优状态。

4. 科斯企业理论中的"交易"

新制度经济学要打开企业"黑箱"，探讨企业这样一种具有一体化特征的人与人之间的经济组织形式的存在缘由。绝大多数新制度经济学家将人与人之间的经济交往关系理解为交易关系，因此人们从事某项经济活动也需要通过一系列交易行为完成，而交易行为又是通过某种制度进行组织的，同样的交易目的在不同的交易组织形式下，所形成的交易费用也不相同，企业就是一种能够减少交易费用的人与人之间交易关系的组织形式。

在理解新制度经济学关于"企业是什么？"的说明时，我们应当追问一个更为根本的问题，即"企业为什么产生？"，我们知道，通过不同的制度形式所形成的人与人之间的组织关系，的确可能存在组织成本或者说交易费用上的区别，但这种区别归根到底只能说是实现某种共同目的的形式上或者手段上的区别，它可能成为企业形式存在的某种依据，但却不是人们建立这种经济组织形式的根本理由。在企业中，人与人之间实际是作为各种要素的所有者组织成一体化关系的，人们按照某种质的要求和量的比例将自身所代表的各种生产要素组织成为一个有序的系统，其目的就是为了实现特定技术的要求。我们知道，单纯的生产技术只是一种潜在的生产力，技术要转化为现实的生产力，必须与劳动者、劳动资料和劳动对象相结合，所以，资本的有机构成应当适应资本的技术构成，只有这样，企业才能代表先进技术的要求，有效地参与市场竞争。如果仅仅从交易费用出发，我们很难理解企业内部由各种要素组成的有机结构的形成依据。

在《企业的性质》一文中，科斯认为，当完成某项生产经营活动所涉及的要素较多时，如果这项经济活动由市场交易关系进行组织，那么各要素所有者之间就必须两两签订市场契约，因此往往会因为成本、信息等方面的原因而无法顺利完成经济行为的组织。而如果存在一个中心缔约人，其他要素所有者只要分别与他订立交易契约，就可以完成生产经营行为的组织，这种新的经济组织方式就是企业形式。相比于由市场组织这项经济活动而言，后者尽管还是形成契约，但契约的数量却大大减少，因而是一种企业组织是一种能够减少交易费用的经济行为组织方式。

经济组织形式的选择应当服从于经济组织目的，但在科斯的以上说明中，目的恰恰被抽象掉了，而交易费用却成为交易形式选择的唯一理由，这种解释是难以令人信服的。按照科斯的说法，假定存在着A、B、C、D、E五位要素所有者，如果以市场契约方式构建他们之间的关系，那么需要完成十项市场契约的订立；而如果由A作为中心缔约人，B、C、D、E分别与A缔结契约，只需要订立四项市场契约。但问题在于，为什么会由A这个要素所有者作为中心缔约人，而不是B、C、D或者E呢？按科斯的解释，如果由B、C、D或者E作为中心缔约人，所产生的交易费用与A作为中心缔约人时是一样的，至少是差不多的。但在马克思经济学的企业性质观中，以不同的要素所有者作为核心所组织的企业要素有机系统，却是完全不同的技术实现载体，在生产上的意义是根本不同的。因此，经济组织形式自身的特点并不能成为经济组织形式选择的根本理由，我们更应当根据经济活动的生产经营目的来说明经济组织形式选择的合理性。

5. 科斯的企业性质观

财产权利的明确界定和自由转让,为在新古典经济学模型内解决妨碍市场机制发挥作用的外部问题,提供了一条出路。然而,科斯的真正目的并不是希望通过如此修补使新古典理论趋于完美,而是要引出新古典经济学在自身范式内所无法解决的交易费用问题,并由此说明在存在正交易费用的条件下,财产权利配置对于经济绩效的重要性。

将财产权利的可交易性引入经济学解释框架以后,科斯认为,市场上交易的东西并不是传统经济学所认为的实物,而是经济单位所拥有的对实物的权利和经济单位采取行动的权利,权利才是"看不见的手"所配置的真正对象。在市场交易费用为零或可以小至不计的所谓"科斯世界"里,不论初始的财产权利如何安排,市场机制总是能够通过权利交易实现私人成本与社会成本的一致。在科斯定理中,只要产权界定明晰(第一次配置),加上价格制度(第二次配置)就会解决由外部影响所造成的冲突,不论产权归谁所有,具体结构如何,市场交易总是能达到帕累托最优状态。然而,这种状况是建立在无交易费用的假设条件下的,也就是说,依然假定财产权利可以在市场交易中无任何成本地自由转移。然而,科斯真正要说明的是,在现实的经济生活中,交易费用是如此巨大,以致经济活动的结果可能远远偏离帕累托最优状态,完全消除私人成本(收益)与社会成本(收益)的差异只能是一种绩效理想。这样一来,问题的关键就由原来的产权界定是否清晰与保障是否有力,转向产权如何界定或者说产权结构在内容上如何安排了。在正交易费用条件下,初始产权的配置与保障成为至关重要的因素,不同的初始产权配置结构,在其后为消除外部影响的权利交易中,形成的交易费用大小并不一样,因而相对于帕累托最优状态的偏离程度也不一样。在这个意义上,科斯指出:"合法权利的初始界定会对经济制度运行的效率产生影响。"

我们可以借用科斯的"斯特古斯诉布里奇曼案"说明这一问题:制糖商机器的噪声与震动干扰了隔壁医生的工作,初始权利的安排直接决定医生是否有权强迫制糖商安装新机器或挪动旧机器,或者制糖商是否有权强迫医生另择诊所。科斯指出:"人们一般将问题视为甲给乙造成了损害,因而所要决定的是:如何制止甲?但这是错误的。我们正在分析的问题具有相互性,即避免对乙的损害将会使甲遭受损害,必须决定的真正问题是:是允许甲损害乙,还是允许乙损害甲?关键在于避免较严重的损害。"也就是说,若将交易费用纳入我们的讨论范围,那么问题的关键就不再是财产权利的界定在形式上是否"明确"、权利的保障是否"有效",而是必须关注权利界定的内容本身,或者说,应当如何界定权利？不同的初始权利安排结构以及权利交易赖以进行的制度设计，相应地可能产生不同的外部问题，并且在通过权利交易实现帕累托改进的过程中，所导致的"阻力"也不相同。我们应当根据各种权利配置方式可能产生的交易费用的大小，来选择适当的权利安排结构。

正是从这个意义上，科斯提出了他的企业性质观。科斯认为，企业的本质特征在于它是市场价格机制的替代物。企业就是一种异于市场的财产权利安排结构，通过这种权利安排能够减少市场的交易费用。"在企业出现时，合同不会完全消失，但会大大减少。……在某一报酬（它可以是固定的也可以是浮动的）水平上，生产要素通过合同同意在某些限度内服从企业主的指挥。这一合同的本质特征是，它应该只规定企业主的权力范围。在这些限度内，他可以指挥其他生产要素。"因此，在企业内部，要素实现组合过程中的讨价还价被取消了，一个统一权威的行政指令取代了市场交易，经济绩效的优化不再是通过契约对权利进行调整的结果，而是行政决定的结果。这实际上是通过企业将某些外部效应内部化了。只要企业的行政组织成本低于市场的成本，并且企业活动可获得的收益大于它的组织成本，人们就会采用这种经济组织形式。

与此同时，科斯强调，企业的形成和内部要素的组织结构与既存法律制度形式密切相关。在存在交易费用的条件下，法律制度的功能不仅局限于明确、保障财产权利，更为重要的是法律制度体系本身构成财产权利初始配置和产权市场交易的制度背景。不同的法律体系设置意味着不同的产权交易路径和交易成本，从而决定了要素产权的具体组合方式和交易的具体实现路径。这样一来，科斯实际上又把经济生活中企业、市场的二元制度体系，扩展为企业、市场和法律的三元制度体系。

6. 科斯的企业规模理论

在新古典经济学中，企业作为一种生产单位，在规模上的大小取决于企业的技术条件，但新古典经济学微观经济理论并没有打开企业这个"黑箱"，没有从企业组织内部具体分析技术对企业究竟意味着什么，技术又在哪些方面以何种方式决定了企业规模的大小。新古典的微观经济理论只是把企业视为关于某种技术条件的投入产出函数，采用的是外在现象层面的评判标准，用生产要素投入的规模报酬变化状况衡量处于某种既定技术水平下企业的最优规模。根据新古典规模经济理论，在一定范围内，企业投入要素的增加，生产规模的扩大，将引起长期平均成本的递减，因此会给企业带来更大的经济效益，这种状况称为企业的规模报酬递增，即企业产量增加的比例大于各种生产要素增加的比例。然而，这种长期平均成本的递减和企业规模报酬递增的状况存在一定的限度，随着企业生产规模的扩大，生产技术条件的潜力被逐渐发掘出来，得到日益充分的利用，当到达要素增加比例与企业产量增加比例相等这一均衡点时，如果进一步扩大生产规模，不仅无法获得规模效益，还会导致规模不经济的发生，即转而成为企业要素投入的规模报酬递减。因此，在新古典经济学中，要素投入增加的边际比例与产量增加的边际比例相等这一点就是确定单个企业最优规模的均衡点。

科斯企业理论的研究视角与新古典经济学存在重大的区别，科斯的关注点主要在于企业的性质，他要打开新古典企业这个"黑箱"，从内在本质方面解释企业作为一种区别于市场的经济组织形式得以产生的缘由。科斯的贡献在于将交易费用引入现代经济分析，用交易费用这一概念完成对企业与市场二元制度结构的统一解释。然而，在科斯赋予了交易费用分析普遍解释力的同时，也淡化了技术因素对企业的作用，这一点集中体现在科斯的企业规模理论中。科斯认为，技术对企业规模的影响是间接的，技术只是影响交易费用的因素之一，技术只有作用于交易费用才能影响企业的规模。也就是说，科斯不是把技术因素视为是相对于企业规模变动的自变量，而是将其视为相对于交易费用变动的自变量。"缩短生产要素间距离的发明活动，通过减少空间分布，会增加企业规模。诸如电报和电话等的发明降低了在空间上组织交易的成本，因而会增加企业的规模。所有改进管理技术的变化都会增加企业规模。"① 技术只是影响交易费用的技术，交易费用才是决定企业规模的核心要素。

科斯认为，产生市场失灵，无法实现新古典经济学的理想经济绩效，根本原因在于市场上的交易都是有成本的。各种形式的交易费用就像威廉姆森所比作的"摩擦力"那样，阻碍着资源配置最优状态的实现。

在他的一些代表性论著中，科斯大体谈到了交易费用的某些具体表现形式，例如，在经典论文《企业的性质》中，科斯认为尽管市场通过价格机制引导人们的生产与消费行为，但人们发现适当的价格或者进行各种价格之间的比较并不是没有成本的，"通过价格机制组织生产，最明显的成本是搞清楚各种与之有关的价格"。市场上人们的基本行为是交易行为，"市场上发生的每笔交易的谈判和签约费用也必须加以考虑。"1960年发表的《社会成本问题》，是引发经济学界真正开始认识科斯思想的关键之作。在这篇论文中，科斯从另一个角度对交易费用的概念进行了补充，他说："为了进行市场交易，有必要发现谁希望进行交

---

① 科斯：《企业的性质》，路易斯·普特曼、兰德尔·克罗茨纳编：《企业的经济性质》，上海财经大学出版社，2000年版，第89页。

易,有必要告诉人们交易的愿望和方式,以及通过讨价还价的谈判缔结契约,督促契约条款的严格履行,等等。这些工作常常是花费成本的,而任何一定比率的成本都足以使许多无需成本的定价制度中可以进行的交易化为泡影。"在1991年接受诺贝尔经济学奖的演讲中,科斯进一步补充说:"谈判要进行,契约要签订,监督要实行,解决纠纷的安排要设立,等等。这些费用后来被称为交易费用。"①

通过上述说明,我们可以发现,科斯关于交易费用究竟是什么的说明是十分空泛的,科斯本人也不得不承认,他的交易费用定义在可操作性上存在重大缺陷。但这并不能否定科斯将交易费用纳入现代经济研究,在西方经济学理论发展史上做出的具有里程碑式的贡献。科斯正是通过交易费用学说说明企业的本质与企业存在的必然性。科斯认为企业最显著的特征是价格机制的替代物,企业是一种异于市场的经济组织方式,在某些方面和某种范围以内,通过企业形式组织经济活动,可以大大减少交易费用。

然而,企业与市场一样,作为一种经济组织方式,它同样存在自身内部的组织成本。科斯认为企业自身的组织成本主要有以下几个方面:"首先,随着企业规模变大,在企业主的职能上,可能存在收益递减,就是说,在企业内组织更多交易,成本可能上升。……其次,随着被组织的交易的增加,企业主可能无法把生产要素安置在其价值最大的用途上,就是说,他无法最好地利用生产要素。……最后,一种或多种生产要素的供应价格可能上升,因为一个小企业的'其他优势'要超过一个大企业。"

在科斯看来,企业对市场的替代虽然能够减少交易费用,但企业组织的作用并不是万能的,否则所有的经济组织都将由企业完成,那就不存在市场交易了。科斯将企业内部组织的交易费用看成是企业规模的增函数,随着企业规模的扩张,企业内部协调生产经营的各种交易费用也随之上升,正是不断增长的交易费用阻止了企业规模的无限扩张。具体来说,当企业规模变得越来越大,所需要控制的等级和范围也越来越多,内部协调中出现的不确定性也随之增长,组织企业内部的经济活动的费用将随之增加。"自然,企业的扩大必须达到这一点,即在企业内部组织一笔额外的交易的成本等于在公开市场上完成这笔交易所需的成本,或者等于由另一个企业家来组织这笔交易的成本。"这一点就是企业达到最

---

① Ronald Coase, 1993: "1991 Nobel Lecture: The Institutional Structure of Production" in The Nature of the Firm: Origins, Evolution, and Development, edited by Williamson, O. E. and Winter, G. W., Oxford University Press, P. 230.

优规模的均衡点，如若超过这一点继续扩张企业的规模，不但不会抵消从市场交易中节约成本所带来的收益，而且企业总体协调费用也会增加，在这种情况下，再扩大企业规模会得不偿失。因此科斯认为企业规模最优条件应当处于企业边际交易费用减少额等于边际组织费用增加额这一均衡点上。

三、简单评述

在企业性质解释上，科斯认为："通过价格机制'组织'生产的最明显的成本就是所有发现相对价格的工作。"企业组织形成有利于减少"发现相对价格的成本"。我们发现，科斯只是用企业与市场两种组织机制的交易成本比较说明企业组织形成的意义。那么，这是否意味着，企业与市场的替代关系并不改变新古典意义上各要素的均衡价格体系以及相应的技术关系？

事实上，引入交易费用后，科斯的讨论不得不在两个层面上同时展开：一者是目标层面，即所要"发现"的相对均衡价格体系本身，这是在零交易费用假定下，最大化目标的经济行为主体通过各种要素和产品比较和边际替代，最终达到一般均衡状态，其标志是各要素的均衡价格与其边际生产力贡献相等，并存在相应的满足上述条件时各要素间的技术关系。目标层面讨论的基础是各种生产要素的数量约束给定、行为主体的最大化目标以及技术条件的外生性假定。在零交易费用条件下，只要满足上述条件，市场充分竞争的结果终将导致要素均衡价格体系，但在正交易费用条件下，这种理想均衡价格体系只能停留于一种潜在的可能；另一者则是方式层面，即在"发现"相对价格的方式选择上，究竟是通过市场机制还是通过企业组织才能够以更少的"定价成本"发现相对价格与各要素的贡献率差异。方式层面的讨论基础在于存在正交易费用，科斯默认为在现实经济生活中，市场价格机制和企业都可以完成各要素一体化组织，只不过两种一体化方式之间存在某种程度的交易成本差异。

依照科斯的逻辑，一旦在新古典厂商理论基础上引入组织制度分析，对企业权威而言就分别在目的和手段两个层面上产生了技术和制度两种行动目标：企业权威既要依照要素相对价格进行技术关系选择，确保达到新古典意义的一般均衡价格，实现对要素的最优技术安排，又要以交易费用为度量维度，对企业进行规模调整，以达到企业和市场的制度边界均衡。然而，企业权威努力的这双重目标难以统一：

一方面，科斯认为，企业组织内各要素的定价成本随其规模的扩张而递增，企业与市场的制度均衡条件，是由企业组织同一笔交易所节省的边际交易成本等于由市场完成同一笔交易的成本。可见，交易费用是科斯用以解释企业替代市场的必要性意义和企业规模的唯一维度，只要均衡价格存在的约束条件不变，发现相对价格机制之间的边际替代——企业替代市场或者企业规模变迁——所改变的只是要素的定价成本，而并不改变均衡价格体系本身。但另一方面，在新古典理论中，边际替代方法与要素规模报酬递减是紧密联系在一起的，厂商对同一要素的连续追加使用往往导致该要素边际生产力递减，要素报酬随之相应下降，换言之，企业替代市场的规模扩张过程同时将在目标层面上改变了要素均衡价格体系本身和要素之间的技术关系。对此，科斯本人也不得不承认，一旦某种要素纳入了企业一体化组织，"这意味着，相对价格体系已发生了改变，新的生产要素安排将出现。"这样一来，科斯就不能仅仅通过比较"所增加的内部组织成本"和"所减少的发现相对价格体系的成本"说明企业组织存在的必要性。如果承认要素的均衡价格和技术关系具有组织机制上的依赖性，对企业的性质解释就不得不同时考虑企业制度形成对减少交易费用和改变技术绩效的双重影响，但很显然，这又违背了科斯对企业性质的直接判断。

科斯意识到他的理论努力陷入困境，"现实世界中，企业的这两种职能——通过预测需求和根据这种预测进行行动而对相对价格体系产生影响并进行管理，以及作为给定相对价格的被动接受者——通常是由同一些人执行。但是，在理论上似乎应该把它们区分开来。"科斯的理论逻辑无法保证企业权威在技术与制度两种目标上的统一，但是，由于"科斯第一定理"关于零交易费用状态的解释实际上沿承了新古典关于要素技术关系外生性假定，这恰好掩盖了企业与市场之间的制度替代对要素技术关系产生的影响，为上述逻辑困境提供了一个避难所。然而，也正因如此，科斯关于企业性质和企业权威作用的解释也只能局限于节约完成要素一体化的"交易成本"，企业相对于市场机制的异质性特点、企业权威在实现技术创新和市场扩张等方面的能动作用无法纳入科斯的解释框架。

根据 Ronald Coase 所著的 The Nature of the Firm, *Economica*, 1937（4）和 The Problem of Social Cost, *Journal of Law and Economics*, Vol. 3（Oct., 1960）撰写。

10

斯蒂格勒与《产业组织与政府管制》

乔治·斯蒂格勒（George J. Stigler，1911~1991年）

一、作者简介

（一）生平

乔治·斯蒂格勒（George Joseph Stigler，1911年1月17日~1991年12月1日），美国经济学家。斯蒂格勒是移民的第二代，出生在美国华盛顿州的西雅图市。斯蒂格勒先后得到西雅图华盛顿大学商学院企业管理学学士（1931年）、西北大学企业管理学硕士（1932年）和芝加哥大学的博士学位（1938年）。斯蒂格勒的教执生涯首先是从爱达荷大学开始的,从 1936~1938 年担任助理教授;1938~1946 年任教于明尼苏达大学,期间于 1941 年升为正教授;1947~1958 年任教于哥伦比亚大学,这段时间斯蒂格勒的经济思想趋于成熟。1958 年斯蒂格勒到芝加哥大学担任教授,其后在芝加哥大学里经历了芝加哥经济学派引领风骚的 20 多个年头。1977 年在斯蒂格勒的指导下创立了"芝加哥大学经济与国家研究中心"(Center for the Study of the Economy and the State)并出任该所主任。1981 年斯蒂格勒从经济系教授职上退休,但持续担任研究中心主任至 1991 年去世为止。他在经济学上的主要贡献表现在他对经济思想史、市场行为理论、工业组织与产权理论、政府管理等方面的研究。其中,由于他在产业组织和政府管制方面进行的创新性研究而获得 1982 年度诺贝尔经济学奖。

(二)著作

其主要著作有:《生产和分配理论》(1941 年);《价格理论》(1942 年);《信息经济学》(1961 年);《知识分子与市场》(1963 年);《经济学史论文集》(1965 年);《产业组织》(1968 年);《公民与国家》(1975 年);《经济学布道家》(1982 年),等等。

(三)学术思想

斯蒂格勒是芝加哥学派在微观经济学方面的代表人物,他是信息经济学的创始人之一,他认为消费者在获得商品质量、价格和购买时机的信息成本过大,使得购买者既不能,也不想得到充分的信息,从而造成了同一种商品存在着不同价格。斯蒂格勒认为这是不可避免的、正常的市场和市场现象,并不需要人为的干预。斯蒂格勒的观点更新了微观经济学的市场理论中关于一种商品只存在一种价格的假定。在研究过程中,斯蒂格勒还把这种分析延伸到劳动市场。这些研究建立了一个被称为"信息经济学"的一个新的研究领域。

斯蒂格勒的另一贡献是对社会管制政策的精辟批评,他力图论证"看不见的手"在当代仍获得良好的效果,而政府管制则常常不能达到预期的效果。他主张实行自由市场制度,反对垄断和国家干预。他是被称为"管制经济学"的新的重要研究领域的主要创始人。弗里德曼赞誉斯蒂格勒是"以经济分析方法来研究法律与政治问题的开山祖师"。

二、原著导读

（一）历史背景

产业组织理论是战后迅速发展起来的一个微观经济学分支，主要研究市场结构、市场手段及市场绩效之间的相互关系，是以"市场"这一层次为研究对象，从同一市场中各厂商关系这一角度来研究厂商行为及其后果的。施蒂格勒是产业组织理论的创始人之一，他力图证明竞争的现实性和形成垄断力量的困难。另外，从20世纪60年代初期开始，斯蒂格勒就对一些公共管制政策进行研究，诸如：各州的公用事业委员会对电价的管制、证券管理委员会对发行新股的管制以及反托拉斯法等。斯蒂格勒之所以会从事这方面的研究，是因为斯蒂格勒对经济学界普遍的做法——把法律条文视同实务运作——深表怀疑。斯蒂格勒的研究发现常常颇令人诧异：电力事业的管制并没有帮助到家庭用户；而对发行新股的管理，也并没有帮助到购买这些股票的孤儿寡妇。斯蒂格勒直到很晚才提出了一个最明显的问题：为什么会有公共管制？斯蒂格勒尝试从不同团体的成本效益来看问题。这样的分析法显然和主流的政治学研究方法不符。后者认为，引进管制政策，只是单纯地表示立法当局回应高涨的公众需求以保障公共利益。而追溯公共需求的起源则是因为某种社会之恶的存在与滋长，导致力主改革的人士希望唤起社会大众的注意。然而这种所谓的"公共利益"理论，难以说明保护性关税或是农村方案等措施，更无法解释政策制定的时机。于是斯蒂格勒就写下了该书中的相关文章，在该书中，一方面斯蒂格勒以其对自由市场原则的坚定信仰以及对市场运行的深刻理解向我们揭示了真实是市场运行的若干规律；另一方面他以严谨的方法和态度研究和分析了许多经济政策特别是管制政策运行的确切后果，并以这些事实为依据，有力地为自由市场制度提供辩护。

（二）框架结构

该书包括上下两篇，共11篇论文。其中上篇为"产业组织"，集中反映了斯蒂格勒有关产业组织和市场作用方面的论述。第1~4篇讨论了与规模经济有关的产业结构问题，第5~7篇则突出体现了斯蒂格勒关于市场价格与信息的关系的论述。下篇论述政府管制，包括4篇论文，主要对国家对经济进行调节的原因和后果进行了探讨。

第1篇论文"通向垄断与寡占之路——兼并",主要讨论了兼并的发生和特点。首先,斯蒂格勒分析了竞争厂商通过兼并达到垄断也有利可图的条件。斯蒂格勒认为,兼并前后成本变化不大,即规模经济与否(只要不显著)对兼并的影响不大。然后斯蒂格勒以美国兼并史为例,考察了作为兼并史上两个时期目标的垄断与寡占的产生,说明现代资本市场刺激了垄断的产生与发展,而谢尔曼法(反托拉斯法)抑制了兼并,导致兼并由垄断发展为寡占。

第2篇论文"市场容量限制劳动分工",围绕亚当·斯密"市场容量限制劳动分工"这一定理,分析了厂商(产业)的功能,讨论了企业内部分工与社会分工的关系,是一篇分析厂商结构与界限的开创性的论文。斯蒂格勒还提出了构成厂商功能理论的一个组成部分的产业生命周期假说。

第3篇论文"规模经济",讨论了厂商的最佳规模及决定因素,认为在长期竞争中得以生存的厂商,其规模为最佳规模。斯蒂格勒考察了美国的制造业。根据计算各时期各厂商占产业的比重测定厂商规模的方法。当所有厂商拥有完全相同的资源时,一个产业才会只有一个厂商最佳规模。最后,斯蒂格勒分析了决定厂商最佳规模的因素。他指出厂商规模、资本密集程度和广告开支与最佳规模的相关性不大,而科技状况(以工程师占劳动力的比重表示)及工厂规模与最佳厂商规模是相关的。

第4篇论文"进入壁垒、规模经济和厂商规模"探讨了决定厂商规模的因素。斯蒂格勒认为,需求条件与规模经济(企业家能力对之有影响)是决定厂商规模的因素。而进入壁垒只是影响需求(而非决定厂商规模)的因素。斯蒂格勒指出,资本需要量、产品差异只影响规模经济而不是进入壁垒的因素。他突出了政府管制构成进入壁垒的作用,而把规模经济排除在外,对20世纪70年代发展的"可竞争市场理论"有很大影响。

第5篇论文"信息经济学"的发表,标志经济学的新分支——信息经济学的诞生:该文着重尝试系统分析重要的信息问题——市场价格的确定。斯蒂格勒对以完全竞争为前提的单一市场价格产生怀疑,认为由于信息的不完全,造成了市场价格的差别。斯蒂格勒还指出,信息是有成本的(这一点与传统经济理论不同。同样,获得信息也是有收益的,如买到价格较低的商品等)。斯蒂格勒认为,最佳搜寻次数在边际成本等于预期收益时达到,同时,这一点也决定了最佳信息量与信息价格。

第6篇论文"劳动市场的信息",劳动市场的信息主要包括工资率、职业的稳定性和工作条件等。这里,斯蒂格勒集中讨论了工资的决定。首先,斯蒂格勒以芝加哥大学的毕业生求职的公司提供的月薪为例说明工资具有离散性，而离散的重要原因之一在于掌握信息的不同。最后，斯蒂格勒说明了作为资本的信息的作用价值。从社会的观点看，对信息投资的报酬是劳动力更有效的配置。

第7篇论文"论寡占"是一篇引入信息问题分析厂商串谋的杰作。首先，斯蒂格勒指出，寡占厂商串谋的任务在于制定一种价格结构（常表现为垄断高价）以实现共同利润的最大化。但在现实中，串谋往往被破坏。另外他还分析了串谋的方法，然后还利用一个简化的模型来研究探查秘密削价问题，在这里他主要是分析秘密削价的条件。最后他利用若干实例来证明了这些条件的真实性。

斯蒂格勒属于主张自由放任的芝加哥学派，一直反对政府干预。因而在下篇的几篇论文中，对政策管制的失效及原因作了较为详细的分析。

第8篇论文"管制者能管制什么——电力部门实例"，通过对比受管制与不受管制的供电企业，说明管制的内容（目标）与管制效果并不相同，无论从电费水平，还是从电费结构和股东收益来看，管制均未收到应有的降低电费等效果，而导致失效的原因可能是：①单个供电系统未形成强大垄断力量，也面临竞争，因而不管制，也不能索取高价，否则，人们会转用其他公司的电力；②管制机构不可能有效地控制企业的日常运行，因而，受管制企业仍可定高价。

第9篇论文"证券市场的公共管制"，着重分析了证券交易委员会对证券市场的管制。首先，斯蒂格勒考察了这种管制的效果。然后他分析了市场效率的标准，认为有效率的资本市场是保护投资者的主要手段。斯蒂格勒还分别讨论了在供求静态条件下有效市场的性质以及动态条件下提高市场效率的措施。

第10篇论文"经济管制论"，探讨了为什么管制未达到总体目标（失效）而又发生管制的原因。首先，斯蒂格勒指出："经济管制理论的中心任务是理解谁从管制得益，谁因管制受损，管制会采取什么形式及管制对资源配置的影响"。该文主要分析了管制对生产者的影响。一般来讲，谋求立法的产业规模越大，立法（管制）成本越高。由于管制不是免费取得的（有成本），所以，没有一个产业（或集团）可获得完全保护。为此，斯蒂格勒进一步分析了哪些产业易发生管制。

最后一篇论文"经济管制的操作"，进一步研究了管制机构本身。首先，斯蒂格勒说明了测定管制程度的方法。其中，可"用垄断利润来测度管制对垄断者的影响"，"用因下降而节约的开支加上消费者的剩余的增加来测度管制对消费者的影响"。其次，斯蒂格勒通过实例证明，管制开支是不断增长的。他还说明，管制中往往采用的是对管制对象收费的方式。最后，斯蒂格勒分析了管制机构工作人员的职业背景。

(三) 著作内容简介

1. 通向垄断与寡占之路——兼并

斯蒂格勒在这一部分主要讨论了兼并的发生和特点。他指出：一个企业通过兼并其竞争对手的途径发展成为巨型企业是现代经济史上一个突出的现象，这打破了关于厂商成长理论中的拟人化理论。兼并也成为现代公司使自己成长并发展成为有巨大影响力的跨国公司的一个非常重要的并且是必要的途径。

斯蒂格勒首先分析了对于竞争性厂商而言，其通过兼并达到垄断从而获益的假定条件：①所有规模适当的厂商长期平均成本和边际成本是相等的；②新厂商可以自由进入，尽管可能进入的成本比较高；③该行业产出的需求是稳定的；④该行业所使用的专门化资源（固定要素）不能做其他用途。在以上这些条件的背景下他得出这样一个结论：从垄断理论和垄断亏损的现值之和为正的意义上说，旨在说明垄断的兼并是可能发生的，并且还是有利可图的。

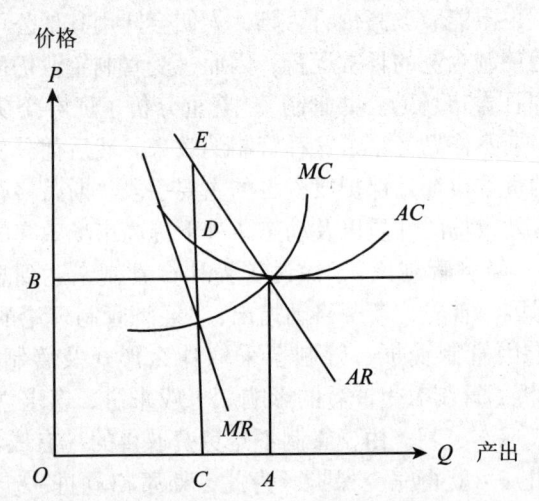

长期竞争均衡中每个厂商的短期成本曲线如上图所示：AC 是平均成本，MC 是边际成本，并联合起来形成一个垄断企业，原来的厂商就成为这个垄断企业的各个工厂，将总需求 AR 按比例分给每个工厂，相应的边际收益为 MR。而每个工厂产出为 OC，利润为 $OC \times DE$。当新厂商开始进入，兼并者（由兼并形成的垄断厂商）各工厂按比例分配的需求曲线向左移，价格下降，利润减少。但是由于兼并者和进入者都不能从该产业中退出［假定④］，那么要到兼并者达到恒

常亏损长期均衡水平时，竞争对手才会停止进入。而解释在上述条件下的兼并的关键在于达到长期均衡所需要的时间：如果新厂商进入的不是太快，那么兼并者可以在进入这个阶段里获得垄断利润以弥补新厂商进入后造成的亏损。

另外，斯蒂格勒也认为即便是规模经济或规模不经济存在，但只要不显著，兼并理论仍然是成立的。条件中所涉及的成本都是厂商的个体成本，而不同规模的厂商的社会成本并不一定相等。而自由进入则是指：进入一个产业的新厂商的长期成本和该产业老厂商的长期成本相等。

斯蒂格勒通过考察美国的兼并运动史实来阐述兼并的发生和特点。他将兼并史分成两个时期，而垄断和寡占分别是这两个时期兼并的目标。美国钢铁公司的兼并活动充分显示了以垄断为目标的兼并时代结束的这一突发转折。在美国旨在垄断的兼并直到19世纪80年代才开始大规模地展开，90年代初有一个小高潮，到19世纪末达到顶峰。而兼并运动发展的最大推力是现代公司和现代资本市场的发展。在业主制和合伙制时代，资本需要量是买进一个产业全部厂商的主要障碍，而无限责任制是限制合伙制关系的主要障碍。到19世纪80年代，新泽西州发起了一场州际竞争，吸引资本到本州创办公司，这场竞争在随后的20多年中几乎为兼并消除了所有限制。起初兼并运动只是在厂商数目不多的产业，但是在后一时期也波及厂商数目很多的产业，这个阶段一家厂商所兼并的产业份额急剧下降，而这时兼并的新目标变成了寡占。

斯蒂格勒从兼并运动的概述中提出了一系列互相关联的问题，这些问题和规模经济、资本市场、厂商进入有关。对于旨在垄断的兼并来说，单个厂商大规模生产的不经济仅仅是偶然的、微不足道的障碍；垄断的主要障碍是谢尔曼法、兼并的资本需要量，以及竞争对手数量的增加、规模扩大的趋向。资本市场的不完全也是保护竞争的一种手段。因为在过去财富的个人分配限制了厂商的规模；而且现代经济社会决定了个人不能垄断大的企业。公司和证券市场斩断了个人财富和工业规模的联系，从而削弱了竞争性企业的制度基础。所以现在个人财富已难以限制厂商规模，而规模不经济能发挥这一作用。这与传统理论认为企业家是限制厂商规模的因素并不冲突，但是这两个因素谁占主导地位很难分辨出来。于是又出现了将新厂商进入作为维持竞争结构的主要防线。但事实上进入困难是确实存在的，最终这也使得旨在垄断的兼并是有利可图的。

2. 市场容量限制劳动分工

斯蒂格勒在这篇论文中核心观点是：亚当·斯密提出的"市场容量限制劳动分工"定理是关于厂商、产业功能的核心，并且还可以用来说明许多其他经济问题。而他也将就这一定理做一个简要的历史回顾，然后再构造一个关于厂商功能的理论，接下来他将这一理论应用于垂直一体化并给出斯密这一定理的推广应用。

斯蒂格勒指出亚当·斯密在提出市场容量限制劳动分工这个定理时也造成了一个两难的困境。这个困境在于：如果真的是市场容量限制了劳动分工，那么典型的产业结构就必定是垄断；如果典型的产业机构是竞争，那么这个定理就是错误的，或者是没有重要意义。而在现实中也的确有两种产业结构同时存在的现象。后来李嘉图、西尼尔（N. W. Senior）、J. S. 穆勒（J. S. Mill）提出了报酬递增规律支配制造产业，这一理论使得这个问题暂时得到解决，但是也忽视了稳定的竞争均衡这一条件。当然这个解答很难令人满意，而马歇尔（A. Marshall）在重新构造古典经济学时也无法回避这个难题。于是他就创立了三种理论，这样他既可以保留报酬递增，也没有放弃竞争（尽管他也并不全是为了解决这个问题而这么做的）。第一，扩展了外部经济概念，他指出厂商之外的经济取决于产业、地区以及整个经济世界的规模。第二，他强调有能力的企业家终归要有去世的一天，所以一个企业不可能长期处在第一流的管理之下。第三，每个厂商都在局部处于垄断地位，这也就意味着其产品的需求曲线是独立的、有弹性的——所以，随着产出的增加，价格通常比平均成本下降更快。但是马歇尔这个理论也还是存在问题。在一个时期中，这种统一竞争和报酬递增的方式是可以维持的，但是随着价格理论的中心转向厂商，斯密的定理也就渐渐失势了。而且外部经济也是一个相当模糊的范畴，对于流行的分析技术而言它是一个很难处理的因素。也正因如此马歇尔的企业衰亡理论也越来越不受到重视。并且后来马歇尔关于单个厂商面临向下倾斜的需求曲线这一理论也失去了通用性。在 1928 年，阿林·杨（Allyn Abbott Young，1876~1929）又试图通过强调斯密定理的重要性来恢复它的地位，但是他也没有能将市场容量纳入竞争价格理论之中。以上所说的这些经济学家的观点至今还有学术意义，但是他们的观点却不能够和现在的厂商理论、竞争产业理论融为一体。

斯蒂格勒并没有从通常的角度出发，他没有将厂商看作通过购买一系列投入品，由此生产出一种或多种有销路的产品，而厂商的投入和产出的数量关系由生产函数决定。而是按照厂商的不同功能或构成厂商活动范围的不同操作阶段来划分厂商的。具体来说就是将厂商看作是在从事一系列不同的操作：购买并储存原材料；生产活动将原料加工为半成品以及将半成品变为最终产品；储存和销售产品；延长购买信贷；等等。如果忽略各个功能的成本之间的相关性，并且假定每个功能有唯一的成本线，同时功能的产出率决定成本。于是可以得到下面的成本曲线图：

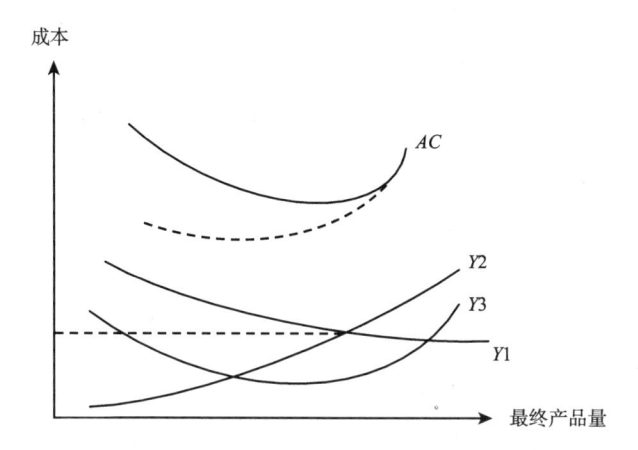

如上图所示，所有功能成本的纵向加总就是传统厂商的平均成本曲线。根据这个图形来考虑斯密定理。他认为在报酬递增（成本递减），即产生规模经济的时期，厂商的各项生产功能可由新厂商（专业化企业）承担，而老厂商的成本仍可继续下降；在报酬递减（成本递增），即产生规模不经济的时期，厂商内部的各项生产功能由厂商自己承担。

接着，斯蒂格勒又阐述了垂直一体化这一概念。许多经济学家认为厂商在其成长过程中会逐渐把各有关功能从那个先前独立的产业那里接收过来。而根据斯密定理的广义而言，在不断壮大的产业中典型的情况是垂直非一体化，垂直一体化应该是衰弱产业的特征。通过观察相关产业的生命周期可以发现，占主导地位的趋势是垂直非一体化，新兴产业对于现存经济系统而言是陌生的。它必须自己制造原料，自己解决技术问题，必须自己来发展吸引顾客，等等。当该产业具有一定规模并且有很好的前景时，其中的一些工作就可以转移给其他一些厂商来负责，因为这是对于他们而言就是有利可图的了。在产业开始衰弱时，其分支产业也开始衰弱，于是剩余厂商不得不又承担起之前由其他厂商所承担的那些功能。另外由于公共管制或者垄断而造成的价格体系的失效是促使垂直一体化的最重要的因素。根据以上分析，斯蒂格勒提出了构成厂商功能理论的一个组成部分的产业生命周期假说。这一假说认为：在一个产业的新生期，由于市场狭小，再生产过程各环节规模狭小，不足以分化，因而，此产业自己进行全部环节的生产，分工主要表现为内部分工；在产业的发展期，由于企业已有一定规模，产生了规模经济，有一定利润，且市场扩大，生产各环节可独立进行，内部分工转化为社会分工（即由各专业化企业承担生产各环节）；在产业的衰落期，市场与生产规模再次缩小，社会分工重新转化为内部分工。

最后，斯蒂格勒将斯密定理进行了推广运用。一方面，斯密定理还不足以形成一个完整的产业间功能分工理论；另一方面，斯密定理除了涉及产业间功能分工之外还能说明经济结构机器运行的其他方面的问题。他认为产业的功能结构和地理结构之间存在这样一种关系，即运输成本的降低是提高市场容量的一条主要途径。而区域化是提高产业经济规模，进而获得专业化利益的一种方式。英美两国的经济发展历史也说明了分工的出现是经济发展的必然，是经济组织的基本原则。

3. 规模经济

规模经济理论讨论的是企业产量和所有生产环节合理组合的规模间的关系。这一理论是关于社会组织的经济理论关键部分。斯蒂格勒这篇文章的中心论点是：如果把理性人在判断有效规模时常用的逻辑规范化，那么就可以测定最佳规模。他将这种技术称为生存技术（Survivor Technique）。它揭示了如果从个体成本方面看是最佳规模，那么这也是适应厂商所处环境的最佳规模。在讨论这一技术后再研究如何分解决定最佳规模的诸因素。

斯蒂格勒认为有三种方法来确定一个产业的厂商的最佳规模（或最佳规模的范围）。这三种方法都是依据经验事实来确定的：第一，直接比较不同规模厂商的实际成本；第二，比较资本报酬率；第三，依据技术资料计算不同规模厂商的可能成本。但是这三种方法在资料的收集方面会有一些问题，最为明显的就是资源的估价。而用生存技术测定最佳规模就可以避免资源估价问题以及技术研究的臆测性质。生存技术的基本假设是：不同规模厂商的竞争会筛选出效率较高的企业。其测定最佳厂商规模的过程是：先把一个产业的厂商按规模分类，然后计算各时期各规模等级的厂商在产业产出中所占比重。如果某一等级的厂商所占的生产份额下降了，说明该规模效率比较低，一般来说，效率越低，则份额下降越快。但是运用这一方法的时候还要注意：随着要素价格的变化，最佳规模也是在不断变化的。另外，只有当厂商拥有完全相同的资源时，一个产业才会只有一个厂商最佳规模。而现实中各厂商使用的资源种类和质量都不同，那么最佳厂商规模就有多个。

最后，斯蒂格勒运用线性回归方法分析了决定厂商最佳规模的因素。他指出，厂商规模、资本密集程度和广告开支与最佳规模的并没有显著的相关性，而科技状况（以工程师占劳动力的比重表示）及工厂规模与最佳厂商规模是相关的。同时他还指出最佳规模的范围通常是相当广泛的，这点可以从厂商的长期边际成本线和长期平均成本线在一个很长的规模范围内是水平线这一点上看出来。

4. 进入壁垒、规模经济和厂商规模

斯蒂格勒在这篇文章中主要分析了决定厂商规模的相关因素：规模经济、进入壁垒和其他因素。首先他定义了进入壁垒、规模经济、厂商规模三个概念。进入壁垒是指一种由新进入一个产业的厂商所承担生产成本（在某些或每个产出水平上），而已经在产业中的厂商无须负担。规模经济指每一产业水平的最低成本时的厂商规模，用长期平均成本表示；厂商规模可用长期均衡产出量衡量。他认为需求条件和成本条件（规模经济）决定了厂商规模。进入壁垒只是由新厂商承担的高于老厂商的成本，所以它只是影响个别厂商的需求条件的一种力量，并不影响厂商规模。另外影响需求的还有地理位置、广告以及产品特性。与其他经济学家不同，斯蒂格勒认为，资本需要量、产品差异只影响规模经济，而不是进入壁垒的因素。他突出了政府管制构成进入壁垒的作用，而把规模经济排除在外，对20世纪70年代发展的"可竞争市场理论"有很大影响。

5. 信息经济学

斯蒂格勒强调信息是一种有价值的资源，但是在经济学界，经济学家们却一直忽视信息的重要性。他们对待信息产业的态度就和对待关税和垄断一样，都是批判性的。但是在分析有些经济学问题时，信息的价值就显得尤为重要了。他在这篇文章中就尝试系统地分析一个重要的信息问题——市场价格的确定。

斯蒂格勒首先定义了"搜寻"这个词。因为价格在所有市场是不断变化的，除非一个市场是完全集中的，否则就不可能有人知道各卖主（或买主）在任意给定的时间所定下的所有价格。只有在卖主（或买主）和各种各样的买主（或卖主）接触以后才能确定最有利的价格，而这种现象被他称为"搜寻"。同时他也强调了一个重要的事实：即使是对同质的商品，其要价也不是处处都一样的，是离散的，并且有一个散布范围。价格离散是对市场无知的表现，那么就可以用价格离散来衡量对市场的无知程度。但是如果将销售条件考虑在商品概念中，那么就没有一种商品是绝对同质的，所以这种衡量也是有偏差的，所以商品异质就不是价格离散的唯一原因。为了方便分析，斯蒂格勒又假定在任一时点，各卖主的要价（买主报价）都有一个频率分布。他指出一般有两种分布可用，分别是正态分布和均匀分布。其中正态分布是运用得比较多的，而均匀分布由于其计算的简便在一些情况下也会使用。他指出买主和卖主都会进行搜寻活动。如果以最低要价的预期减少额作为搜寻的报酬，那么无论价格的精确分布是什么，那么随着搜寻次数的增加，报酬是递减的。当商品唯一的时候，进行个人搜寻的买主或

者卖主的效率是很低的，而搜寻成本却是相当的高。而如此之高的成本也促使着旨在发现买主和卖主措施的产生。比如交易区域化、广告以及专业化贸易。其中专业化贸易中在存在规模经济的情况下，贸易商之间的竞争会消除通过极高的售价和极低的进价谋取利润的可能性，这样就不会出现某些极端价格，从而减小了要价的离散程度。

斯蒂格勒指出，如果贸易的规模经济能减少要价的离散程度，那么较多的搜寻次数也会通过减少付高价的买主数目而达到类似的效果。他认为如果贸易商在各继起时期的要价是完全正相关的，那么买者只要在第一个时期进行搜寻就足够了。如果不相关，由搜寻所得的节约就和该时期有关。他考察的若干实例都显示了继起的售价通常是正相关的。这个正相关也证明了没有经验的买主在一个市场支付的价格高于有经验的买主。他得出这样的结论：买主用于商品的开支部分越大，由搜寻所得的节约成本越大，从而搜寻次数越多；在市场上反复（有经验的）购买者越多，有效的搜寻次数则越多（在继起价格正相关的条件下）；反复销售者越多，则继起价格的相关程度越高，从而累积搜寻的次数越多；市场的地域范围越广，则搜寻的成本越高。

斯蒂格勒也分析了价格离散的原因是：一方面卖主在探明其竞争对手的要价中发生成本，另一方面，买主的搜寻次数有限，他们往往在遇到第一个标价低于保留价格的厂商时购买商品。厂商定价越高，买主继续寻找更低价格的就越多。由于供求变化，引起市场知识老化（信息不完全），导致价格差异（即使是同质商品）。类似情况也会在其他领域（如劳动者择业）产生。因而，斯蒂格勒指出，信息是有成本的（这一点与传统经济理论不同；他们假定知识是完全的，信息是无成本的免费财货）。随着花费时间的增长、广告和专业化贸易商的出现及（因市场扩大产生的）专门搜集出售信息的厂商的出现，可降低搜寻信息的成本，减少价格差异。同样，获得信息也是有收益的（如买到价格较低的商品等）。斯蒂格勒认为，最佳搜寻次数在边际成本等于预期收益时达到，同时，这一点也决定了最佳信息量与信息价格。

6. 劳动市场的信息

劳动市场的信息主要包括工资率、职业的稳定性和工作条件等。而斯蒂格勒在这篇文章中主要讨论工资率的决定问题。首先，斯蒂格勒以芝加哥大学的毕业生求职的公司提供的月薪为例说明工资具有离散性，而离散的重要原因之一在于掌握信息的不同。

斯蒂格勒认为劳动者搜寻工资的提供者（雇主搜寻工资的需求者），这种活动只有在预期边际收益等于边际成本时才会停止，但是要想满足能够使搜寻完全消除同质劳动工资率的差异的条件是很困难的。而造成工资率离散的原因有：劳动者嗜好和技能、雇主事业的改变引起的工作变化；劳动者（及工厂）的交通成本；劳动力供给和需求之间的关系。

他分析劳动者搜寻的成本和收益的方法依据的是：劳动者以及雇主掌握的信息会随着时间的推移变化。工资水平的变化和不同雇主（和劳动者）相对工资率的变化会要求进行再搜寻。均衡工资率变动越快，搜寻的收益就越小，搜寻的次数也就越少，而工资率离散就越大。观察表明，从劳动者角度看，搜寻的收益与离散的关系为：各时期工资相关程度越高，预期受雇时间越长，搜寻所得越大，工资离散越小；以工程师为例，年龄越大，预期工作时间越短，离散工资带来的收益现值越少，搜寻所得与搜寻次数越小，工资离散越大。从搜寻成本与工资离散的关系看：①雇主越易于被识别，搜寻成本越小，工资离散越小；②搜寻信息的形式（如直接求职、登广告、求助于职业介绍机构和在专业化程度很高时存在的雇主搜寻等）、劳动者共享信息等可影响搜寻成本，从而影响工资的离散性。

斯蒂格勒同时也考察分析了雇主搜寻的成本和收益。和由劳动者承担搜寻相比，由雇主来承担搜寻的成本更高。这个表现出来就是雇主的雇用成本。降低雇用成本的一个方法是制定较高的相对工资。这样既可以降低职工的离职率，又可以吸引更多质量明显较高的劳动者来应聘。所以对雇主而言，工资率和搜寻技能之间是替代关系，雇主越是能有效地找到高质量的劳动者，那么其必须支付的工资就越少。

最后，斯蒂格勒说明了作为资本的信息的作用价值：从劳动者的观点看，掌握信息可获得较高的工资；从雇主的观点看，相应的资本价值为："支付给既定质量劳动者工资率的节约额现值。"从社会的观点看，对信息投资的报酬是劳动力更有效的配置。

7. 论寡占

斯蒂格勒在这篇文章中首先做出这样的假设：寡占厂商愿意通过串谋来使得其共同利润最大化。他分析了得出在厂商众多的情况下是无法实现前述这一愿望的，串谋只在某些环境中更有效。他还指出在制定串谋协议的问题中可以发现这种愿望和现实的一致性，而这实际上就是一个信息理论问题。

斯蒂格勒首先讨论了串谋的目的。他认为和传统的利润最大化理论不同的是，寡占理论是建立在厂商不能认识到它与它的竞争对手是相互依赖的关系这么一个假设基础之上的。他认为一个产业中的厂商会在给定供给及需求函数的条件下，追求自身利益最大化。但是由于购买条件（买方）的异质性和产品的异质性一样，这就决定了没有一个重要市场是同质交易。在知识完全的场合中，用交易中价格的差异来度量异质是可能的；在知识不完全的场合，即使交易同质，价格也会离散。于是斯蒂格勒得出串谋的与异质的相关性：制定一种价格结构，使之能反映各类交易在成本方面的较大区别。最后他指出寡占厂商串谋的任务在于制定一种价格结构（常表现为垄断高价）以实现共同利润的最大化。

斯蒂格勒认为串谋的方法可以有多种形式，其中最彻底的方法是所有厂商合并为一个。但是由于规模不经济的存在，兼并往往不是合适的方法。取而代之的是一个不是那么彻底的方法——组成一个有共同销售机构的卡特尔。串谋厂商必须就价格结构达成协议，这个价格结构也必须适合于他们认可的交易类别。另外，串谋价格的水平还取决于进入该产业的条件和需求弹性。但是在现实中，串谋往往被破坏，表现为：协议的任一成员秘密违背协议，进行削价，扩大销售量，获得比遵守协议更多的利润；若更多参与协议的成员这样做，会导致串谋瓦解。

这里，斯蒂格勒提出有关串谋成效的三个理论上的经验含义：①串谋对大买主无效，对小买主有效。所以，从买方来看，若某厂商买主人数异常增多，此厂商有秘密削价的可能。②"对于正确地、充分地公布所支付的价格的买主，串谋常常有效。"③若重要买主不断改变，串谋会受很大限制。最后，斯蒂格勒指出：通过以下方法，可查出秘密削价：即卖主越多、买主越少的买方越多、买主反复购买力越低，买主频繁变换卖主的收益越大，秘密削价的可能性越大；商品越是同质，买主的买量越大，变换买主的成本越低，越会导致秘密削价。具体来讲，潜在削价者可从以下三个来源增加顾客：①正常情况下会离开的、厂商自己的老主顾（此时，厂商可通过秘密削价保持老主顾）。②吸引竞争对手的老主顾。③新顾客。通过削价吸引新顾客会比吸引前二者更不易被察觉。这里，斯蒂格勒的贡献是他不像传统寡占理论那样强调卖主数目，而是强调买方情况，认为即使在一个生产集中程度高的市场。动态地看，若需求变化引起新买主涌入，串谋也难以维持。

8. 管制者能管制什么——电力部门实例

斯蒂格勒分析指出关于公共管制的文献很少涉及或者清晰地阐述管制的最基本问题：管制是否会使产业发生变化。管制的目的和管制效果往往会出现不一致。于是他通过对受管制的电力行业的分析来说明这个问题。在文章中主要分析解决三个问题：①什么样的厂商应该受到管制。②该研究哪些管制效果，以及如何衡量。③怎么样解释发现的一些问题。

斯蒂格勒认为由于要获得特许才能经营，那么每个生产和分配电力的企业从建立之初就是受管制的。他指出在电力部门中，没有不受管制的部分是提供判断管制效果的基础。而问题的实质在于要有一个独立的标准来判断管制是否存在。这就与估计垄断的影响时碰到的问题相似。

斯蒂格勒通过管制对收费和收益的影响来阐述管制的效果。而对电费的公共管制有两个基本目标：制止供电企业制订垄断高价，消除价格歧视的某些形式。通过对比受管制与不受管制的供电企业，说明管制的内容（目标）与管制效果并不相同，无论从电费水平，还是从电费结构和股东收益来看，管制均未收到应有的降低电费等效果，而导致失效的原因可能是：①单个供电系统未形成强大垄断力量，也面临竞争，因而不管制，也不能索取高价，否则，人们会转用其他公司的电力。②管制机构不可能有效地控制企业的日常运行，因而，受管制企业仍可定高价。斯蒂格勒认为尽管从电力公用事业的管制中并没有体现出管制的有效性，但是这并不能否认管制的效果，因为价格管制理论暗含着如果没有管制，垄断企业会有强大的市场力量。通过研究表明在没有管制的情况下，纯粹垄断利润将比竞争条件下的报酬率高出10%~20%，而价格将比长期边际成本高出40%~80%，这时就存在一些有效管制的可能性。

9. 证券市场的公共管制

斯蒂格勒认为在所有对经济活动的公共管制中，最有效的就是对证券市场的管制。这个管制的目的是使经济活动更加真实，防止或惩罚欺诈行为。他在这篇文章中着重分析了证券交易委员会对证券市场的管制。之所以选择证券市场的管制就是基于最有效的管制，对证券市场的管制既不是服务于某个利益集团，也不拘泥于行政当局的立场，所以通过它能分析出公共政策究竟是如何形成的。斯蒂格勒利用科恩报告中关于金融业经纪人和其他人员的资格问题的讨论来说明以下两个问题：①如何揭示现存操作方式和制度的缺陷。②如何阐明改革方案。首先他阐述了政策的形成。从报告中可知金融行业从业人员的素质不高，不诚实的经纪人以及缺乏经验的经纪人。这就说明新商号是有缺陷的，需要加强管制。

斯蒂格勒还考察了这种管制的效果。他指出：管制证券市场的最高目标是保护无辜的投资者。证券交易委员会要求第一商号发行股票时公布其经营情况，给投资者提供信息，是否提高了投资者收益（表现为股票价格上升、投资者资本增值等）。但这样做若"以股票首次上市时间为起点，如果选择的时间间隔太短，那么在这一时期内股票价格不会有很大变化，故而不足以反映购买者的损益；如果选择的时间间隔太长，那么股票价格主要是由发行之后的各种事件决定的"。

然后，斯蒂格勒分析了市场效率的标准，认为有效率的资本市场是保护投资者的主要手段，而传统观点认为的"价格平稳是有效率的市场标志"是不正确的。斯蒂格勒指出：有效率的市场标志是：①市场的基本作用使买者与卖者相遇，确立一个出清市场的价格。②市场具有弹力，即在供求条件（均衡价格）不变时，其数量和报价人数随机波动相一致的各种买卖不会使各次成交价格差别太大。具体来讲，在供求的静态条件下，有效率的市场具有如下性质：①若出价等于或超过最低要价，交易会发生。②较高出价在较低出价前、较低要价在较高要价前实现。③在竞争条件下，价格仅在投机者活跃市场的成本限度内波动。在前述体制中，交易成本（买卖差价的半数加佣金）的多少标志着市场效率的低高。在动态条件下，投机者通过以下作用提高市场效率：①通过持有存货与制定出价发挥方便交易（使买卖方相遇）的作用。②预测均衡价格变化，推动价格达新均衡点，从而在降低价格变动幅度方面稳定了价格。投机者发挥以上作用的收益为等同交易成本的买卖差价，而交易成本又标志着市场效率的高低。

10. 经济管制论

斯蒂格勒指出：经济管制理论的中心任务是理解谁从管制得益，谁因管制受损，管制会采取什么形式及管制对资源配置的影响。这篇文章的中心论点是：管制的设计和实施是产业自己争取来的，管制的设计和实施主要是为受管制产业的利益服务的。他假定政治体制是理性地建立起来并被理性地使用的，它是实现社会成员愿望的合适工具。而讨论管制问题就是要找出一个产业在何时、因何故能操纵国家以实现它的目的，或被国家控制实现不同的目标这些问题的答案。

斯蒂格勒认为，管制是源于被管制者追还私利的政治活动，是保护被管制者的利益免受市场力量的影响。管制者为受管制者带来的经济利益主要包括：①直接的货币补贴。②通过许可制度、保护关税及有关壁垒等方式控制新竞争者进入。③能影响其替代物和补充物的干预。④规定固定价格，使受管制者获得高于竞争时的报酬率。但以上利益会受到来自政治方面的限制，因此，管制（获得立法）是有成本的。谋求管制的产业必须支付两项管制者（政党）需要的选票与资源（包括活动与竞选经费等）。一般来讲，谋求立法的产业规模越大，立法（管制）成本越高。由于管制不是免费取得的（其获得是有成本的），所以，没有一个产业（或集团）可获得完全保护。为此斯蒂格勒进一步分析了哪些产业易发生管制。他指出：某一产业的规模越大（实力越雄厚），人均收入越高，在城市的集中程度越高并存在有内聚力的反对派（会提高管制成本）时，这一产业越容易发生管制。可见，得到管制好处的往往不是消费者而是生产者。

11. 经济管制的操作

斯蒂格勒指出管制机构在对产业及其他经济活动的公共管制过程中是必不可少的工具。同时由于管制是针对与特定的经济活动的，那么管制就需由有专业化知识的专业化机构来进行。他在这篇文章中主要研究的是管制过程中机构的作用，而这些作用主要体现在以下四个方面：①衡量管制的程度以及管制程度和管制机构开支的关系。②管制开支的增长。③管制中收费方式的使用。④管制机构工作人员的职业背景。

首先，斯蒂格勒说明了测定管制程度的方法。他通过对管制结果的说明，指出"管制的有限影响可以用消费者或资源所有者因管制而减少的收益量来测定"。其中，可"用垄断利润来测度管制对垄断者的影响"，"用因下降而节约的开支加上消费者的剩余的增加来测度管制对消费者的影响"。然后，斯蒂格勒通过实例证明，管制开支是不断增长的。第三，斯蒂格勒说明，管制中，往往采用的管制对象收费的方式。而管制费是获得有关管制的场所、集团和规模等信息的费用。最后，斯蒂格勒分析了管制机构工作人员的职业背景。他认为，管制者与受管制相互需要，因而，"管制机构具有可靠的官僚政治性质，而没有竞选失败的危险的潜力。"这样，管制机构工作人员最终成为它管制企业的代理人。

三、简单评述

《产业组织和政府管制》是根据斯蒂格勒的两本著作——《产业组织》和《公民与国家》译出的论文集。斯蒂格勒在经济学上的贡献主要表现为他在产业组织和政府管制方面所做的开创性研究，而该书则集中体现了他的上述研究成果。该书中文版根据美国芝加哥出版社出版的《公民与国家》（1975 年）和《产业组织》（1983 年）选译，由上海三联书店出版，译者为潘振民。

斯蒂格勒对经济学做出的最重要贡献，无疑是在信息经济学（information theory）这方面。斯蒂格勒是"信息经济学"研究方向的提倡者之一，自其论文《信息经济学》于 1961 年发表至今，该研究已经成为今日经济学科中的显学，近年来产生过很多位诺贝尔经济学奖得主。斯蒂格勒在非经济学专业的读者当中也很有知名度,他经常对公共政策发表意见因而被政治人物所引用。其最为人所知悉的贡献便是证明"自由的市场机制"至今仍是最有效的模式,并且使用计量经济学新进的研究成果,举出很多政府为了提高效率而做的管制,其结果要不是毫无帮助就是产生反效果。

他的整个观念构思的起源,倒并非不满意经济理论通常总是假设经济体系里的各个角色对市场与技术等都具备完整的知识。他所在意的是,经济理论中未曾解释为何几乎每一项产品或劳务,在一特定的时点上,都出现多元而非单一价格。根据斯蒂格勒个人的观察,包括部分来自实施反托拉斯法产品的价格资料,即使是可以认定为同质性的产品,仍存在着相当大的价格差异。钱伯霖产品差异性的说法,似乎是最顺理成章的解释,但此说并无法适用于汽车零售市场中同款车型以及烟煤等产品。除了产品外观近似的考察外,有关价格的变动,乃至造成价格分歧之因,似乎均无法从独占性竞争理论中导出有意义的实证预测。因此斯蒂格勒想到,是信息的昂贵造成了价格的差异。收集资讯不可以分文不花,甚至还得加上交通成本。为了买一款车而走访8家甚至10家的汽车经销商,可能要花上一整天的时间,还得加上交通成本。为了跑第二家超市比较价格,可能需要多花20分钟,而对一个美国成年人来说,20分钟的平均价值可能是3美元左右。

从买方寻求最低价格或卖方寻求最高价格的理论中,斯蒂格勒演绎出许多的推论。很明显地,价格差异的程度与平均价格之比,会随着产品价格增高而降低,因为搜寻资讯的成本不会因商品价格较高而等比例地提高。汽车价格的离散程度相对于其平均价格,应该会比微波炉来得小。同样的,知识的价值也会随着时间而消退,因此可以预期,经常重复购买的产品,比起同样价值但不常购买的产品,其价格分歧的现象会来得较小。为搜寻资讯所投注的心力,也与居住在某一地区时间的长短有关,因此,观光客常要比当地人付出更高的价格才能买到同样的产品。斯蒂格勒把这项理论应用到劳动市场,发现此理论也有助于解释许多观察到的工资形态。斯蒂格勒还将信息应用于完全不同的问题,主要是针对寡头垄断者之间的勾结,重点是要辨别出他们背离勾结协定的现象。斯蒂格勒引用的是可观察到的数量,而非观察不到的交易价格,用以辨别他们之间暗中较劲的行为。斯蒂格勒也尝试从这样的观点来看广告的功能,这和传统经济学者对广告持敌视的态度,可以说是有很大的不同。

在此后的20年间,经济学的领域里出现了形形色色的信息问题。有一段时间,似乎所有经济学期刊的论文,都非得冠上"不对称信息"。然而这方面的研究课题,仍然取之不竭,如政治信息的问题研究。早期经济学界几乎没有任何有关信息经济学的文献，所以信息经济学可以说是斯蒂格勒的创见。

从20世纪60年代初期开始，斯蒂格勒就对一些公共管制政策进行研究，他在经济管制的研究工作和其他学者有较密切的关系，这是和斯蒂格勒在信息研究上的不同之处。唐斯、布坎南以及塔洛克等人早就开始致力于将经济学的逻辑大量应用到政治学的研究上，但斯蒂格勒的研究方法和他们不同，主要的差异是斯蒂格勒非常强调实证导向。

决定企业的效率规模的因素就是一个有趣的例子。经济学者一直尝试为每一产业的厂商找出所谓的最有效率的规模，他们所使用的方法有三种：①直接比较不同规模企业的各项可见成本；②直接比较不同规模企业的投资报酬率；③依据技术资讯，预估成本函数。这三种方法都有严重的缺失，除了资料取得的问题外，也常存在一些逻辑上的问题。

斯蒂格勒的解决之道，是诉诸达尔文式的方法，其实阿尔顾也曾经用过类似的方法。斯蒂格勒的基本论点是：假如想知道老虎和豹何者为强，只要把它们关在同一个笼子里，几个小时后再回来看看就好了。同样的，只要看每个产业中能够竞争的厂商究竟规模如何，也就可以推论出效率规模——这就是所谓的生存者方法。

这种方法似乎很直截了当，后来斯蒂格勒发现小弥尔这位优秀的经济学前辈也曾提出相似的看法。但是这种方法有很长一段时间遭到强烈的反对。斯蒂格勒的研究报告是在国家经济研究局任职期间撰写的，但当时他们不愿意出版，可能就是因为争议太大了。

斯蒂格勒认为要发现新事物，并没有一种完全可靠的方法，但假如真有，那么绝对可以发现。在斯蒂格勒看来，弗里德曼卓越的消费函数理论，乃是产生自一堆可观察资料所呈现的谜题，而阿罗著名的不可能理论，则是源自对社会决策过程的深入思考。

根据 *THE ORGANIZATION OF INDUSTRY*（The University of Chicago Press，1983）撰写。

11

奥尔森与《集体行动的逻辑》

曼瑟·奥尔森（Mancur Olson，1932~1998年）

一、作者简介

（一）生平

  曼瑟·奥尔森（Mancur Olson，1932~1998年），1932年1月22日生于美国北达科他州，1954年获北达科他州州立大学学士学位，1960年获牛津大学硕士学位，1963年获哈佛大学博士学位，1961~1963年在美国空军服役，1963~1967年任普林斯顿大学经济学助理教授，1967~1969年在美国联邦政府卫生、教育和福利部供职，1969年后在马里兰大学经济系任教（其中，1969~1970年为副教授，1970~1979年为教授，1979年后为功勋教授）。1990年，在马里兰大学创立"体制改革与非正规部门研究中心"（IRIS），并任首席研究员和主任。该中心的主要课题是研究东欧和第三世界国家的制度变革。

奥尔森还任过伍德罗·威尔逊国际学术中心研究员（1974年）、英国牛津大学学院名誉研究员（1989年起）、美国和平研究所功勋研究员（1990~1991年）及美国人文科学和自然科学院院士（1985年起）等，也担任过公共选择协会会长（1972~1974年）、南部经济学协会会长（1981~1982年）、美国经济学协会副会长（1986年）等许多学术社团的公职。1983年荣获美国政治科学协会格拉迪斯·M. 卡默勒（Gladys M. Kammerer Award）最佳国家政策图书奖，1993年荣获美国管理学会颁发的"最持久贡献著作奖"，1995年荣获美国政治学会颁发的里昂—爱泼斯坦奖。

1998年2月19日在办公室门口因突发心脏病去世，终年66岁。

（二）著作

奥尔森著述甚丰，据不完全统计，已经出版著作8部，专业论文近50篇，其他一般及非专业论文100多篇。其中，主要论文有："通向经济成功的一条暗道"（1992年）、"专制、民主与发展"（1993年）、"掉到地上的大面额钞票没人捡：为什么有的国家富裕，有的国家贫穷"（1996年）；主要论著有：《战时短缺经济学》（1963年）、《集体行动的逻辑》（1965年）、《一份准备中的社会报告》（1969年）、《没有增长的社会》（1974年）、《健康护理经济学新方法》（1982年）、《国家兴衰探源》（1982年）、《权力与繁荣》（遗著，2000年）；《集体行动的逻辑》、《国家兴衰探源》和《权力与繁荣》等三部著作影响最为巨大和深远。其中，《集体行动的逻辑》已被译成德、法、意、西班牙、葡、朝鲜、日、中等多国文字，《国家兴衰探源》也被译成法、日、意、德、中、瑞典、匈牙利、希伯来、朝鲜、文等多国文字。《集体行动的逻辑》中文版，由陈郁、郭宇峰和李崇新译，上海三联书店和上海人民出版社出版。

（三）学术思想

奥尔森是当代最著名的经济学家之一。他毕生致力于重建政治经济学，重点是将政治学中的权力和经济学中的繁荣两个议题有机地结合起来。其全部学术研究，主要围绕着三个看似平常、实则重大的问题展开：为什么对每一个人都有利的集体行动常常难以实现？为什么有的国家兴旺发达，有的国家不断衰落？同样是市场经济国家，为何有些经济繁荣而另外一些却遭受贫困？《集体行动的逻辑》一书可以说是他对第一个问题的回答，并在回答过程中开创了与其名字紧密联系在一起的"集体行动经济学"。群体规模、搭便车、选择性刺激等范畴业已广泛地应用于经济分析之中。《国家的兴衰探源》则是他运用集体行动理论，解释国家之繁荣与萧条历史现象的一次成功尝试，同时他还进一步丰富了一些极有价值的概念或命题的内容，诸如共容利益（encompassing interests）、分利集团以及个人理性并非集体理性的充分条件等。《权力与繁荣》通过引入政府权力于经济增长分析之中，说明了国家权力与私人权利（或政府与市场）之间的相互关系决定了繁荣程度。奥尔森的研究涉及了经济学、政治学和社会学诸领域，并取得了开创性成果，形成了政治经济学的一支。学界普遍认为，如果奥尔森健在，其《集体行动的逻辑》很有可能使他获得诺贝尔经济学奖。

二、原著导读

（一）历史背景

在 20 世纪 50 年代以前，不管是马歇尔的新古典经济学，还是凯恩斯的宏观经济学，都把研究对象锁定在资源配置效率和使用效率上，基本上不研究非市场决策问题。其根据是此类问题超出了经济学有关行为的假定。到了 50 年代末 60 年代初，有些经济学家，如詹姆士·布坎南、戈登·塔洛克等，经过深入观察和严谨思考后发现，人类社会是由两类市场组成的：一类是经济市场，另一类是政治市场。不管是在经济市场上，还是在政治市场上，人都是有理性的，都有使自己的选择最大化倾向。因此，他们批评传统经济学将经济市场和政治市场割裂开来的做法，转而主张和致力于用经济学的方法，研究非市场决策问题，重点是政治市场，并取得了突破性成果，最终发展出了一套全新的理论，形成了一个全新的经济学分支——公共选择理论或公共选择学派。1986 年，布坎南荣获诺贝尔经济学奖，使经济学界表示了对公共选择理论的尊敬，肯定了其学术地位和理论贡献。如今，公共选择理论不仅在经济学界自立门户、自成一派，而且在政治学、社会学等领域中也产生了广泛的影响。奥尔森的《集体行动的逻辑》一书，就是在这种背景下撰写的，并成为公共选择理论的奠基之作。

（二）框架结构

《集体行动的逻辑》是奥尔森在哈佛大学所写的博士论文基础上修改而成的，英文版 1965 年由哈佛大学出版社出版。中文版由陈郁、郭宇峰和李崇新根据 1971 年英文版译出，上海三联书店和上海人民出版社 1995 年出版。该书除了导论外，共由 6 章组成，其结构体系如下：

导论。这是全书的引言，重点是提出本书研究的主题，即"有理性的、寻求自我利益的个人不会采取行动以实现他们共同的或集团的利益。"同时，导论还勾勒了全书的框架和体系，扼要介绍了各章的主要内容。此外，导论还对本书的分析工具和研究方法，进行了提示性说明。

第 1 章，集团和组织理论。本章是全书的重点，主要证明导论中提出的逻辑判断。同时，还对集团和组织行为的某些方面，如小集团的特点、相容的集体利益和排他的集体利益、集团类型等，进行了逻辑的和理论的解释。

第 2 章，集团规模和集团行为。本章也是全书的重点，主题是论述在许多情况下，小集团比大集团更有效率、更富有生命力。同时，本章还考察了集团的规模、不同规模集团的特点、社会激励在不同规模集团中的作用等。

第 3 章，工会和经济自由。从本章起，研究对象转向大型集团问题。本章在考察工会发展历史，分析传统工会理论的基础上，得出了一个重要结论：工会提供的是公共物品，不能排除非会员坐享其成，因而不会激励工人入会。所以，某一形式的强制性会员制度在大多数情况下对工会是生死攸关的。此外，本章还得出另一个结论，不管是工会、政府还是私人组织，只要它们提供的是公共物品，其行为就会限制自由。

第 4 章，国家和阶级的正统理论。本章重点考察马克思的社会阶级理论，也分析了其他经济学家提出的国家理论。本章的一个结论是，马克思讨论的那种阶级行动，具有大型集团在争取实现集体目标时所具有的特点。理性的工人会发现，如果实现共同目标所必需的成本或牺牲由他人承担，对自己会有利。因此，单个的工人没有激励采取有"阶级觉悟"的行动。本章断言，马克思预言的那种阶级斗争并没有出现。

第 5 章，压力集团的正统理论。压力集团理论是政治学的重要组成部分。本章考察压力集团的哲学观，分析康芒斯的压力集团理论，着重分析现代压力集团的观点，指出这些理论在逻辑上是不正确的，至少对那些具有经济利益的大集团、潜在集团是错误的。因此，需要有一种新的理论，这就是第 6 章要讨论的"副产品"和"特殊利益"理论。

第 6 章，"副产品"和"特殊利益"理论。本章提出了一个与第 1 章概述的逻辑关系相一致的新的压力集团理论。这一理论说明，大的压力集团组织的会员制度和力量，不是它们游说疏通的结果，而是它们其他活动的副产品。

（三）著作内容简介

1. 导论

在《集体行动的逻辑》出版之前，即 20 世纪 50 年代前后，不管是在一般性的讨论中，还是在经济学、政治学或社会学的学术著作中，都广泛地流传着一个被认为是理所当然的观点，即"有共同利益的个人组成的集团通常总是试图增进那些共同利益"。这种观点的假设是，加入集团的个人是理性的，其行动都是为了自身的利益。既然单独的个人总是为了他们的个人利益而行事，合乎逻辑的推论是，有共同利益的个人组成的集团，也必然为他们的共同利益而行事。正如，工人的目标是更高工资。由工人组成的工会的目标也是更高工资。工人必然会自动地加入工会，并从自身利益出发自愿地采取行动，以促成工会同雇主的集体谈判。企业也是这样。它的利益是更高价格。由企业组成的卡特尔的目标也是更高价格。企业必然会自动地组成卡特尔，并从自身利益出发自愿地采取行动，以促成卡特尔垄断市场。

针对上述流行观点，奥尔森明确地指出，"这种观念事实上是不正确的。"接着，他提出了三个要点：一是除非一个集团中人数很少，或者除非存在着强制或其他某些特殊手段以使个人按照他们的共同利益行事，有理性的、寻求自我利益的个人不会采取行动以实现他们共同的利益或集团的利益。换言之，即使一个大集团中的所有的人都是有理性的和寻求自我利益的，而且作为一个集团，他们采取行动实现其共同的利益或目标后，都能从中获益，他们仍然不会采取行动以实现其共同的或集团的利益。奥尔森还强调指出，上述流行观点同个人理性的假设是矛盾的。下一章将对这种矛盾进行解释。二是即使一个集团中的成员对共同利益和分担实现集团目标所需要的成本意见达成一致，如果没有强制或特殊激励，大集团也不会建立组织以追求他们的共同目标。三是上面所说的不完全适用于小集团。因为，在小集团中，可能有个别成员为了集团目标而自愿地采取行动；在多数情况下，小集团行动达到的水平会低于集团的最佳水平；在小集团分担实现目标成本时，存在着一个少数"剥削"多数的倾向。

此外，导论还介绍了本书的分析框架和逻辑结构，说明了本书的研究方法。奥尔森自信地指出，本书中使用的分析工具来源于经济理论，但所得到的结论不仅对经济学家有用，而且对社会学家和政治学家也同样有用。因此，本书除了第 1 章第二节使用少量的经济学专业分析工具外，其余部分都使用非技术性的解释方法。

2. 第 1 章，集团和组织理论

本章是全书的重点，主要解释导论中提出的逻辑判断。同时，还对集团和组织行为的某些方面，如小集团的特点、相容的集体利益和排他的集体利益、集团类型等，进行逻辑的和理论的解释。主要内容如下：

① 集团和组织理论。这里所说的集团，是指"一些有共同利益的个人"。如劳工集团、农场主集团、律师集团、医务工作者集团等。集团中的个人为了达到某种目的，有可能参加某种组织，并通过组织采取行动。例如，工人为了提高工资，改善工作条件，有可能参加工会，并通过工会与雇主进行集体谈判，以实现自己的目标。因此，奥尔森认为，对组织进行一般性的或理论性的研究是很有益处的。

组织的类型、形态和规模各式各样，非常复杂。因此，研究组织的逻辑起点是它们的目的，侧重点是经济上的目的。因为，不管什么样的组织，都是为了增进其成员的利益，特别是经济利益。例如，工人建立工会，是为了通过工会争取更高的工资和更好的工作条件；农场主建立农会，是为了通过农会争取更有利的法律；企业建立卡特尔，是为了通过卡特尔争取更高的价格；股东建立公司，是为了通过公司争取更高的利润；公民建立国家，是为了通过国家争取更多的安全服务等。

奥尔森指出，这里所说的集团利益，是一种共同利益，或集团成员共有的好处。例如，更高工资是工会会员的共同利益，惠农的法律是农场主的共同利益，更高价格是卡特尔成员的共同利益，安全服务是公民的共同利益等。纯粹的个人利益，通过个人行动就可以实现，不必建立组织。当个人单独行动不能实现其利益时，就需要建立组织，并通过组织行动而实现。通过组织行动而实现的利益，就成了公共利益。实证地看，尽管集团经常为其成员提供个人利益，但其特有的和主要的功能是增进集团的共同利益。

奥尔森指出，在一个集团或组织中，其成员有共同的利益，也有纯粹的个人利益。例如，在工会中，全体会员对更高的工资有共同利益，同时，每个工人对他的个人收入也有一个独特的利益。这不仅取决于工资水平，还取决于他的工作时间。认识集团或组织的这种利益结构,对解释集团成员的行动非常重要。

② 公共物品和大集团。奥尔森指出,集团或组织提供的共同利益或集体利益,是一种公共物品。这里所说的公共物品,是指集团中没有人能被排除在实现集团目标所带来的利益和满足之外。例如,国家提供的安全服务,所有的公民都可以消费,不能将任何人排除在外。实际上,提供不可分的、普遍的利益,即公共利益或集体物品,正是组织的本质特征和基本功能。

奥尔森进一步指出,在集团的范围内,每个成员都能共同而且均等地分享集团所提供的公共物品,而不管他是否为之付出了代价。集团收益的这种性质,助长了"经济人""搭便车"的思想,激励他们不出力但却希望白白地占有别人付出代价换来的好处。因此,作为独立的个体,任何人都没有动力自愿采取行动,提供集体物品,因而集体行动难以达成。本书所说的集体行动的逻辑,实际上指的是集体行动的困境。

奥尔森用竞争性市场的例子,来类比说明上述观点。他指出,在一个完全竞争的产业中,所有企业的共同利益是更高价格;每个企业的特殊利益是想多卖出一些产品。共同利益要求每个企业都主动限制自己的产量,因为产业增加产出会降低价格,总利润减少。而特殊利益决定着每个企业都增加产量,而不是限制产量。因为对个别企业来说,限制自己的产量会蒙受更大的损失。结果是,所有的企业都采取了与它们的集团利益背道而驰的行动,企业限制产量的集体行动没有出现。这同博弈论中所说的"囚徒困境"相似。之所以会如此,是因为"每一个企业都希望其他企业承担获得一个较高价格所需要的成本——这里为产出必须减少。"

奥尔森由此得出结论:任何一个组织,尽管它为其成员利益服务,但它从其理性的、自利的成员那里不可能得到任何资助。即使集团的成员都确信,集团的计划将有利于他们,情况也还是这样。

奥尔森还指出,即使考虑到集团成员的感情或意识形态因素,结论也仍然成立。例如,爱国主义可能是最强烈的感情因素,但现代史中没有哪一个国家能够依靠自愿的集资或捐款来供养自己。对大多数国家来说,慈善捐款甚至不是岁入的一个值得一提的来源。需要的是税收,即强制的付款。

奥尔森最后总结指出,典型的大型组织中的个体成员的地位与完全竞争市场中的企业的地位,或国家里纳税人的地位相似:他个人的努力不会对组织产生显著的影响,而且不管他是否为组织出过力,他都能够享受其他人行动带来的好处。所以,集团成员不会自愿地采取行动,增进其共同的利益。

③ 传统的集团理论。奥尔森通过考察传统的集团理论,指出小集团和大集

团尽管在提供公共物品方面相同，但小集团有时却能为自己提供公共物品。这同大集团是不同的。原因是，小集团中个人采取行动的成本和收益有自己的特点。

④ 小集团。本节主要研究小集团中行动的成本和收益问题。其主要思想是：第一，某些小集团不用强制或其他特殊激励，也能给自己提供集体物品。这是因为，某些小集团中的每个成员，或至少其中一个成员，会发现他从集体物品中获得的个人收益超过了提供一定量物品的总成本；有些成员即使必须承担这些物品的全部成本，他们得到的收益也比不提供这些物品时大。在这种情况下，如果集团足够小，每个成员都可以得到总收益的相当大的一个份额，集团成员就会自愿地采取行动，提供这种集体物品。第二，即使在最小的集团里，集体物品的供给一般也不会达到最优水平。这是因为，一旦某一成员为自己提供了集体物品，其他人都可以免费享用，该成员只能得到全部费用所带来的部分利益；同时，一个集团的其他人既然可以免费享用他人提供的集体物品，就没有动力支付成本以取得物品。因此，集团越大，它提供的集体物品的数量就会越低于最优数量。第三，在成员规模不等或对集体物品兴趣不同的小集团中，最大的成员分担的成本份额大于其享用的收益的份额，小成员获取的收益份额小大于其分担的成本份额。特别的，有时小成员不支付成本，也可以免费享用集体物品。因此，在抱有共同利益的小集团中，存在着少数"剥削"多数的倾向。

总之，只要集体物品对个别成员有吸引力，小集团就有可能为自己提供公共物品。这是小集团不同于大集团的地方。在大集团中，个别成员一般不会主动采取行动，去增进集团的共同利益。

⑤ "排外"集团和"相容"集团。从集团的行为方式来看，集团有"排外"集团和"相容"集团两类。一是一个集团是排外的，还是相容的，取决于集团提供的收益的特点，而不是成员的性质。就其性质来说，集体物品有两类：一类是从集体物品中得到的收益，在数量上是固定的或有限的。随着集团成员的增加，原有成员得到的收益会减少。这类物品，叫"排外的集体物品"。另一类是从集体物品中得到的收益，在数量上并不固定。随着集团成员的增加，原有成员享有的收益并不减少，但可以减少其承担的成本份额。这类物品叫"相容的集体物品"。由此决定，在生产"排外的集体物品"的集团中，原有的成员希望集团萎缩，最好只剩下它一家。这样的集团就有排外性，叫"排外"集团。相反，在生产"相容的集体物品"的集团中，原有的成员希望集团扩大，成员越多越好。这样的集团就有相容性，叫"相容"集团。需要指出的是，在实际生活中，同一个企业或个人组成的集团，可能在一种情况下是排外的集团，而在另一种情况下又是相容的集团。例如，一个产业中的企业在通过限制产量提高产品价格时

是一个排外的集团,但当它们寻求保护关税时又是一个相容的集团。排外的集团希望在位成员退出,也不欢迎新成员进入;相反,相容的集团欢迎新成员进入,也不希望在位成员退出。二是在采取正式组织或正式协调的行为时,相容的集团虽然希望加入的成员越多越好,但不要求集团中的所有人都加入这一组织或协议。因为,一个未参加者分享集体物品带来的收益,并不会造成参加者收益的损失。相反,排外的集团则要求留在集团中的企业必须百分之百地参加。因为,只要有一家企业不参加,它就有可能把其他企业共同努力获得的收益据为己有。在这种情况下,拒不参加者就有了讨价还价的能力。他或者要求分享更大的收益,或要求承担更少的成本。这都增加了集体行动的难度。三是排外集团中成员较少,每一个成员的行动对其他成员都有重要影响,因而彼此之间都密切地注视着另一个成员的行为和对自己行为的反应。换言之,限制集团规模的愿望和对合作百分之百参与的需求,加剧了排外集团成员之间的相互依赖和激烈竞争。相反,在相容集团中,讨价还价或策略性的相互作用并不那么普遍和重要。一部分原因是没有人想从相容的集团中排除什么人。另一部分原因是,一般不需要全体成员都参与其组织或协议。

⑥ 集团的分类。奥尔森从不同的角度,对集团进行了分类。首先,从集团能否提供集体物品角度,奥尔森把集团分为三类。第一类是如果集团足够小,一个成员可以获得总收益中的很大一部分,即使他一个人承担全部成本,比起没有这一产品时他仍然能获得更多的好处,这时可以假定能提供集体物品。第二类是在一个集团中,如果一个成员没有兴趣承担全部成本,而对其他人的成本和收益来说,这一成员是否采取行动又非常重要,这时结果就是不确定的。第三类是在一个大的集团中,如果没有强制或外界因素的引导,其成员不会为实现他们的共同利益而奋斗。大集团不能自动地提供集体物品,与人数多有关,与成员对集体物品的兴趣程度也有关。如果某一集团的成员对集体物品的兴趣程度很不平均,比起那些拥有相同数量的成员的集团,它更有可能为自己提供集体物品。

其次,从正式的合作或正式的协议需要角度,奥尔森又把集团分为两类:第一类是最小型的集团,不需要任何的集团协议或组织,就可以提供集体物品。第二类是较大的集团,必须借助于正式的合作或正式的协议,才能提供集体物品。而且,集团越大,就越需要协议或组织。但是,集团越大,就越难以建立组织或达成协议。因为,建立组织或达成协议需要支付成本。这些成本包括:组织成本,主要是建立组织时发生的讨价还价的成本,这与集团人数有关;直接资源成本,主要是组织进行相关活动时发生的成本。对集体物品来说,其初始成本是很高的。这也增加了获得集体物品的难度。

最后，奥尔森又从集团成员是否采取行动角度，把集团分为三类：第一类是"特权"集团，其成员能自愿地采取行动，不需要组织或协调，就可以提供集体物品。第二类是"中间"集团，其成员可能采取，也可能不采取行动，集团可能会也可能不会获得集体物品，但如果没有集团合作或组织活动，永远不可能获得集体物品。第三类是"潜在"集团，即大集团，如果没有强制或特别激励，不可能提供集体物品。

奥尔森指出，有针对性地采取选择性激励，可以动员潜在集团中的理性个人采取有利于集团的行动。这里的关键是激励必须是有"选择性"的，即能够把集团中采取行动的成员和没有采取行动的成员区别开来。这些"选择性的激励"有两类：积极的激励和消极的激励。积极的激励，是指对采取行动成员的奖励，包括物质的和精神的；而消极的激励就是强制，通过行政命令的方式强迫潜在的集团成员达成集体行动，例如税收就是一个典型的例子。可见，大集团之所以叫做"潜在"集团，是因为它有采取行动的能力，只不过没有发挥出来。通过"选择性激励"，这种潜在的力量就可以"被动员起来"。

总之，小集团和大集团不仅在量上不同，而且在质上也不同。所以，不能用小集团的逻辑解释大集团。

3. 第2章，集团规模和集团行为

本章也是全书的重点，主题是论述在许多情况下，小集团比大集团更有效率、更富有生命力。同时，本章还考察了集团的规模、不同规模集团的特点、社会激励在不同规模集团中的作用等。具体内容如下：

（1）小集团的凝聚力和有效性

奥尔森指出，实际观察和经验以及理论都清楚地表明，相对较小的团体——"特权"集团和"中介"集团——具有更大的有效性。例如，在需要做出决策时，大型会议的参加者往往不仔细研究各种问题，会议往往拖得很长，并难以达成一致。于是，人们转而求助于各种小型集团，如委员会、小组委员会和小型领导集团等。事实上，后者在做决策时扮演了重要角色。

约翰·詹姆斯的实证研究也发现：在各种公共和私人以及国家和地方结构中，"采取行动"的集团一般比"不采取行动"的集团规模小。

企业的法人形式也佐证了上述观点。例如，在合伙制企业中，当合伙人很多时，企业不容易存活，而合伙人较少人的企业则运行良好。再如，在股东数量众多的现代大公司中，是管理人员而不是股东控制公司；而在少数股东拥有的公司里，是股东而不是公司管理人员控制公司。股东数目很小的公司，不仅在法律上

而且在事实上也是由股东控制的。

乔治·C·霍斯曼的研究中也发现，在整个人类历史上，小集团比大集团显示出更强的生命力。

（2）传统理论的问题

一些社会心理学家、社会学家和政治学家认为，大集团和小集团只在规模上有所不同，其余的都差不多，因此它们的行为也遵循着相似的规律。只要大集团照搬小集团的办法就不会失败。奥尔森指出，这种假设和推论是不能成立的。因为，小集团可以通过自发行动提供集体物品，而在潜在的大集团中，只要集团成员可以自由地推进其个人利益，就不会采取符合共同利益的行动。

传统集团理论的随意变体认为，私人组织具有普遍性，这是因为人们有一种"聚在一起与其他人对抗的本能"。而传统集团理论的正式变体则认为，随着社会的演化，原来许多小集团执行的功能就被一个大集团的功能取代了。其中隐含的一个假设是，潜在集团会以与小集团相同的方式采取行动以实现某种功能。奥尔森指出，这种传统理论还不完整，需要用本书提出的逻辑加以解释。

另外，在对组织或集团团结的讨论中，传统理论认为，如果集团中意见分歧严重，就不会有合作和自发的努力，但当集团成员对需要什么以及如何获得的意见一致时，则肯定会有有效的集体行动。因此，对集团行动或集团团结来说，意见一致的程度是非常关键的，有时甚至是唯一重要的决定要素。奥尔森指出，缺乏一致意见肯定不利于集团行动和集团团结，但不能由此推论，如果意见一致，就一定能实现集团目标。奥尔森指出，本书的假设就是意见完全一致的情况。因此，"区分一下是缺乏集团一致意见还是缺乏个体激励才造成了集团行动的困难是十分必要的"。

（3）社会激励和理性行为

本节解释上一节最后提出的问题，指出是个体激励，而不是意见是否一致，导致了集体行动的困难。

奥尔森指出，理性人如何行动，除了受经济激励外，还取决于社会激励。

社会激励是指社会地位和社会承认，具体包括人们希望去获得声望、尊敬、友谊以及其他社会和心理目标。奥尔森指出，日常的观察发现，大多数人都很看重朋友和熟人之间的友谊，也很看重社会地位、个人声望和自尊。在一个小集团中，如果某一个成员不合作，就有可能受到其他成员的排斥，承受社会压力，从而最终采取合作态度和行动。

社会激励的本质就是它们能对个人加以区别对待：不服从的个人受到排斥，合作的个人被邀请参加特权小集团。社会地位和社会承认就是这样的非集体物品。不管是社会制裁，还是社会奖励，都属于"选择性激励"；即它们属于可以用来动员一个潜在集团的激励。

但是，在潜在集团中，这种社会激励就不起作用。可以观察到，在小集团中，各个成员对不合作者有强烈的不满；但在大集团中，不合作者一般会受到尊敬，并被竞争对手视为榜样。例如，在农场主集团中，产出最多的农场主，理应对价格下降承担最大的责任，但事实上却被认为是成功者，其社会地位也最高。在大集团和小集团中，人们对不合作者的态度之所以如此不同，可能有两个原因：一是大集团中，某个成员的不合作行动对其他成员的不利影响很小；二是各个成员之间并不一定认识，彼此之间并不存在什么失去"友谊"之类的社会压力。

奥尔森指出，如果潜在集团是"联邦"集团，社会激励就可以导致集团导向的行动。这里所说的"联邦"集团，是指一个集团被分成几个小集团，每个小集团都出于某种理由与别的小集团组成一个大的集团。在这种情况下，中央或联邦组织如果能为其成员组织提供某些服务，就有可能提供集体物品。

至于集团成员是自利的还是利他的，并不影响分析的结论。

奥尔森最后指出：本书的主要论点是，大集团或潜在集团不会组织起来采取合作行动，尽管它们有理由这么做，然而小集团会采取这样的行动。

4. 第 3 章，工会和经济自由

从本章起，转向对大集团的研究，并说明美国的一些大型经济组织主要是通过建立一些特殊的制度，来解决吸收成员问题。

（1）工会中的强制

在现代社会，工会一般都是大型组织。但是，从历史上看，是先有地方性的或个别企业中的小工会，尔后才有全国性的大工会。其中的原因，可能与小工会更有效率有关。因为小工会有一个优势，就是它在提供集体物品的同时，还能提供一些非集体物品。相对而言，创建并维持一个有效的工会需要很高的成本。例如，在运用罢工这一工会的主要武器时，一般要求每个工人放弃他的全部收入直至雇主答应工会提出的条件。所以，历史上最早出现的是较小的分散的工会组织。

但是，一个地方性的工会一旦建立，就有几种力量驱使它把全行业都组织起来，或者与同一行业中的其他地方的工会联合起来。可能的原因是：分散的小工会在与雇主协议时容易被各个击破；全国性的工会在工人迁移时可以提供帮助；大工会的政治势力较大。

全国性大工会取得成功的主要因素是对工人入会的强制。这里所说的强制，首先表现为工会强制雇主只雇用工会会员。或者说，工人如果不加入工会，就不能在工会控制的行业就业。另外，在罢工时，工会组织纠察线，阻止非工会成员通过纠察线上班。这时往往会发生暴力。所以，强制、纠察线和暴力，就成为保障大型工会成功的主要因素。

此外，有些工会还提供一些积极的选择性激励，如有的工会为其会员提供各种形式的保险，有的工会则主要依靠资深权利来吸引会员。

最后，有些全国性的工会可以对地方工会提供专家服务支持，提供"罢工保险"，为迁移工人服务等，也有利于大工会的成功。

在大多数情况下，只有强制入会制和纠察线，才能有效地保障工会成员的来源。现在，强制入会制已经成为一般性的规则。

总之，工会是典型的寻求大集团或潜在集团收益的大型组织。一个工会主要争取的是较高的工资、较好的工作条件以及有利于工人的法案等东西；这类东西都是集体物品，其本质决定了不能把工会所代表的集团中的某一工人排除在外，并且个体工人即使非常努力也不会对结果产生什么影响。在这种情况下，工人不会主动地入会，也不会采取行动支持工会。所以，大型工会必须依靠强制入会制，才能维持其存在和发展。

（2）工会增长：理论和实践

本节评论几种有代表性的工会理论。

塞里格·帕尔曼在关于工人运动的著名理论中，完全忽视了工会非常重视的"搭便车"问题。他用"职业意识"来解释美国工会的发展。所谓"职业意识"，是指存在于工人中间的一种认识，即职业机会是稀缺的。帕尔曼指出，成功的工会首先争取的是控制职位，即能够确保其成员首先被雇用和最后才被解雇。这样，当工会控制了职位和职位分配时，工人就会产生一种悲观情绪，从而愿意加入工会，并由此促进了工会的发展。奥尔森指出，在美国，工会发展较快的时期，往往是经济繁荣，就业大量增加的时期，工人并没有对职位产生悲观情绪。换言之，帕尔曼的理论得不到美国工会运动实践的支持。

约翰·R·康芒斯提出了另一种重要理论，认为工人组织起来可以争取更高的工资，因而促进了工会的发展。奥尔森后来指出，工会的成就并不能吸引工人入会。

有些反对工会运动的人指出，多数工会会员不积极地参加工会活动，表明他们不喜欢工会，所以强制工人入会是错误的。实证研究发现，有超过95%的工人不出席或不参加工会的活动，但多数工人又对这种低出席率表示不满，同时又有超过95%的工人同意强制入会制,并愿意承担相当的会费。

这种现象似乎是自相矛盾的。奥尔森指出,事实上工人并没有自相矛盾。因为,对个体工人来说,不管他出席会议与否,他都可以获得工会成就所带来的收益,而且,即使他出席会议,也不可能为工会的成就贡献些什么。所以,当他们希望每个人都出席会议而自己却不出席时,他们的行动和态度都是理性的。

奥尔森进一步指出,绝大多数工人不积极参加工会活动,而又希望别的成员积极参加,并且支持强制入会制,这种情况显然与公民对政府的态度相似。在投票表决税法时,多数人一般赞成较高的税率以资助政府服务,但作为个人他们又往往千方百计地少缴税,甚至偷税、漏税。

奥尔森的结论是:工会的产生不能用工人对就业机会稀缺感到悲观来解释,限期加入工会或其他形式的强制对工会的力量和稳定是极其重要的。在当代美国,持久的稳定的全国性工会不靠某一形式的强迫入会是生存不下去的。

(3) 潜在集团中的封闭式工会和经济自由

大工会依靠强制工人入会的做法,受到持自由主义观点人的反对。他们认为,一家企业要想吸引顾客,就必须提供满意的服务。同样,一个工会要赢得工人入会,也应当通过提供令潜在成员满意的服务,而不是依靠强制。因为强制入会剥夺了工人的"工作权利",限制了个人自由。

奥尔森指出,用"权利"来看待工会入会制的论点是错误的、无益的。因为,工人不管他是否试图获得工会提供的公共物品,他都能在工会提供后获得它。如果没有强迫,他不会自愿地入会并为获得这一公共物品而采取行动。这就如同纳税人一样,如果没有强制,他不会自愿地缴税,尽管他得到了国家提供的服务。青年当兵也是这样。如果没有强制入伍,不会有人自愿地当兵。所以,奥尔森批评维塞尔提出的一致同意纳税的理论和凯恩斯反对强制入伍的观点,是把自由主义哲学推向了一个不切实际甚至不合理的极端。

(4) 潜在集团中的政府干预和经济自由

本节讨论政府和公民自由的关系。

如果把自由定义为"不接受对个人经济生活的任何强制",那么,有些政府活动就限制了公民的自由。例如,政府为了进行投资以增强国防力量、警察力量和法律体系而增加税收,就减少了消费者可支配收入及其自由选择。这当然限制了公民的自由。政府之所以用强制的办法让公民缴纳税,是因为政府现在提供的是公共物品。这类物品和服务具有潜在集团产品的性质,即如果集团中有人得到了它们,其他成员也可以得到它,而且只有当每个人都被迫承担一定成本时才能被生产出来。这类服务的固有性质决定了它们不适合市场机制。政府提供的许多服务就具有这样的性质。所以，为了供给这类产品，政府必须用强制的办法筹措成本，这就限制了公民自由。

但是，并不是政府的所有活动，都限制了公民的自由。例如，公民从一家公有公司而不是私人公司购买物品，其自由就不一定会减少。再如，工人为公有公司而不是私人公司工作，其自由也不一定会减少。

结论是，当政府提供公共物品和服务时，它会限制经济自由；当它生产一般由私人企业提供的非集体物品时，它不一定限制经济自由。或者说，决定是否必然限制经济自由的主要是集体物品或服务的提供，而不是提供这些服务的制度其公共或私人性质以及其他特性。例如，卡特尔是私人组织，但它限制了经济自由。同样，大集团在履行讨价还价功能时也限制了经济自由。因为，大集团提供的是公共物品。

5. 第4章，国家和阶级的正统理论

本章重点考察马克思的社会阶级理论，也分析了其他经济学家提出的国家理论。

（1）经济学家的国家理论

多数经济学家秉持的国家理论，接受了本书提出的基本前提——组织的基本功能是提供集体物品，国家是组织的一种特殊形态。政府只有通过强制才能提供基本服务。这就是所谓的"公共物品"理论。

这一思想是在经过整整一代人的探索和争论之后才被充分理解的。海因里希·冯·斯托希意识到了集体物品和私人物品的差异；意大利经济学家乌戈·马佐拉强调了公共物品的"不可分割性"，并认识到基本的国家服务可以使每个人受益。塞克威尔认识到，税是一种强制的索取。纳税人不会为了公共目标自动地花一分钱。

汉斯·里切尔没有接受上述个人主义的方法。他认为，人类精神有双重性：在个人间交易时，自我利益至高无上；而在个人与现国家或组织交易时，自我牺牲又压倒一切。然而，这些充满自我牺牲精神的组织在与别的组织打交道时，又是自私的。奥尔森认为这在逻辑上是矛盾的。

19世纪英国最著名的经济学家认识到国家应该执行的职能，如提供国防、警察以及法律和秩序，但基本上忽略了集体物品问题，因而未能提出明确的国家理论。

（2）马克思的国家理论

奥尔森认为，与英国古典经济学家不同，马克思在其他经济学家还没有注意

这个问题时，就建立了一套关于国家的意味深长和发人深省的经济理论。其主要思想是，国家是统治阶级统治其他被压迫阶级的工具。在资本主义社会，国家是"资本家的执行委员会"；它保护资产阶级的财产并采取任何有利于资产阶级的政策。国家是阶级斗争的产物。阶级是"有组织的人类利益集团"。阶级划分的根据是生产性财产的所有关系。生产资本的所有者组成了资产阶级，遭受剥削的挣工资者则组成了无产阶级。每个阶级都有自己的共同利益。为了增进这些利益，它们会运用各种手段，直至暴力。

马克思国家理论的假定是，个人和阶级都是自私的和理性的。它们总是把阶级利益置于国家利益之上，而且根本不关心对立阶级的利益。

有些学者批评马克思是一个实用主义者和理性主义者。也有的经济学家认为，马克思关于人们能够理性地参加阶级行动的观点是错误的，因为公众对政治是"漠不关心"的。他们是政治的陌路人。

（3）马克思理论的逻辑

奥尔森指出，实际生活中之所以没有出现马克思预言的阶级斗争和社会革命，不是因为马克思高估了理性行为的力量，而是理性行为的必然结果。因为，对资本家来说，尽管组织和支持一个资产阶级的政府对自己有利，但不管它是否支持政府，都能从其政策中获益。而且，不管怎样，一个资本家都不可能对选择政府起决定作用。所以，个别资本家的理性行为就是只顾自己的个人利益，而不去关心其阶级的整体利益。工人也是这样。尽管建立一个工人阶级的政府对自己有利，但自己不行动，由别人行动对自己更有利。所以，其理性行为是不参与阶级行动。事实上，马克思所说的革命是由少数精英分子在社会不稳定时期利用政府的无能促成的，依靠的是具有忠诚、守纪律和富有牺牲精神的少数人，而不是无产阶级的共同行动。

马克思讨论的那种阶级行动，具有大型集团在争取实现集体目标时所具有的特点。理性的工人会发现，阶级行动对整个阶级有利，而不是仅仅对自己有利。如果实现共同目标所必需的成本或牺牲由他人承担，对自己会更有利。因此，单个的工人没有激励采取有"阶级觉悟"的行动。工人与无产阶级的关系，商人与资产阶级的关系，同纳税人与国家的关系，以及竞争企业与产业的关系是一样的。所以，马克思关于社会阶级的理论与其假设的理性人行为是不一致的，是自相矛盾的。

6. 第5章，压力集团的正统理论

压力集团理论是现代美国政治学的重要组成部分。本章考察几种重要的压力集团理论，指出这些理论在逻辑上是不正确的，至少对那些具有经济利益的大集团、潜在集团是错误的，因而需要有一种新的理论，即下一章要讨论的"副产品"和"特殊利益"理论。

(1) 压力集团的哲学观

美国的许多政治学家赞美和推崇压力集团理论。其主要观点是，在一个社会中，如果存在着多个压力集团，它们彼此之间相互制约，就可以保证最终的结果不至于特别有利于社会的某一成员，而不利于其他的成员。因此，压力集团行使职能及其活动的结果，对社会是有益的。

压力集团理论与多元论哲学观点有关。多元论是一种政治哲学，其主张是社会应当有多种形式的社团，如工会、教会和合作社等。这些私人社团都是自发的、自由的和自愿的。社会生活就是由这些社团维系的，并借助于此而得以发展。所以，政府不应对它们横加干涉。

法国的社会学家甚至希望组成"社团国家"——一个围绕着代表和管理职能，由并非按地域而是通过行业—职业集团组织而成的政府。社团国家理论在欧洲大陆风靡一时，尤其在法国，赢得了各种力量的支持，其中包括总统查理·戴高乐。

(2) 制度经济学和压力集团——约翰·R·康芒斯

制度经济学家康芒斯也特别推崇压力集团。他认为，对美国制定经济政策来说，压力集团是最有代表性和最有影响的力量，因而极力主张按职业而不是按地理范围选举代表，组成国家的立法机构。其思想依据是，市场机制不能自动地保障各个集团的社会公平，原因是各个集团之间的议价力量对比悬殊，政客核心人物和富豪实际上控制了立法机构。压力集团通过改革并施加压力，就有可能消除这种力量对比悬殊的状况，实现社会公平。他还建议，经济学家不要谋求符合全社会利益的法规，而是要加入某个压力集团或阶层，并提出符合该集团长远利益的措施。

康芒斯非常重视压力集团的功能，认为压力集团，尤其是工会、农场组织以及合作社，是社会中最为重要的机构，是民主的生命线，组织压力集团的自由重要性远远甚于其他民主自由。并且断言，压力集团事实上已成为美国人民的职业性议会，比按地域选举出来的国会有更真实的代表性。

加尔布雷斯等经济学家，接受并发展了康芒斯的思想。

(3) 现代压力集团——本特利、杜鲁门和拉瑟姆

有些政治学家发展出了一种与康芒斯压力集团观点极为相似的集团行为理论，奥尔森称之为"现代压力集团理论"或"分析多元论"。其主要代表人物有

拉瑟姆、本特利和杜鲁门。

拉瑟姆认为，社会结构是社团性的。不管是社会，还是社区，其基础都是集团。他还认为，在经济行为和政治行为中，集团利益和集团行动都是首要力量。这里指的这种基本力量，是集团利益而非个体利益。在康芒斯和拉瑟姆看来，集团利益最为重要，而个体利益则是第二位的。

本特利着重讨论了压力集团在经济、政治生活中所起的主导作用。他首先从方法论的角度对集团进行了分析，指出集团的基础是集团利益，没有集团的利益就没有集团；如果"利益"未在集团行动中有所表现，就不能认定其存在。

在本特利看来，集团利益是基本的、第一的、最后的、贯穿始终的，而个体利益和国家利益则是虚构的。在假定不存在有效的个体利益、各集团均有自己的特殊利益、集团利益会导致集团行动、没有一种集团利益能涵盖所有社会成员的利益之后，本特利宣称政府的所有事务，均取决于相互冲突的集团压力。

本特利还认为，所有的集团压力的结果，不仅始终是社会政策的决定因素，而且还是最公平合理的决定因素。集团压力或权力的大小，与其人数成比例，较大、较一般的利益通常能战胜较小、较狭隘的利益。

本特利思想的缺陷是没有讨论集团的利益要求为什么能表现出来，也没有考察集团行动的原因，以及集团地位和作用的变化。

戴维·杜鲁门注意到本特利思想的这段空白，试图用社会的变化导致集团的变化来解释。他说，当社会变得更为复杂，其集团需求更多、变化更大时，便会自然而然地涌现一些社团，并用来稳定社会中的各种集团关系。随着专业化程度和社会复杂性的提高，社会需要更多社团的时候，也会出现更多的社团。其根据是，当经济中出现自我调节的市场体系时，必然导致许多重重干扰和障碍，这就会激发许多社团，如业主、工人、农民社团等产生，并向政府施加压力，要求纠正这些干扰。奥尔森指出，美国社团运动的历史并没有支持杜鲁门的上述理论。另外，杜鲁门也同本特利一样，忽视了个体利益。因为杜鲁门笃信压力集团的力量，以致他对改善立法机构和院外疏通体制的尝试都不屑一顾。

(4) 集团理论的逻辑

本特利、杜鲁门和拉瑟姆等人的思想和各阶级合作主义者的思想有某种不一致。前者强调了各集团之间的对立，而没有像后者那样关注各集团之间力量的平衡和相互监督。

现代压力集团假定，如果一个集团有激励组织起来并强化其利益，那么，组成该集团的个人也同样有理由采取行动，支持集团的利益。奥尔森认为，这在逻辑上是不正确的，至少对那些大型集团或潜在集团是错误的。

杜鲁门提出的大集团会像小集团主宰原始社会的初级小集团一样容易吸引成员、获得支持的理论，在逻辑上也是站不住脚的。

本特利关于大集团更有力量和影响的说法，也不符合实际。可以观察到，通常小集团更容易组织起来并采取行动，而大集团往往做不到这一点。所以，社会各集团之间的政治斗争的结局并不对称。

杜鲁门有贬低正式组织的倾向。他说，潜在的集团尽管无组织和消极，但是，当它们的利益受到威胁时，也会组织起来并采取行动。奥尔森指出，这种论点很难通过实证来检验。因为，这种集团未组织起来之前，很难知道它的利益是否受到了侵犯。

现代压力集团假定当社会需要更多集团的时候，新的集团就会自愿地自发地涌现。这种论点在某些方面与无政府主义相似，而无政府主义已经被证明是一种失望无助的怪论。

奥尔森最后指出，主宰压力集团讨论的"集团"理论，至少不适用于大经济集团，从而需要有一种新的理论。这种理论就是下一章要讨论的"副产品"和"特殊利益"理论。

7. 第6章，"副产品"和"特殊利益"理论

本章提出了一个与第1章概述的逻辑关系相一致的新的压力集团理论。这一理论说明，大的压力集团组织的会员制度和力量，不是它们游说疏通的结果，而是它们其他活动的副产品。

（1）大型压力集团理论的"副产品"理论

在美国，已经组织起了许多有重要政治影响力的游说疏通团体。奥尔森认为，这些游说疏通团体之所以有力量，是因为使其获得力量和支持的组织，除了做旨在增进集体利益的游说疏通工作之外，还做了一些其他的工作，行使了另外的职能。这些工作或职能主要是选择性激励，包括对成员的强制入会和积极诱导。如果某个组织有权威和能力行使强制性措施，并能向潜在集团中的个人提供积极诱导，即能够提供"选择性激励"，就有可能获得成员支持和得到发展，从而进行有效的游说疏通。所以，大型经济集团的游说疏通团体是那些有能力用"选择性激励"来"动员"潜在集团的组织的副产品。

一个集团如果只做游说疏通工作，不做其他工作，不会获得其成员的支持，因而也不会有游说疏通的力量。相反，一个组织如果获得了强制入会所需要的权

力，就能够得到支持一个游说疏通团体所需的资源，其游说疏通能力就增加。所以，许多组织往往在做游说疏通的同事，还兼做经济的和社会方面的工作，兼有多种职能，以吸引更多的成员支持。

压力集团的副产品理论只适用于大集团或潜在集团。因为，小集团通常能够提供一个游说疏通团体或任何其他集体收益，不需要任何选择性激励。而在大集团或潜在集团中，只有在下述条件下，个别成员才会采取行动：①他被迫向游说疏通组织尽义务；②他为了获得某种非集体性收益而不得不支持该集团。只有当这两个条件之一或全都成立时，一个潜在集团的政治力量才能被动员起来。

（2）劳工游说疏通团体

在美国，全国性工会的会员很多，组织网络也很健全，对议员选举、政党竞争等政治生活有重要影响，是一种重要的政治力量。但是，工会只有在开始集中精力与雇主进行集体议价并放弃政治方向时，才开始兴旺，才有力量。工会在政治斗争中扮演重要角色，是它不以政治行为为主要目标之后很久才出现的。值得一提的是，在工会真正成为重要的政治力量之前，已经通过了有利于强制工人入会的瓦格纳法，并由此导致了工会的大发展。所以，工会的政治力量是其非政治活动的副产品。

（3）脑力职业者游说疏通团体

律师、医生等脑力职业者也都是有影响的游说疏通团体，其政治力量也都是非政治活动的副产品。

政治学者指出，专业社团的政治特征是追求一种行会制度的实质性倾向，而强制入会是行会体制的"第一规律"。

例如，在律师协会中，强制入会已经发展到登峰造极的程度。有些州的立法机制要求每个开业律师都要成为律师协会的会员。这些协会有由政府实施的封闭式的性质。

美国医学会及其地方成员集团的政治力量给人以深刻的印象。究其原因，是它们除了进行政治性的游说疏通活动外，还利用巧妙的强制方式和提供非会员享受不到的许多好处，如提供医疗事故诉讼中的保护性帮助、出版会员需要的医学杂志、组织既有政治性又有教育性的大会、其他有选择的或非集体性的收益等，从而赢得了会员。所以，医学会的政治力量也是它组织非政治活动的副产品。

（4）"特殊利益"理论和商界游说疏通团体

在社会中，商界拥有的为其自身利益工作的游说疏通团体数量最多，影响力也最大。

为商界利益工作的游说疏通团体之所以数量多，主要是因为商界划分成一系列（通常是垄断的）"产业"，每一种产业都很小，容纳的企业为数有限。它们刚够自愿组织起来为自己提供一个游说疏通团体。

为商界利益工作的游说疏通团体之所以影响力大，是因为代表商业利益的组织是行业协会。一般地说，行业协会代表的利益都非常小，非常特殊，是典型的"特殊利益"。所以，此类组织一般能够直接组织起来，并采取强化其共同利益的行动。实事求是的观察家也能看到，小集团有组织、积极的利益是能够胜过大集团无组织、无保护的利益的。尽管表面上仍然是多数原则，但相对较小的集团或产业却常常能够赢得关税或钻税收的空子，使成千上万的消费者或纳税人蒙受损失。这也是前面所说的少数"剥削"多数的一种表现。

有些行业协会除了游说疏通外，还向其成员提供非集体物品，这也加强了其影响力。有学者发现，行业协会在政治或游说疏通职能之外，还行使了17种职能，从而激励其成员采取行动。

与"特殊利益"小集团拥有较大的政治影响不同，商界作为一个整体，其组织程度并不高，权力和影响也不大。因为，商界作为一个整体是一个潜在集团，其成员没有激励采取增进集体利益的行动。例如，美国商会和美国制造商协会，都是全国性的大型组织，但都没有发挥其应有的政治影响。

（5）政府对政治压力的促进

奥尔森考察了美国农场局的发展历程，得到的结论是：政府可以促进某些压力集团的形成、发展或衰落。

（6）农场合作社和农场游说疏通团体

伊利诺伊州农业协会的发展很快，也很稳定。原因之一是协会扶持了只向会员提供服务的农场合作社和保险公司。协会提供的这类非集体物品激励农场主入会。

全美农场局仿效伊利诺伊州农业协会的办法，通过向农场主提供技术援助和教育，控制向农场主提供优惠服务的企业，吸引了大量农场主入会，从而成为全国最大的游说疏通组织之一。可见，农场局的游说疏通力量，一方面是驻县员的副产品，另一方面是农场局企业组织的副产品。

（7）"非经济"游说疏通团体

奥尔森指出，他提出的理论并不完全适合于那些非经济性的游说疏通团体。例如，在涉及慈善和宗教游说团体时，他的理论并不是很充分的。他认为，解释此类游说疏通团体的行为，最好求助于心理学或社会心理学的理论。

美国的政党是重要的政治力量。但是，美国政党的组织却很松散；"党员"为数不多，许多人只不过按时出席各地区的会议和交纳党费；党的工作人员也不多。曾经有一段时期，民主党甚至连全国总部都没有。一种解释是，政党通常是寻求集体利益的。对个别党员来说，虽然他们的党获胜，对自己有利，但是，自己不采取行动党同样可以获胜，而且自己可以照样从中得益。在这种情况下，个体党员不会主动地向党的钱袋里送钱，也不会自愿地出席选区的会议。当然，那些有政治抱负的党员，肯定会积极地参加党的活动。这时，他们期望的是政党以公务员形式提供的非集体物品。城市中的政治"机器"之所以有广泛的组织机构，也是因为它们不是为集体物品在工作，而是为了得到市政厅的工作，即特定个人的利益。

（8）"被遗忘的集团"——忍气吞声的集团

奥尔森认为，除了上面讨论过的集团外，社会生活中还存在着一类"没有游说疏通团体也不采取任何行动的无组织集团"。他称之为"被遗忘的集团"或忍气吞声的集团。他认为，这类集团最符合本书的主要论点：大型集团或潜在集团一般不会自愿采取行动来强化其共同利益。

农场季节工、白领工人、纳税人、消费者等，都有自己的共同利益。但是，他们没有组织起来，也没有采取行动，来争取自己的利益。

以防止通货膨胀为例，如果人们采取行动，消除了通货膨胀，对他们当然有益，是值得做的事情。然而，经济系统中的理性人绝对不会削减自己的开支来制止通货膨胀。因为，他清楚，首先光凭他个人的努力是无济于事的；其次，他能在任何情况下从别人争取到的价格稳定中获益。

同样，社会政治事务或大型集团中，理性个人也不会主动采取行动，去增进他们的共同利益。只有集团很小或有选择性激励时，他们才会组织起来采取行动以实现其目标。

三、简单评述

（一）贡献

在《集体行动的逻辑》中，奥尔森运用传统经济学的理性人假设，得到了一个与传统经济学家认为理所当然的结论不同的结论。奥尔森的严谨分析，从根本上突破了既有微观经济学的结论，开辟了经济学研究的一个重要领域。他的理论作为公共选择理论的一个重要的流派对经济学的发展是开创性的。此外，本书的结论，对政治学、社会学等研究，也有重要方法论意义。

（二）局限性

《集体行动的逻辑》也有局限性，主要是忽视了信息和交易费用问题。根据后来发展起来的信息经济学和交易费用经济学，奥尔森所说的集体行动的困难，主要是信息不对称造成的。按照新制度经济学的解释，①具有潜在共同利益的成员之间信息是不对称的，即某个成员并不知道哪一个人与自己属于同一个利益集团，具有共同的利益，所以要组织这样的利益集团当然是要付出代价的；②集团行动后能够获得的利益是难以准确计量的，有时甚至是难以预期的；③不能确切知道谁是"搭便车"者，也没有好办法排除。可见，在信息不对称、交易费用很高的情况下，集体行动就很难达成，或者说，集体行动难以达成的根本原因在于交易费用的存在。

根据 The logic of Collective Action—Public Goods and the Theory of Groups（Mancur Olson, Harvard University Press, Cambridge. Massachusetts London. England 2002）撰写。